다윈의 조가에 대한 구조주의적 연구

다윈, 사울의 죽음을 슬퍼하다!

김정철 지음

도서출판 영문

1

머리말

이 책은 사무엘하 1장 19–27절에 나오는 이른바 〈다윗의 조가〉에 대한 구조주의적 접근방법을 적용한 연구서입니다. 이 연구서는 필자의 신학석사학위 논문인 〈다윗의 조가를 통한 사울과 다윗의 관계〉가 모태입니다. 이를 토대로 창의적인 연구서를 내겠다고 결심한 후 오랫동안 준비 끝에 완성했지만, 마치고 나니 적지 않게 부끄럽습니다.

이 책은 전체 열 장으로 구성되어 있습니다. 처음 세 장은 이 책의 서론부분입니다. 제1장에서 사울의 몰락과 다윗의 상승이 서로 상관관계에 있다는 것을 논증하였고, 제2장에서 문학적 구조주의 접근방법을 이론과 실제로 나누어 정리하였으며, 제3장에서 〈다윗의 조가〉의 구조에 대한 연구사를 살펴보고, 필자가 분석한 문학적 구조를 제안하였습니다. 다음 여섯 장은 본론 부분입니다. 이 부분은 히브리 성서 본문의 표면적 구조에 따라 각 장을 나누었습니다. 말하자면, 제4장에서 사무엘하 1장 19절과 27절의, 제5장에서 20절의, 제6장에서 21절의, 제7장에서 22–23절의, 제8장에서 24–25a절의, 그리고 제9장에서 25b–26절의 문학적 틀과 이에 따른 신학적 의미를 다루었습니다. 그리고 마지막 제10장은 결론부분입니다. 이 장에서 구약성서에 나오는 일반 조가에 대한 정의를 내리고, 〈다윗의 조가〉의 의의를 음미하였습니다. 아쉬운 것은, 결론부분에서 나사로의 죽음을 보시고 "예수님께서 눈물을 흘리시더라"(요 11:35)에 나오는 예수님의 탄식을 언급하고 싶었는데, 그리하지 못했습니다. 신약과의 관계는 후일의 과제로 남겨 두겠습니다. 이와 같이 이 책은 구조주의적 연구방법을 〈다윗의 조가〉에 적용한 신학적 풀이라고 하겠습니다. 이 점에서 졸고가 구약성경을 사랑하는 신학도들과 목회자들에게 히브리 시의 운율과 구조를 맛보게 하고 사울과 다윗의 관계에 대한 신학적 의미를 나눌 수 있다면, 필자로서 더 이상 바랄 것이 없겠습니다.

이 책의 제목, 즉 "다윗, 사울의 죽음을 슬퍼하다!"는 장로회신학대학교 박동현 교수님께서 붙이신 이름입니다. 존경하는 선생님께서 부족한 필자를 격려하시고자 졸고의 이름을 붙여주신 것이라고 생각됩니다. 선생님께 머리 숙여 감사드리며 더욱 정진하겠다는 말씀을 올립니다. 그리고 이 책을 출판하신 영문출판사 김수관 장로님께 진심으로 감사드립니다. 장로님의 결단이 아니면 아마 이 책이 세상에 나오지 못했을 것입니다. 무엇보다도, 가족은 누구에게나 가장 소중하지만, 저의 가족은 유별나게 살아온 저의 삶과 신학의 밑거름입니다. 사랑하는 아내 이영준과 모든 이의 희망인 두 아들, 유중과 유한에게 세상의 무슨 말로도 표현할 수 없이 미안하고 고맙다는 말을 하고 싶습니다. 아울러 제가 낙심할 때마다 용기를 준 남궁철주 집사 부부를 잊을 수 없습니다. 믿음의 벗이요 복음을 위한 동지에게 감사드립니다. 그러나 저의 삶을 주관하시고 이끌어 오신 하나님께 모든 영광을 돌립니다.

2009. 1.

고양에서 김정철 올림

목차

서문

한자에서 "사람 '인'(人) 자"는 두 개의 막대기가 서로 기대어 있는 형태로 되어 있다. 이는, 막대기가 홀로 서 있을 수 없듯이, 인간은 혼자 살아갈 수 없는 상호의존적 존재라는 것을 뜻한다. 그래서 사람들은 가정과 집단과 사회와 국가를 이루고 살아간다.

그런데 사람들이 속한 집단과 사회와 국가 안에는 필연적으로 지배자가 되기 위한 권력투쟁이 발생한다. 이 투쟁은 한 권력자의 죽음으로 끝나지만, 이를 계기로 또 다른 갈등과 투쟁이 시작된다. 이 투쟁은 부족과 부족의 분쟁이나 국가와 국가의 전쟁으로 발전해왔다. 이것이 인류가 걸어온 발자취이다. 아이러니하게도, 상호의존적 존재인 인간이 상호갈등과 상호투쟁의 역사를 만든 것이다.

인류의 갈등과 투쟁의 역사가 성경에 고스란히 배어 있다. 창세기에서 가인과 아벨, 이스마엘과 이삭, 에서와 야곱의 갈등이 나오고, 사사기에서 부족 간의 분쟁이 그려져 있으며, 역사서에서 이스라엘과 이웃 나라 간의 전쟁이 묘사되어 있다. 이 모든 역사 가운데, 독자의 심금을 울리는 가장 인간적인 이야기가 있다. 그것은 사울과 다윗의 이야기이다. 사울과 다윗의 이야기는 사무엘상 8장부터 시작하여 사무엘상 31장에서 끝난다. 31장에 묘사된 사울의 죽음은 비극적 요소가 성경에서 가장 풍부하게 진술되어 있다. 비극적 인물로서 사울의 죽음을 슬퍼한 이가 사울의 정적이었던 다윗이다. 다윗이 죽은 사울과 요나단을 조상하고 슬픈 노래를 지어 노래하였다. 사무엘하 1장 19-27절에 나오는 이 노래에 다윗과 사울 그리고 다윗과 요나단의 관계가 함축되어 있다.

다윗은 여기서 그의 주군이었고 장인이었으며 이스라엘의 왕이기도 했던 사울의 비극적 죽음과 그의 친구 요나단의 죽음을 탄식하고, 과거의 추억을 회상한 것이다. 사무엘상에서 볼 수 있듯이 그들의 관계가 순탄하지 않았음에도 불구하고, 문상한 다윗에게 개인적인 감정은 더 이상 의미가 없었다. 우리 동양에서 망자가 원수라 하더라도 그를 문상하며 애도해 왔듯이, 다윗은 자기를 집요하게 살해하려고 하였던 사울의 죽음을 애도하며 요나단의 죽음을 애통해 한 것이다. 실로 죽음은 망자가 살아온 질곡과 영욕의 삶을 종결하게 할 뿐 아니라 투쟁을 종식하게 하고 갈등을 화해시키며 전쟁을 평화로 바꾸도록 한다. 죽음은 망자를 대하는 남은 이로 하여금 옷깃을 여미도록 하고 자신의 삶을 되돌아보게 만든다. 이 점에서 죽음은 아름다운 것이며 숭고한 것이다.

필자는 성경에서 죽음에 대한 가장 숭고하고 아름다운 감정이 드러나 있는 이 '다윗의 조가'를 연구하고자 한다. 필자는 이 연구를 소논문 형식을 갖춘 전체 10장으로 다루겠다. 제 1장의 주제는 '비극의 주인공으로서 사울'이다. 이 장에서, 사울의 권력으로부터 몰락이 다윗의 권력에로의 상승곡선과 맞물려 있으므로, 다윗과 관련된 비극적 인물로서 사울을 조명하겠다. 제 2장의 주제는 이 책의 연구방법으로서 '구조주의 접근방법'이다. 이 장에서, 학자들의 주장을 중심으로 먼저 구조주의의 이론을 소개하고 다음에 구조주의의 실제를 소개하겠다. 제 3장의 주제는 '다윗의 조가의 구조' 이다. 이 장에서, 먼저 학자들이 분석한 구조를 소개하고 다음에 필자가 분석한 구조를 제안하겠다. 여기서 제안한 구조는 제 4장부터 이어지는 연구의 토대가 될 것이다. 이 책의 본론이라고 할 수 있는 제 4장부터 제 9장의 주제는 조가에 나오는 호격에 있다. 호격에 따라 분류한 각 장에서, 해당 본문에 나오는 운율과 어휘와 구조를 토대로 문학적 틀을 연구하고, 이에 따른 신학적 의미를 탐구하겠다. 이는 '지금' 영웅들의 죽음을 슬퍼하는 다윗이 사울 및 요나단과 맺은 '그때' 의 추억을 회상하는 방법으로 구성된다. 마지막 제 10장의 주제는 '조가에 대한 의의' 이다. 여기서 이 연구의 총 결론을 다룰 것이다.

여기서 보듯이 이 연구의 주된 관심은 문학 비평에 있다. 문학 비평 가운데서 특히 (수사적) 구조주의 접근방법으로 다윗의 조가를 연구할 것이다. 구조주의는 본문 자체에 집중하는 접근방법이다.

이 연구 방법은 오랜 동안 성서 신학자들이 적용해 온 "본문이 무엇을 말했는가?"가 아니다. 이 방법은 본문의 '과거의 역사' 와 '그 배후' 를 밝히는 것이 아니라 최종 형태의 본문이 "어떻게 말하고 있는가?"를 탐구하는 것이다. 이 방법이 성경의 본질적 진리를 모두 드러낼 수 없고 유일하며 완전한 접근방법은 아니지만, 특정한 지역에서 특정한 시대에 특정한 사람들에게 일어난 특정한 사건에 관한 기록으로 이해하는 역사적 문서를 넘어선다. 필자는 "본문이 어떻게 말하고 있는가?"를 살펴보고, "본문이 무엇을 말하고 있는가?"를 밝히므로, 본문을 어느 시대 어느 누구에게나 적용될 수 있는 범 우주적 진리로 읽고자 한다.

말하자면, 필자는 이 연구에서 본문에 나오는 독특한 운율과 어휘 그리고 아름다운 구조를 살펴봄으로 본문이 "어떻게 말하고 있는가?"를 진술할 것이다. 이를 통하여 필자는 본문이 반영하고 있는 주인공의 입장에 공감할 것이다. 그러나 이 연구는 본문이 "어떻게 말하고 있는가"에 그치지 않고 마침내 본문이 무엇을 말하고 있는가"로 나아갈 것이다. 말하자면 본문의 짜임새를 통해 의미를 밝힌다는 것이다. 그러므로 이 연구의 목적은 다윗의 조가에 대한 구조주의적 연구를 통하여 그 신학적 의미를 논증하는데 있다.

I.
비극의 주인공 사울

1. 서론

성경에는 여러 가지 장르가 있다. 전기, 서신, 시, 산문, 격언, 역사, 예언, 그리고 묵시문학 등이 그것이다. 이러한 문학 장르 범주에 속하지는 않지만, 구약에는 희극적 이야기와 비극적 이야기도 포함되어 있다. 희극적 이야기에서 주인공은 비천한 자리로부터 어느 날 갑자기 왕이 되고, 비극적 이야기에서 권력의 정점으로부터 몰락하여 비참하게 죽거나 비천한 사람이 된다. 예컨대, 사무엘상에 나오는 엘리, 사무엘, 사울, 그리고 다윗이 그들이다.

우리 그리스도인들은 이 위인들을 사랑한다. 그들의 이야기가 바로 우리의 이야기이기 때문이다. 그래서 우리는 이 위인들이 어떻게 권력의 정점에 올라서며 왜 몰락하여 비참하게 죽거나 비천하게 되는가에 흥미와 관심을 갖는다. 그리고 우리는 이 위인들의 이야기에 우리의 모습을 투영하여 성경으로부터 교훈과 지혜를 얻고 은혜를 받으며 우리가 얻은 교훈과 은혜를 우리 이웃에게 가르치고 적용하고 선포하고자 한다. 그런데 문제가 있다. 우리는 우리말 성경을 자세히 읽는데(close reading) 익숙해 있지 않다. 우리는 성경을 많이 알고 잘 안다고 하지만, 실은 이야기의 전개에만 익숙하고 족집게와 같이 성경 어디에 무슨 요절이 있다는 것에만 집중한다. 그리고 히브리 성경에 표현된 어휘와 문단의 구조 그리고 수사적 표현들을 무시하고 넘어간다. 그 결과 우리는 곧잘 우리 자신의 생각을 본문에 주입하여 해설하고 가르치기도 한다. 말하자면, 성경의 이야기만 파악하고 피상적인 상투적 교훈을 찾아 가르치고 설교한다는 것이다.

성경은 다의적 의미를 가지고 있는 히브리어 어휘들과 문단과 문단, 단락과 단락이 씨줄과 날줄로 짜여 있는 히브리 문학의 걸작품이다. 히브리어 성경에 표현된 씨줄과 날줄로 짜여 있는 '문단의 짜임새'[1]는 본문의 신학적 의미를 구체화시켜 주고 어휘의 다의성과 애매성은 본문의 의미를 풍부하게 해준다. 따라서 우리가 성경 본문에 대한 자세히 읽기를 통해서 비극적 주인공에 대한 올바른 해석과 풍부한 의미를 발견하고, 이들에 대한 보다 정확한 신학적 이해를 규명하는 것은 무엇보다 중요한 일이다.

이를 위해 필자는 이 연구에서 사무엘상에 나타난 주요 인물들이 한결같이 희극적 인물이며 동시에 비극적 인물이라는 점에서 출발하고자 한다. 본론에 들어가 제 2장에서 엘리, 사무엘, 사울, 그리고 다윗의 비극적인 면을 살펴보겠다. 이를 통해 사무엘기의 본문에서 비천으로부터 권력에로 상승하고 권력으로부터 비천에로 몰락하는 어떤 일정한 도식을 찾아보겠다. 제 3장에서 네 사람의

1) 성경본문의 짜임새는 히브리어 성경에서 만 아니라, 우리말 성경에서도 잘 들어난다. 박동현 교수는 29개에 이르는 우리말 성경 본문의 짜임새를 풀이해 놓았다. 박동현, 『구약학 개관』(서울: 장로회신학대학교출판부, 2003), pp. 167-322.

비극적 이야기에 나타난 비극의 원인과 결과를 살펴보겠다. 이를 통해 진정한 의미의 비극의 주인공이 사울이라는 점을 논증할 것이다. 제 4장에서 사울이 비극적 결말로 치닫는 배경에 다윗의 권력에로의 상승이 자리하고 있는 점에 주목하고, 비평적 학자들에 의해 사무엘기 기자로 밝혀진 '신명기적 역사가'[2]의 신학적 입장을 통해 사울의 몰락에 대한 다윗의 역할이 있었는지를 조사하겠다. 결론에서 사울과 다윗의 관계를 보다 심층적으로 이해하기 위해, 사무엘하 1장에서 기자가 인용한 다윗의 조가에 대한 연구를 제안하도록 할 것이다.

2. 비극적 인물들

출애굽이후 가나안에 정착한 이스라엘에 군왕제도가 제정되기 이전, 이스라엘은 카리스마적 지도자들인 사사들에 의해 지파 연맹 체제로 유지되어오고 있었다. 그러다가 이스라엘은 지파 연맹체제로부터 군주제로 전환하는 정치적 변혁기를 맞이하게 된다. 이 시기를 배경으로 기술된 성경이 사무엘상이다. 따라서 사무엘상에 묘사된 이야기는 표면적으로 고대 이스라엘의 정치적 전환기의 이야기이지만, 심층적으로 정치적 전환점의 무대 한 가운데에 서 있는 인물들 즉 엘리, 사무엘, 사울, 그리고 다윗의 이야기이기도 하다.

이들의 이야기는 사무엘의 출생(삼상 1-2장)으로부터 시작된다.

---

2) 신명기적 역사가에 대한 이해는 다음의 책을 참고하라. E. 니콜슨 저, 장영일 역, 『신명기와 전승』(서울: 장로회신학대학교출판부, 2003).

사무엘의 출생 이야기에 한나의 노래(2:1-10)가 있다. 사무엘기 첫머리에 나오는 한나의 노래는 끝머리에 나오는 다윗의 노래(삼하 22:2-51)와 함께 사무엘기에 기술된 위인들의 이야기를 감싸고 있다. 구조에 있어서, 다윗의 노래가 사무엘기에서 발문의 역할을 한다면, 첫머리에 나오는 한나의 노래는 사무엘기의 서문의 역할을 하고 있다. 두 이야기가 서문과 발문으로서 수미쌍관법을 형성하고 있는 셈이다. 그리고 그 내용에 있어서, 사무엘기의 첫머리에 나오는 한나의 이야기는 위인들의 이야기에 대한 '선언적 구절'[3] 역할을 하고 있는 셈이다. 한나의 이야기 가운데 핵심이랄 수 있는 다음의 사무엘상 2장 7-8절을 읽어보자.

> 여호와는 가난하게도 하시고 부하게도 하시며
> 낮추기도 하시고 높이기도 하시는도다.
> 가난한 자를 진토에서 일으키시며 빈궁한 자를 거름더미에서 올리사
> 귀족들과 함께 앉게 하시며 영광의 자리를 차지하게 하시는도다.

이 구절은 여호와에 의하여 비천한 자가 상승하여 권력을 차지하게 된다는 내용이다. 이 선언적 표현 다음에 사무엘기에는 희극적 인물과 비극적 인물이 잇달아 나온다. 여기에 나오는 엘리를 제외한 사무엘, 사울, 그리고 다윗은 본디 신분이 비천한 사람들이었다. 그런데 그들은 한나의 노래대로, "가난한 자와 빈궁한 자의 거

3) Thomas R. Preston, "The Heroism of Saul: Pattern of Meaning in the Narrative of the Early Kingship," *Journal for the Study of the Old testament* 24 (1982): 27-46, p. 28.

름더미"에서 "귀족들과 함께 영광의 자리"에 앉게 된 것이다. 그러나 그들은 어떤 요인에 의하여 하루아침에 권력을 빼앗기고 몰락하거나 결국 비참한 죽음을 맞게 된다. 그들은 한나의 노래에 나오는 "용사의 활이 꺾이고"(4), "풍족한 자들이 양식을 위하여 품을 팔고"(5), 또한 "여호와는 죽이기도 하신다"(6)라는 구절처럼, 몰락하여 비천하게 되거나 비참하게 죽게 된 것이다.

사무엘기에 나오는 첫 번째 비극적 인물은 엘리 제사장이다. 그에 관한 이야기는 비천한 신분으로부터 시작하지 않는다. 그는 처음부터 지파 연맹의 중앙 성소였던 실로의 제사장으로 묘사되어 있다. 그는 사사시대 말기의 유일한 제사장이었다. 기자에 의하면, 그는 한나가 자식이 없어 슬퍼하며 드린 기도를 듣고 그를 위로하며 그에게 확신을 심어주고 돌려보낸다(1:17). 그러나 그의 아들들인 홉니와 비느하스는 행실이 나빠 여호와를 알지 못하였다(2:12). 오히려 그의 아들들은 백성들이 제사를 드린 제물들을 갈취하였고, 하나님께 드리는 절차로서 기름을 태우기 전에 고기를 강제로 빼앗아가곤 하였다. 그들은 제사장의 아들들이었으나 여호와 하나님의 제사를 멸시한 것이다(2:13-17). 이 사실을 아버지 엘리도 알고 있었다. 그는 "내 아들들아 그리하지 말라. … 사람이 만일 사람에게 범죄 하면 하나님이 심판하시려니와 만일 사람이 여호와께 범죄 하면 누가 그를 위하여 간구하겠느냐?"라고 그의 아들들을 책망한다. 그러나 그들은 자기 아버지의 말을 듣지 아니하였다. 그 결과 여호와께서 그들을 죽이기로 작정 하신다(2:24-25). 이를 통하여 기자는 이스라엘의 유일한 제사장에게도 근심거리가 있었고, 그의 장래에 어두운 그림자가 드리우고 있다는 것을 독자에게 보여주고 있다.

그런데 이 구절 바로 다음에 "아이 사무엘이 점점 자라매 여호와와 사람들에게 은총을 더욱 받더라"(2:26)가 나온다. 이 구절은 사무엘을 향한 밝은 이미지이다. 이 이미지는 엘리를 향하여 드리우고 있는 어두운 분위기와 대조된다. 기자는 엘리를 향한 어두운 분위기를 통하여 독자에게 엘리의 몰락을 예감하게 하고, 동시에 사무엘을 위한 밝은 분위기를 통하여 사무엘의 상승을 예상하도록 한 것이다. 그리고 그는 다시 엘리와 그의 가문의 몰락에 대한 '하나님의 사람' 의 예언을 보도한다(2:27-36).

> 보라, … 네 집에 노인이 하나도 없게 하는 날이 이를지라… 내 제단에서 내가 끊어 버리지 아니할 네 사람이 네 눈을 쇠잔하게 하고 네 마음을 슬프게 할 것이요 네 집에서 출산하는 모든 자가 젊어서 죽으리라. 네 두 아들 홉니와 비느하스가 한 날에 죽으리니 그 둘이 당할 그 일이 네게 표징이 되리라(삼상 2:31-34).

이 신탁은 이른바 저주신탁이다. 기자는 '하나님의 사람' 의 저주신탁을 보도함으로 사사시대 말기 유일한 제사장인 엘리와 그의 가문에 대한 비극적 최후를 독자들에게 확인시켜 주고 있는 것이다.

그런데 이 신탁 다음에 "내가 나를 위하여 충실한 제사장을 일으키리니 그 사람은 내 마음, 내 뜻대로 행할 것이라"(2:35)라고 선언한 예언이 이어진다. 독자는 다음 구절에 따라 이 예언에 언급된 '충실한 제사장' 이 사무엘이라는 것을 짐작하게 된다. 왜냐하면 여호와 하나님께서 사무엘을 부르시는 긴 장면(3:1-14)이 나오기 때문이다. 그런데 기자는 이 장면 마지막 부분에서 하나님께서 엘리 가문에 대한 하나님의 심판을 사무엘에게 알려주었다고 보도 한다:

"내가 엘리의 집에 대하여 말한 것을 처음부터 끝까지 그 날에 그에게 다 이루리라"(3:12). 버림받은 제사장으로서 엘리는 하나님의 말씀을 듣지 못하지만, 선택받은 어린 사무엘은 제사장에게 내릴 하나님의 심판을 미리 듣고 있는 것은 아니러니 이다.

엘리와 그의 가문에 대한 '하나님의 사람'의 저주신탁과 사무엘에게 알리신 저주예고는 다음과 같이 그대로 이루어진다. 기자에 의하면, 블레셋과의 전쟁에서 이스라엘이 크게 패배하게 된다(4:1-11). 이 소식은 전장에서 달려온 어느 베냐민 지파 사람에 의해 엘리에게 보고 된다. 전쟁의 결과 홉니와 비느하스가 전사하였고 법궤를 빼앗겼다는 것이다. 엘리는 이 충격적인 소식을 듣고 의자에서 넘어져 목뼈가 부러져 죽는다. 그리고 비느하스의 아내는 남편의 전사와 시아버지 엘리의 사망 소식을 듣고 충격을 받아 조산한 후 숨진다. 기자는 사람들이 이 비극적 상황에서 태어난 비느하스의 아들의 이름을 〈이가봇〉이라고 불렀다고 전한다. 〈이가봇〉이란 이름은 비극적 이름이다. 이 이름에 따르면, 법궤를 빼앗겼으므로 하나님의 영광이 이스라엘에서 떠났다는 것이다(4:12-22).

엘리의 비극적 죽음과 그의 가문의 몰락은 사무엘의 상승과 밀접한 상관관계에 있다. 이것은 기자가 보도한 대로, 엘리가 죽은 직후 사무엘이 이스라엘의 지도자로 부상한 데서 알 수 있다. 기자에 의하면, 사무엘은 법궤를 블레셋에게 빼앗겨 패배의식에 젖어 있던 이스라엘 백성들을 미스바에 모이게 하고 그들에게 회개를 촉구하고 있다(7:3-9). 그는 엘리의 죽음과 동시에 이스라엘의 종교적 그리고 정치적 지도자가 된 것이다.

이와같이 한 지도자의 몰락이 다른 사람의 상승의 배경이 되고, 한 사람의 상승이 다른 지도자의 몰락을 의미하는 대칭적 구조는 엘리와 사무엘 뿐 아니라 사울과 다윗에게도 적용될 수 있다. 사무엘 역시 아들들의 잘못으로 백성들이 왕을 요구하여 권력으로부터 멀어지는 동시에(8:1-22), 사울은 권력의 정점으로 부상하고 마침내 왕이 된다(9:1-24). 사울이 아말렉인들과 전리품들을 진멸(〈헤렘〉)하지 않은 결과 하나님에 의해 거절되면서 왕권으로부터 몰락하는 동시에(15:1-31) 다윗은 등장하고 권력에의 정점으로 나아가 마침내 사무엘에 의해 기름부음 받게 된다(15:34-16:23). 따라서 필자는 프레스톤(T. R. Preston)에 주장에 따라, 사무엘기의 주인공들이 "비천에서의 상승과 권력에서의 몰락(rise of the lowly, fall of the mighty)"[4]이라는 일정한 삶의 모형을 가지고 있다고 결론을 내릴 수 있다.

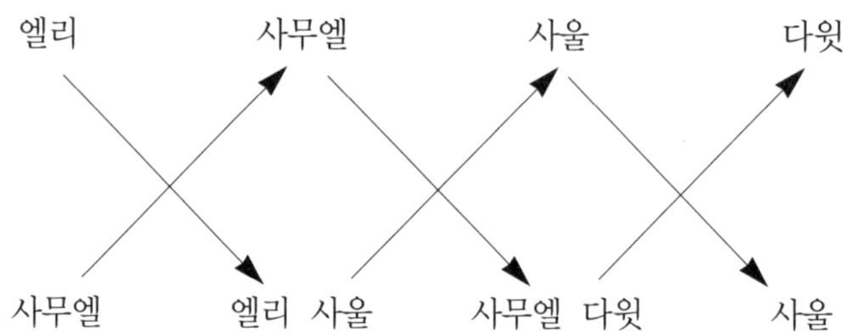

4) Preston, "The Heroism of Saul," p. 29에서 프레스톤은 사무엘상 2:7-8의 구조를 "lowly → mighty → fall"; "lowly → exalted → low"; "the ash → the seat of honor → the ash heap"으로 본다.

3. 비극의 주인공 사울

프레스톤은 사무엘기에서 지도자가 몰락하는 원인을 한결같이 그들의 아들들 탓으로 돌린다. 그에 따르면, 엘리와 마찬가지로 사무엘도 그의 아들들의 부정 때문에 그의 아들들에 대한 하나님의 거절로 인하여 몰락하게 되고 사울이 왕으로 부상한다. 또한 사울 역시 그의 아들 요나단에 대한 하나님의 거절로 인하여 몰락하게 되고 다윗이 왕이 된다. 다윗도 그의 아들들 즉 압살롬, 암논, 그리고 아도니아에 대한 하나님의 거절로 인하여 몰락하게 되고 솔로몬에게 왕권이 넘어 갔다는 것이다.[5] 이같이 프레스톤은 사무엘기에서 한 지도자의 몰락의 원인을 하나같이 그들의 아들들에 대한 하나님의 거절 때문이라고 보고 있다.

그러나 기자에 의하면, 엘리와 사무엘의 비극적 원인과 사울과 다윗의 비극적 원인은 다르다. 사무엘상에서 엘리와 사무엘의 경우 그들의 아들들의 부정과 비리[6]가 비극적 몰락의 원인이 분명하지만, 사울과 다윗의 경우 그들의 아들들에게 비극적 몰락의 원인으로 돌리기는 어렵다. 먼저, 기자의 보도에 따른 사울의 비극적 원인은 두 사건에서 비롯된다.

사울이 비극적 주인공이 된 첫 번째 원인은 블레셋과의 전쟁과 관련되어 있다(13:1–15a). 블레셋이 병거와 마병을 앞세워 믹마스에 진을 쳤을 때, 이스라엘 사람들은 겁을 먹고 "굴과 수풀과 바위틈과 은밀한 곳과 웅덩이에 숨었다"(13:5). 그러나 사무엘은 약속

---

5) Preston, "The Heroism of Saul," p. 29.

6) 엘리의 아들들인 홉니와 비느하스의 죄악은 삼상 2:12-17, 22에 나타나고, 사무엘의 아들들인 요엘과 아비야의 죄악은 삼상 8:3에 기록되어 있다.

한 대로 이레 동안 나타나지 않고, 백성들은 흩어지고 있었다. 그러자 사울은 사무엘이 없는 번제를 드리게 된다(13:8). 뒤늦게 돌아온 사무엘은 이를 빌미로 여호와께서 그의 마음에 맞는 사람을 구하여 백성의 지도자로 삼으셨다고 선언한다(13:14). 두 번째 원인은 아말렉과의 전쟁과 관련되어 있다(15:1–31). 사무엘은 아말렉과의 전쟁에 앞서 아말렉의 모든 소유를 쳐서 진멸하라고 명령한다(15:3). 그러나 사울은 아말렉의 모든 백성은 진멸하였으나 아각 왕은 사로잡고 양과 소의 가장 좋은 것 또는 기름진 것과 어린 양과 모든 좋은 것을 남기고 진멸하지 않았다(15:8–9). 그 결과 사무엘은 사울에게 "왕이 여호와의 말씀을 버렸으므로 여호와께서도 왕을 버려 왕이 되지 못하게 하셨나이다"(15:23)라고 선언한다. 따라서 사울이 이른바 진멸(〈헤렘〉)[7]을 행하지 않았기 때문에 그가 비극의 주인공이 되고 그의 가문이 몰락한 것이다.

하지만 기자가 보도한 "여호와께서 그의 마음에 맞는 사람을 백성의 지도자로 삼으셨다"(13:14)라는 사무엘의 첫 번째 거절 선언과, "여호와께서 이스라엘 나라를 왕에게서 떼어 왕의 이웃에게 주셨다"(15:28)는 사무엘의 두 번째 거절 선언은 사울에 대한 몰락의 원인이 석연치 않다는 것을 보여준다. 이 선언에서 '왕의 이웃'은 다분히 다윗을 가리킨 것으로 보이기 때문이다. 그렇다면 사울의

---

7) 사무엘이 아말렉과의 전쟁에서 사울에게 '진멸하라'고 지시한 것(삼상 15:1-9)은 현대적 윤리에 따르면 야만적 행위이지만, 이것은 고대 이스라엘의 종교적 전망으로부터 이해되어야 한다. 이른바 <헤렘>이라는 이 진멸 행위는 종교적 행위로서 거룩한 전쟁 이념의 주제이다. 거룩한 전쟁은 '징집,' '헌신,' '성별,' '행군,' '함성,' '진동,' '공포,' 그리고 '진멸'이라는 요소를 가지는 하나님의 전쟁을 말한다. 이 전쟁에서 카리스마적 지도자는 지휘관인 여호와의 명령을 따라야 한다. 그런데 사울의 경우 여호와의 명령을 거절한 것이다.

경우 비극의 원인을 주인공의 운명의 탓으로 돌리는 희랍의 비극을 연상하게 한다. 하지만 '운명' 은 그리스도교의 용어가 아니다. 그것을 하나님의 '섭리' 로 보는 것이 옳다. 말하자면, 사울의 경우 비극적 몰락의 원인은 표면적으로 그 자신에게 있지만 심층적으로 하나님의 섭리에 있다고 보는 것이 보다 타당하다.

다른 한편 다윗이 비극적 주인공이냐 라는 문제제기가 있을 수 있다. 그는 아들들과 함께 비극적 죽음을 맞이한 엘리와 사울과 달리 침상에서 편안하게 눈을 감았기 때문이다. 하지만, 암논과 다말의 간통 사건(삼하 13:1-22)과 피비린내 나는 압살롬의 복수(삼하 13:23-39)와 그의 반역 사건(15장)은 다윗 가문의 몰락이 분명하다. 이 같은 다윗 가문의 몰락의 원인은 다윗의 도덕적 결함 즉 밧세바와의 간통 사건에 있다(삼하 11:1-27). 이 사건 직후 예언자 나단은 한 부자가 가난한 사람의 암양 새끼 한 마리를 빼앗은 이야기를 다윗에게 들려준다. 그리고 그는, 다윗의 말대로 '마땅히 죽을 자' 는 바로 '당신이라' 고 책망한다(삼하 12:1-9). 그리고 그는 다윗의 가문에 대한 몰락을 다음과 같이 예고한다.

> 이제 네가 나를 업신여기고 헷 사람의 우리아의 아내를 빼앗아 네 아내로 삼았은즉 칼이 네 집에서 영원토록 떠나지 아니하리라 하셨고, …내가 너와 네 집에 재앙을 일으키고 내가 네 눈앞에서 네 아내를 빼앗아 네 이웃들에게 주리니 그 사람들이 네 아내들과 더불어 백주에 동침하리라.(삼하 12:10-11)

이같이 기자는 사울과 다윗에게 닥친 비극적 몰락을 그들 자신의 잘못 때문으로 돌리고 있다.

그러면 비극적 이야기에 나오는 주인공의 결말은 어떻게 묘사되어 있는가? 먼저 엘리와 사무엘 그리고 사울과 다윗의 이야기를 차례대로 주목해 보자. 엘리는 전쟁에서 두 아들들이 전사하고 법궤를 빼앗겼다는 소식을 들은 이후 〈이가봇〉만 남기고 비극적 죽음으로 생을 마감한다(삼상 5:12–22). 하지만 사무엘은 아들들의 부정한 행위에도 불구하고(8:1–3), 사울을 왕으로 세우고(9:25–10:27) 다윗을 왕으로 세웠으며(16:1–13), 그 후에도 이스라엘에 대한 설교와 권고 그리고 중보기도를 하며(12:1–25) 오랫동안 활동하다가, 온 이스라엘의 애도 속에 그의 집에서 조용히 죽게 된다(25:1). 엘리의 죽음이 비극적인 반면 사무엘의 죽음은 비극적이라고 보기 어렵다.

사무엘상 31장에 묘사된 사울의 최후는 엘리의 비극적 최후보다 더욱 비장미가 넘친다. 블레셋과의 길보아 전투에서 사울의 아들 요나단과 아비나답과 말기수아가 함께 전사하고(31:2) 사울은 활에 맞아 중상을 입은후 마침내 자결하게 된 것이 그것이다(31:4). 그가 전장에서 장수답게 최후를 맞아 장렬하게 전사하지만, 블레셋 사람들은 자결한 그의 머리를 잘라 벧산 성벽에 못 박아 둔다(31:10).

> 그 이튿 날 블레셋 사람들이 죽은 자를 벗기러 왔다가 사울과 그의 세 아들이 길보아 산에서 죽은 것을 보고 사울의 머리를 베고 그의 갑옷을 벗기고 자기들의 신당과 백성에게 알리기 위하여 그것을 블레셋 사람들의 땅 사방에 보내고 그의 갑옷은 아스다롯의 집에 두고 그의 시체는 벧산 성벽에 못 박으매…(삼상 31:8–10)

여호와 하나님의 기름부음 받은 이스라엘의 왕이 비참하게 죽고 죽은 후에 할례 받지 않은 이들에 의해 수치스럽게 '부관참시' 당한 것이다(31:4). 이같이 사울은 이가봇만 남기고 죽은 엘리처럼, 이스보셋만 남기고 세 아들과 함께 길보아 산에서 전사한 가장 비극적 인물이다.

그런데 다윗의 최후는 다르다. 다윗의 경우, 앞에서 본 나단의 예언(삼하 12:10–12) 대로, 암논이 다말을 강간하자(삼하 13:1–22), 이에 대하여 압살롬이 왕자들을 살해하며(13:23–33) 반역하고 혁명을 일으키어(15:1–37) 다윗의 후궁들을 강간하는(16:21–23) 등 그의 가문이 비참하게 몰락하게 된다. 그러나 그 후 다윗은 압살롬으로부터 왕권을 되찾아 통치하다가 솔로몬을 왕으로 양위하고 그에게 유언을 남긴 후(왕상 2:1–9) 젊은 처녀 아비삭의 시중을 들으며 40년간 통치를 마감하고 사무엘처럼 조용히 생을 마감하게 된다(왕상 1:15; 2:10–12). 여기서 사울의 비극적 죽음과 다윗의 희극적 죽음이 대조되고 있다. 따라서 엘리와 사울의 몰락과 비극적 죽음은 사무엘과 다윗의 몰락과 희극적 죽음과는 다르다. 엘리와 사울은 비극적 죽음으로 끝나지만 사무엘과 다윗은 그들 가문의 비극적 상황에도 불구하고 희극적 죽음으로 끝나기 때문이다.

그러므로 엘리와 사울이 사무엘과 다윗보다 더 비극적 주인공이라고 하겠다. 하지만, 사울의 이야기는 엘리의 이야기보다 비극적 요소를 완벽하게 갖추고 있다. 비극적 원인이라는 측면에서 볼 때, 첫째, 심층적으로 비극적 원인이 하나님의 '섭리'인 사울의 이야기는 비극적 원인을 주인공의 운명의 탓으로 돌린 희랍의 비극을 연상하게 하는 비극이다. 둘째, 표면적으로 비극적 원인이 자신의 성격적 결함에서 비롯된 사울의 이야기는 세익스피어의 비극을 연상하게 하는 비극이다. 비극적 결말이라는 측면에서 볼 때, 첫째, 사울이 전장에서 아들들과 함께 비장하게 자결한다는 점에서 그는 진정한 의미의 비극적 주인공이다. 둘째, 사울이 블레셋에 의해 갑옷이 벗겨지고 머리가 잘리며 블레셋의 신당에 보내져 모독을 당했다는 점에서 그는 진정한 의미의 비극적 주인공이다. 따라서 "사울의 이야기는 소포클레스(Sophocles)의 아약(Ajax)과 외디푸스(Oedipus)를 연상시키는 비극이다"[8]라고 할만 하다.

엘리
원인: 아들들
결말: 패전, 아들들과 함께 **죽음**
(삼상 4:1-22)

사무엘
원인: 아들들
결말: 라마의 집에서 **죽음**
(삼상 25:1)

사울
원인: 자신(불순종 또는 섭리)
결말: 패전, 아들들과 함께 **죽음**
(삼상 31:1-13)

다윗
원인: 자신(결함)
결말: 다윗 궁에서 **죽음**
(왕상 2:10-12)

4. 사울의 몰락과 다윗의 상승

사울의 이야기는 사무엘상 9장에서 시작되고 있다. 그는 아버지의 잃어버린 암나귀를 찾으러 나갔다가 사무엘을 우연히 만나고 그

8) 장일선, 『구약성서의 문학』 (서울: 대한기독교출판사, 1980), p. 97.

로부터 기름부음 받은 후 이스라엘의 지도자가 된다. 이스라엘의 지도자가 된 그는 왕으로서 블레셋(13장)과 그리고 아말렉(15장)과 전쟁을 치른 후 사무엘로부터 책망을 받고 여호와의 거절된 왕으로 단정된다. 마침내 비극적 죽음으로 치닫는 그의 이야기는 권력에로 상승하는 다윗의 이야기와 맞물려 있다. 두 사람의 이야기는 사무엘상 16장으로부터 시작하여 사무엘하 1장까지 이어진다.

사무엘상 16장은 다윗이 사무엘에 의해 기름부음 받은 장면이다. 이 장면은 사울과 다윗의 기나긴 갈등을 알리는 예고편이다. 이 예고편으로부터 시작된 사울과 다윗의 갈등은 사무엘상 31장에 이르러서 끝난다. 기자에 의하면, 31장에 기술된 길보아 전투에서 이스라엘은 블레셋에 패배하고 사울은 세 아들들과 함께 자결한다. 그리고 사무엘하 2장에서 다윗은 헤브론에서 왕으로 등극한다. 이같이 사무엘상 16장으로부터 사무엘하 2장에 이르는 단락에[9] 권력을 향한 다윗의 상승과정이 묘사되어 있고 권력으로부터 몰락한 사울의 하강과정이 묘사되어 있다. 사울의 삶의 여정이 다윗의 삶의 여정과 상관관계에 놓여 있는 것이다. 그래서 사울과 다윗 어느 한 쪽을 제외하고는 다른 한 쪽이 설명되지 않는다. 사울의 몰락과정은 다윗의 상승과정에서만 설명되며 다윗의 상승과정은 사울의 몰락과정에서만 설명되기 때문이다.

따라서 권력으로부터 사울의 몰락과정과 권력에로의 다윗의 상승과정은 서로 상관관계에 놓여있다. 이 상관관계는 두 사람이 그들의 삶의 여정에서 갈등과 투쟁이 있었을 것을 짐작하게 한다. 이

---

9) 프레스톤은 사무엘하 2장까지를 개별적 이야기의 단위라고 본다. Preston, "The Heroism of Saul", p. 27.

것은 개연성이 충분한 일이다. 다윗이 블레셋의 골리앗을 물리친 후 백성의 환심을 사고(삼상 18:6–7), 사울 왕의 딸 미갈의 사랑을 받고 결혼하며(18:17–29), 요나단의 사랑을 받고(18:1–4) 돈독한 우정을 쌓아가며(20:17, 32–34), 놉의 제사장들의 지지를 받았다는 것(21:1–9)은 그가 왕권에 가깝게 다가갔다는 것을 의미함으로, 그는 자신의 미래에 대하여 어느 정도 짐작하였을 것이다. 그렇다면 사울의 몰락에 대한 다윗의 부정적 역할이 있었을 수 있다. 하지만 기자는 사울의 몰락에 대한 다윗의 역할을 말하지 않는다. 오히려 그는 사울을 부정적으로 묘사하고, 다윗을 긍정적으로 묘사하고 있다.

학자들에 따르면, 이 같은 사울과 다윗에 대한 기자의 보도는 그의 신학적 입장에 따른 기술이다.[10] 그의 신학은 신명기적 역사관이다. 이 역사관에서 그는 다윗을 남왕국 유다의 시조이며 유다 왕조의 시조이고 예루살렘 성전의 기초 작업을 세운 공로자이며, 남왕국의 왕조 신학을 제정한 성군으로 기술하였다. 반면에 그는 이스라엘의 초대 왕이었던 사울을 예루살렘 성전과 대립되는 단과 벧엘 성소를 세우고 예루살렘의 권위와 다윗 왕조에 도전을 해왔던 북왕국의 시조로 기술한 것이다.[11] 말하자면, 다윗왕조 신학에 근거하여 다윗은 유리하게 기술되었고 사울은 불리하게 보도되었다는 것이다. 그래서 사무엘기에서 사울의 비극적 죽음에 대한 다윗

10) 엔더슨에 따르면, 사무엘기는 남왕국 유다의 신학자들의 편견에 의하여 기술되었다. 그리고 왕조의 모든 전승이 예루살렘의 집단에 의해 보존되고 편집되었다. Bernhard W. Anderson, *Understanding the Old Testament*, 3rd ed., (Englewood Cliffs, New Jersey: Prentice-Hall, Inc., 1975), p. 169.

11) 장일선, 『히브리 설화의 문학적 이해』 (서울: 대한기독교출판사, 1985) : p. 140.

의 책임이 묘사되어 있지 않고, 사울의 가문이 다윗의 계략에 의해 몰락했다고 보지 않았다. 오히려 사울이 하는 일마다 잘못을 저질렀기 때문에 몰락한 것이며(13:1-14; 15:1-9; 16:14; 18:10 등), 다윗은 하는 일마다 하나님의 마음에 합당하기 때문에 상승한 것(18: 5, 14-15, 28, 30 등) 이라고 기술되어 있다. 기자에게 있어서 사울의 쇠퇴와 몰락에 대한 이야기는 다윗의 득세와 성공에 대한 이야기의 일부로서 이차적인 이야기일 뿐이므로, 기자는 다윗의 성공을 말하기 위해 그는 다윗이 사울의 몰락에 부정적 영향을 끼친 사실을 차단하고, 자신의 신학적 주제인 다윗의 성공에 부합되는 내용만을 독자들이 받아들이기를 원했다는 것이다.[12)]

그러므로 기자의 신학적 입장을 거둬내고 사무엘기를 읽고자 시도할 수 있다. 그래서 사울이 부정적 인물이 아니라는 것을 증명하려고 할 수 있다. 그도 그렇듯이 사울은 그의 아들 요나단과 함께 일생동안 아말렉이니 블레셋 등 주변 나라들과 수많은 전쟁을 치렀다. 그의 이러한 투쟁은 이웃 나라의 세력의 확장을 차단하는 결과를 가져왔다. 또한 길보아 전쟁에서 비록 그가 세 아들들과 함께 패배하고 전사하였다고 하더라도, 그는 블레셋과의 이 전쟁에서 에브라임과 베냐민 지파의 군대만으로 블레셋의 주력부대를 약화시켰다. 그 결과 사울의 다윗은 상승하여 왕권을 확립할 토대를 만들었다.[13)]

그렇지만 사울의 몰락에 다윗이 결정적인 부정적 영향을 끼쳤다는 것을 증명하기 위해 역사적 사실을 재현하는 일은 불가능한 일

---

12) Antonius H. J. Gunneweg, 문희석 역, 『이스라엘 역사』 (서울: 한국신학연구소 1975), p. 99.
13) cf. Gunneweg, 문희석 역, 『이스라엘 역사』, p. 99.

이다. 또한 사무엘기의 저자나 편집자의 의도를 제거한다고 해도, 신학적 입장에 따라 다른 결과를 가져올 수 있으므로, 복원하는 일은 불가능한 일이다.[14] 나아가 성경이 오랜 동안의 구전전승과 문서화 과정의 산물이라고 본다면, 사울의 몰락과 다윗의 상승에 관한 사무엘기의 본문을 전적으로 신명기 역사가에게 돌릴 수도 없는 일이다. 오랜 기간 구전전승과 문서로 편집된 여러 양식들을 한 시대의 사관에 따른 하나의 신학적인 용어로 전제하고 정리하는 일은 위험이 따를 수 있다.

결론적으로, 우리는 다시 본문으로 돌아갈 수밖에 없다. 우리에게 주어진 것은 본문밖에 없기 때문이다. 사무엘기의 본문을 주목하면 사울의 비극적 몰락과 다윗의 성공이 함께 그려져 있다. 그래서 포클만(Jan P. Fokkelman)은 다윗의 이야기와 관련지어 사울의 이야기를 논증한다. 그는 사무엘기에 대한 구조주의 분석을 적용한 "사울과 다윗의 교차된 운명"이라는 그의 논문에서 "사울이 몰락해갈 때 다윗은 상승 한다"[15]고 본다. 이는 앞에서 보았듯이 엘리가 몰락해 갈 때 사무엘이 상승하는 이야기를 연상하게 한다. 엘리의 하강과 사무엘의 상승 이야기처럼, 사울의 하강과 다윗의 상승 이야기가 교차되는 쌍선으로 묘사되어 있는 것이다. 그러나 사무엘상에서 '엘리와 사무엘'의 쌍선이 간단하고 단조롭게 묘사된 반면, '사울과 다윗'의 쌍선은 매우 구체적이고 긴 역사적 과정을 통하여 복잡하게 구성되어 있다.

---

14) Robert C. Culley, "Structural Analysis: Is it Done with Mirrors?," *Interpretation* 28(1974) : 165-181, pp. 167-168.

15) Jan P. Fokkelman, "Saul & David: Crossed Fates," *Bible Review* 5(1989) : 20-32, p. 32.

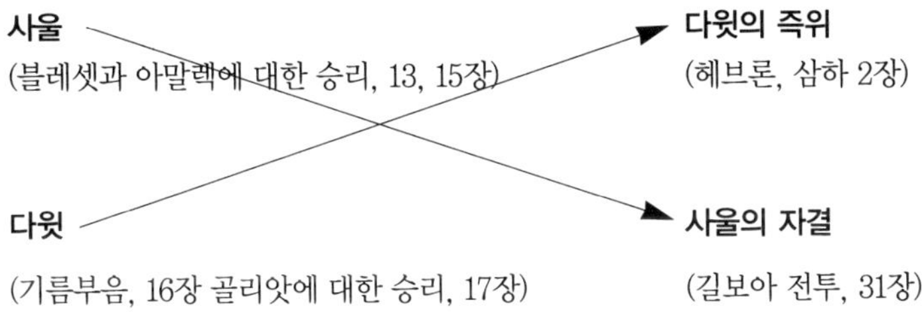

이같이 복잡한 역사적 과정을 통하여 다윗의 상승과정이 사울의 몰락과정과 맞물려 있다고 하더라도, 그것이 사울의 몰락에 대한 다윗의 정치적 계략을 가리킨다고 말하기 어렵다. 오히려 사울의 몰락의 원인에 하나님의 섭리가 작용하고 있다면, 이에 맞물려 다윗의 상승에도 하나님의 섭리가 작용하고 있다고 보는 것이 옳다. 그것이 희랍 문학의 용어를 빌린다면, 사울은 자신의 '운명'에 저항하지만 비극적 결말을 맞게 되고, 다윗 역시 자신의 '운명'에 의해 길고도 복잡한 상승과정을 거쳐 왕으로 등극하게 된다고 말할 수 있을 것이다.

5. 결론

필자는 지금까지 사무엘기에 나타난 비극적 이야기를 살펴보았다. 이 중에 가장 비장미가 넘치는 비극적 이야기로서 권력으로부터의 몰락하는 사울의 이야기는 권력에로의 상승하는 다윗의 이야기와 밀접한 관계에 있는 것을 보았다. 학자들에 따르면, 사무엘기에 묘사된 상반된 쌍선은 신명기적 역사가가 그의 신학적 의도를 가지고 사울을 부정적으로, 다윗을 긍정적으로 묘사하였다. 하지만 필자는 이 연구에서 본문에 있는 신명기적 역사가의 신학을 벗겨내고 본래의 의미를 정확하게 이끌어내기는 실제로 불가능하다는 것을 주장한 바 있다. 따라서 필자는 본문 자체에 집중하는 문학적 접근방법을 제안하고, 특히 인간의 가장 숭고한 장례식에서 불린 '다윗의 조가' 라는 프리즘을 통해 사울의 몰락에 대한 다윗의 진실을 탐구할 것이다.

그러므로 '다윗의 조가' 에서 다윗은 사울의 몰락을 '어떻게 말하는가?' 를 살펴보고 난 후 '무엇을 말하는가?' 를 연구할 필요가 있다. 이것은 본문 앞에서 본문이 '어떻게 말하는가?' 에 대한 관심을 기울이므로, 역설적으로 본문의 배후에서 본문이 '무엇을 말하는가?' 를 밝히고자 하는 것이다.[16] 이 접근방법에 따라, 필자는 먼저 '다윗의 조가' 에 대한 구조주의 접근방법의 적용 가능성을 살펴보기 위해 성경의 구조주의비평을 약술할 것이다. 그 다음 구조주의 접근방법론을 통해 '다윗의 조가' 를 분석할 것이다. 이를 위해 조가에 나오는 음절(syllable), 행(colon), 연(couplet), 그리고 각 연의 주제를 면밀히 살펴보겠다. 그리고 각 연에 나오는 불변화사와 수사적 장치를 통하여 연마다 구조를 분석하고, 신학적 의미를 추적함으로 사울의 비극적 종말에 대한 다윗의 진실을 밝힐 것이다.

16) A. A. Anderson, *2 Samuel*. WBC vol. 11 (Dallas : Word Books, Publisher, 1989), p. 13.

II.
구조주의 접근방법

1. 서론

성경 본문은 오랜 기간의 구전 과정과 문서화 작업 그리고 편집 과정을 거친 후 완성되어 현재 우리의 손에 들어와 있다. 따라서 본문에는 저자가 의도한 하나의 의미만 있고 그것이 전부라고 말할 수 없다. 본문 안에 끊임없는 의미의 가능성들이 있다.

성경 본문의 의미는 오랜 동안 학자들에 의해 전통적인 역사비평 방법에 의해 도출되어 왔고, 최근에 소위 신문학비평으로 대표되는 공시비평 방법에 의해 연구되어 오고 있다. 역사비평 방법이 "저자가 본문에서 무엇을 의미했느냐?"에 관심을 가진다면, 신문학비평 방법은 "본문이 어떻게 말하고 있느냐?"에 관심을 가진다. 성경에 대한 신문학비평은 문학적 기교인 이야기의 줄거리, 사건의 반복, 감정의 균형, 표현의 변형, 일정한 틀, 그리고 시적 표현의 이미지, 연상, 암시, 은유, 그리고 과장법과 평행구 등을 찾아보고, 문학적 표현의 애매성과 다의성 그리고 상징성 등을 분석할 뿐 아니라, 독자가 주인공의 행위에 동조하거나 반감을 갖는 등 주인공과 자신을 일치시킴으로서 본문에 대한 폭넓고 심오한 의미의 가능성을 불러 오는 방법이다. 그러므로 역사비평이 본문과 저자를 밀접하게 연결시키는 방법이라면, 신문학비평은 본문을 저자로부터 분리시켜 독자로 하여금 본문에 접근하도록 하는 방법[1]이다.

따라서 신문학비평 방법에서는 본문 뒤에 있는 "저자가 본문에서 무엇을 의미했는가?"를 살펴보는 것보다, 본문 앞에서 "본문이 어떻게 말하고 있는가?"라는 질문에 답을 찾고자 한다. 역설적이지만, 우리는 "본문이 어떻게 말하고 있는가?"에 대한 답을 통해 "본문이 무엇을 말하고 있는가?"에 대한 답을 이끌어 낼 수 있을 것이다. 이것은 성경 해석에 있어서 신비스럽거나 비밀스러운 해석방법이 아니다.[2] 이 방법은 본문에 함축된 유일한 의미 또는 최종적 의미를 끌어내기 위한 것도 아니다. 이 접근방법은 무한한 언어의 열린 네트워크[3]를 통해 해석 방법의 복수성을 얻게 하고,[4] 폭넓은 의미의 산출을 위한 방법이다. 그러므로 필자는 이 연구에서 본문의 짜임새에 집중하는 구조주의 접근방법을 통하여, 본문의 의미를 부여하는 것보다 의미를 조립하고, 의미에 대답을 주는 것보다 의미를 이름 하고자 한다.

필자는 '다윗의 조가'를 구조적으로 분석하여 의미를 조립하고 이름 하기 위하여, 이 연구에서 구조주의 접근방법에 의한 학자들의 연구과정을 정리하도록 하겠다. 구조주의 접근방법이 구조언어

---

1) 서인석, "구조분석과 성서해석," 『기독교사상』, 296 (1983/2) : 104-122. p. 107.
2) Robert A. Spivey, "Structuralism and Biblical Studies : The Uninvited Guest," *Interpretation* vol. 28 (1974) : 133-145. p. 135.
3) Richard Jacobson, "The Structuralists and the Bible," *Interpretation* vol. 28 (1974) : 147-164. p. 158.
4) 롤랑 바르트, 편집부 역, "천사와의 씨름 －창세기 32:23-33의 본문분석－," 『기독교사상』 264 (1980/6) : 171-185, p. 185.

학에서 시작되었으므로 먼저, 필자는 구조주의에 관한 이론을 살피기 위해, 구조주의를 문학작품에 적용한 구조 언어학자 페르디난드 소쉬르(F. D. Saussure), 소쉬르의 구조언어학을 고대 원시인의 신화 연구에 적용한 레비스트로스(Claud Levi-Strauss), 그리고 기호학적 사각형을 통하여 의미론적 분석을 제시한 그레마스(A. J. Greimas)의 구조주의 연구를 살펴보겠다. 나아가, 필자는 구조주의 비평방법을 성경에 적용한 실재를 살피기 위해, 레비스트로스의 신화적 연구를 창세기의 창조 이야기에 적용하여 구조적으로 분석한 에드몬드 리치(Edmond R. Leach), 창세기의 야곱 이야기를 구조적으로 분석한 롤랑 바르트(Roland Barthes), 시편을 구조주의로 분석한 서강대학교의 서인석 교수, 그리고 사무엘상을 구조주의로 분석한 젠 포클만(Jan P. Fokkelman)의 연구를 차례대로 정리하겠다. 여기서 살핀 구조주의에 대한 이론과 실재는 사울과 요나단을 위한 '다윗의 조가'를 구조적으로 분석하는데 도움이 될 것이다.

2. 구조주의 비평의 이론

(1) 소쉬르(F. D. Saussure)

구조주의 접근방법은 현대 언어학을 모델로 하여 문학작품을 분석하고 해석하는 방법이다. 이 비평 방법은 구조 언어학자 페르디난드 소쉬르(F. D. Saussure)의 구조 언어학으로부터 시작되어[5],

---

5) Saussure의 *Cours in General Linguistic*에서 발전시킨 방법과 분석용어를 문학에 적용한 것.

1950년대 문화 인류학자인 레비스트로스(Claud Levi-Strauss)에 의하여 이루어진 구조주의 운동의 한 갈래이다.

소쉬르의 언어학에 의하면, 언어는 기표(signifier, '의미하는 것')와 기의(signified, '의미된 것')의 결합으로서 기호이다. 이것은 마치 원자를 분해했을 때 양자와 중성자와 전자로 나누어지듯이,[6] 언어 기호 역시 입에서 나오는 소리 즉 기표와 그 말 속에 담겨진 뜻 즉 기의로 나눌 수 있다는 것이다. 소쉬르는 이런 분석을 통해 언어가 자족적 체계이기 때문에, 의미는 발언자의 주관적 의사에 의하여 결정되거나 메시지에 종속되지 않으므로, 의미를 직접 부여하는 것은 담화자가 아니라 담화(utterance)를 만들어 내는 언어 체계임을 강조한다.[7] 따라서 구조주의 방법은 의미를 만들어 내는 방식에 관심이 있으므로, 기의보다 기표에 관심을 집중한다. 이러한 구조주의 비평방법에서 문학작품은 저자와 독립해 있는 존재로서 하나의 '실재'이다. 서인석은 이것을 "독자인 '나'에게 속한 실재"[8]라고 말한다.

그러므로 구조주의 비평가들은 단일한 작품이나 서로 상관성을 가지고 있는 작품들에 한하여 관심을 집중하며, 언어체계의 음성적 수준(phonemic)과 형태소적 수준(morphemic)의 구별 그리고 계열관계(paradigmatic relation)와 결합관계(syntagmatic relation)의 구별 등 언어학적 개념을 적용하여 문학작품을 분석하고, 보편적 이론을 모색한다.[9] 예를 들어, 〈lice〉(louse의 복수)와 〈rice〉의 경

---

6) 장일선, 『히브리 설화의 문학적 이해』, p. 239.
7) 박철희, 『입문을 위한 문학개론』, 개정신판 (서울 : 형설출판사, 1985), p. 365.
8) 서인석, "구조분석과 성서해석," p. 107.
9) 박철희, 『입문을 위한 문학개론』, p. 366.

우 /l/과 /r/의 소리가 대조됨으로서 '이들'(기생충의 복수)과 '쌀'이라는 전혀 다른 의미를 갖게 됨[10]을 알 수 있다.

(2) 레비스트로스(Claud Levi-Strauss)

앞에서 보았던, 소쉬르의 언어학의 음성학적 대조 원칙은 구조주의 비평연구에 영감을 주었다. 소쉬르의 언어학에서는 인간이 이 원칙에 의하여 사물을 분리하여 이해한다고 본다. 예컨대, 고대 원시인들은 주변 사물을 높고/낮음, 무겁고/가벼움, 밝고/어두움 등의 범주로 구분하고 인식하였다는 것이다. 소쉬르의 언어학에 영향을 받은 인류학자 레비스트로스 역시 인간의 두뇌는 기본적으로 두 가지 요소로 이루어졌다고 본다. 그가 말하는 인간 두뇌의 두 요소는 '예'와 '아니오'를 컴퓨터가 '1'과 '0'이란 기호로 처리하는 원리와 동일하다.[11]

레비스트로스는 두 가지 요소로 구성된 인간 두뇌의 인식과정을 다음과 같이 설명한다. ① 청색을 통한 보라색, 녹색, 노랑색, 붉은색 등 색감 잔상은 본래 연속체로 존재한다. ② 인간 두뇌는 마치 불연속성의 분리로 구성되는 것처럼 이 연속체를 해석한다. ③ 인간의 두뇌는 상반되는 두 요소 즉 +/- 그리고 한 쌍이 되는 녹색과 빨강을 선택하는 적절한 설명을 찾는다. ④ 이 정반대의 극점에서 결과적인 불연속성에 불만족하고 중간의 위치 즉 not+/not-를 찾는다. ⑤ 두뇌의 녹색과 빨강 사이에 불연속적인 중간 분절로서 노랑을 인식할 수 있기 때문에 중간 신호로서 노랑을 선택하고, 원래

10) 장일선, 『구약성서와 설교』(서울: 전망사, 1989), p. 143.
11) 장일선, 『구약성서와 설교』, p. 144.

본질적인 연속체로 돌아간다. ⑥ 따라서 마지막 문화 산출은 –세 가지 교통신호 색깔– 인간 두뇌의 인식으로서 자연의 현상 즉 색감 잔상의 단순한 모형이다.[12]

이 언어학적 논리가 신화적 논리에 적용되었다. 예컨대, 레비스트로스는 중앙 브라질 인디언들의 신화에서 날 것과 익힌 것을 대조하는 것을 보고 이에 관심을 기울였다. 여기서 그는 '멈추다/가다,' '날 것/익힌 것,' '주체/객체,' '자연/문화,' '삶/죽음'의 이율배반이 실제적이고 근본적인 다름이나 대립이 아니라 상관적 차이라는 것[13]을 발견하였다. 언어학에서 시작된 구조주의 연구가 이같이 인간의 사회생활의 행동과 언어가 인간이 속한 문화의 영역 안에서 의미를 지니게 된다고 보는 레비스트로스의 구조 인류학의 영향으로 신화적 연구에 적용된 것이다.

(3) 그레마스(A. J. Greimas)

프롭(Vladimir Propp)은 1928년 러시아어로 출판된 『민담의 형태론』에서 100여개의 러시아 민담을 분석하여 주인공들의 일곱 가지 역할과 서른한 가지 행동을 도식화한 적이 있다. 여기서 프롭은 주인공과 비주인공, 영웅과 악한 등의 상관관계에서 주인공의 기능이 이루어지고, 민담의 이야기가 일정한 틀을 따라 전개된다고 보았다.

이 같은 프롭의 민담 연구를 재해석한 그레마스는 이야기 속의 행위자를 다음같은 여섯 가지의 대표적 행위체로 구분한다.

---

12) Spivey, "Structuralism and Biblical Studies," p. 140.
13) Spivey, "Structuralism and Biblical Studies," p. 141.

여기서 발신자는 목적을 수신자에게 보내도록 행동을 유발하는 존재이다. 주체는 주인공이며 그는 목적을 달성하기 위하여 보조자의 도움을 얻거나 대립자의 방해를 받게 된다.[14)]

또한 그레마스는 의미론적 분석을 위한 기호학적 사각형을 만들었는데, 이 사각형은 유념사항들 간에 군림하는 관계들을 가시화할 수 있고 이야기가 진행하는 도중 나타나는 변형들을 헤아릴 수 있게 한다.

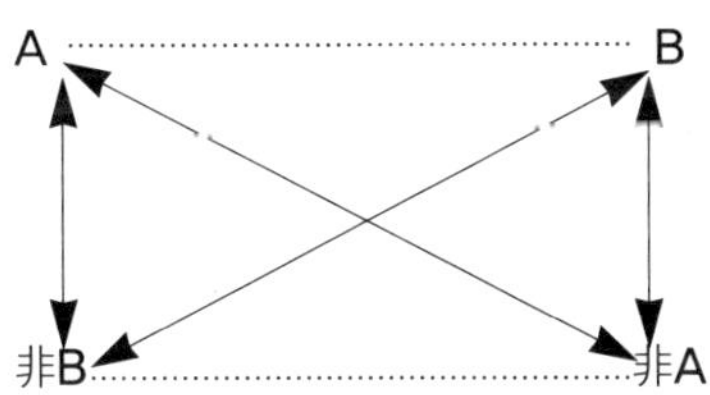

여기서 수평선은 대립관계를, 대각선은 모순관계를, 그리고 수직선은 내포 관계를 나타낸다. 첫째, 대립관계에서 하나의 사항을 긍정함은 다른 하나의 사항을 부정하는 것이지만, 하나의 사항을

---

14) 서인석, 『성서와 언어과학: 구조분석의 이론과 실천』 (서울 : 성바오로출판사, 1984), pp. 174-176; 장일선, 『구약성서와 설교』, p. 146. 다음에 보겠지만, 이에 대하여 롤랑 바르트(Roland Barth)가 창세기의 야곱의 이야기를 적용한 바 있다.

부정함은 필연코 다른 하나의 사항을 긍정하는 것은 아니다. 따라서 반대의 사항들은 공존할 수 있다. 둘째, 모순관계에서 하나의 사항을 긍정함은 다른 하나의 사항을 부정하고, 상호적으로 하나의 사항을 부정함은 다른 하나의 사항을 긍정하는 것이다. 따라서 하나의 사항은 반드시 다른 하나의 사항을 배제한다. 셋째, 내포관계에서 하나의 사항이 다른 하나의 사항을 논리적 결과에 의하여 도출시킨다.[15] 이와 같이 대립관계, 모순관계, 그리고 내포관계는 각각의 사항들이 상호관계 속에 존재한다는 것을 보여준다.

3. 구조주의 비평의 실재

(1) 에드몬드 리치(Edmond R. Leach)

레비스트로스의 영향으로 신화적 연구에 적용된 구조주의 연구는 성경 연구에 크게 도움이 되었다. 스파이베이(Spivey)가 언급한 것처럼, 성경의 자료는 창세기에서 시작하여 예수와 초대교회 이야기에서 절정점에 달하는 하나의 이야기이다. 따라서 성경의 연구에 접근하는 구조주의자는 인간의 행위와 사건은 실재가 아니며, 실재는 구조이고, 이 구조는 암호와 같다[16]는 원리에 근거하여 성경을 연구한다. 이같이 성경연구에 구조주의를 적용한 이들 중 한 사람은 에드몬드 리치(Edmond R. Leach)이다.

리치는 구조주의를 창세기에 적용하였다. 그는 『신화로서 창세

---

15) 서인석, 『성서와 언어과학』, p. 173. 이것은 다음에 보겠지만, 서인석이 시편 연구에서 적용하고 있다.

16) Spivey, "Structuralism and Biblical Studies," p. 134.

기』(*Genesis as Myth*, 1969)와 "에덴동산의 레비스트로스"('Lévi-Strauss in the Garden of Eden,' 1970)에서 창조를 정적이며 죽음의 세계에 대한 창조와, 동적이며 성적인 생명의 세계에 대한 창조로 나눈다. 예컨대, 세 번째 날 창조에서 정적인 것의 3원소 즉 '풀'과 '곡식'과 '과목'이 창조되고, 여섯 번째 날의 창조에서 동적인 것의 3원소 즉 '가축'과 '야생짐승'과 '기는 것'이 창조된다. 그리고 인간, 즉 남녀가 동시에 창조되어 번성하도록 명령을 받는다. 따라서 동물의 고기를 포함한 이 모든 것은 인간을 위해 사용되도록 허락된다. 이 때는 인간이 생명과 죽음 그리고 근친상간과 출산의 문제에 직면해 있지 않았다. 그런데 기는 것에 의해 이런 문제가 들어온다. 기는 것 즉 뱀은 남자와 여자의 매개자로 등장한다. 이 뱀에 의해 아담과 이브가 금지된 과일을 먹었을 때, 죽음과 근친상간에 의한 출산의 능력이 세상에 들어오게 된 것이다. 그리고 이것이 정적인 농부의 대표자인 가인과 동적인 유목민의 대표자 아벨의 이야기에서 반복된다. 농부인 가인이 생명을 상징하는 목자인 아벨을 죽인 것은 아담의 근친상간의 반복 행위라는 것이다. 리치에 따르면, 아담을 향한 하나님의 질문과 아담과 이브와 뱀에 대한 하나님의 저주가 인간을 향한 하나님의 질문과 가인에 대한 하나님의 저주가 유사하다는 것은 이것을 증명한다.[17]

그러나 이 같은 리치의 주장에 대하여 야콥슨은 몇 가지 문제점을 지적한다. 그에 따르면, 리치가 고기를 사람에게 주었다고 보는 창세기 1장 29절의 'for meat' (AV)는 본디 'for food'을 의미한 것으로서, 이 단어는 사람과 동물이 채식주의자라는 것으로 보여준

17) Jacobson, "The Structuralists and the Bible," p. 151.

다. 그리고 리치가 가인의 아벨에 대한 형제 살해가 형제 사이의 동성 근친상간이라고 주장한 것은 그 근거가 빈약하다.[18] 이러한 문제점에도 불구하고 리치의 연구는 성경 연구에 새로운 전기를 제공한 것은 분명하다. 그에 의해 시작된 성경에 대한 구조주의적 접근 방법이 롤랑 바르트(R. Barthes)에게서 꽃을 피우게 되기 때문이다.

(2) 롤랑 바르트(Roland Barthes)

롤랑 바르트는 구조주의에 3가지 분석 대상이 있다고 말한다. 첫째, 구조주의는 인물의 심리학적, 전기적, 성격적, 그리고 사회적 목록을 분류한다. 즉 주인공의 나이, 성별, 외면적 특징, 사회적 또는 권력상의 지위, 기타 등을 만들어 분류한다. 이는 지표의 단계로서, 지표란 기호 내용을 전달하는데 도움이 되는 표기이다. 예컨대, '신경증,' '은혜,' 또한 '권력' 등이 그것이다. 이것들의 분석자는 언어의 문법, 번역, 화자의 말, 그리고 요약된 전달 내용 등을 가리키는 메타언어로 명명하게 되는데, 이 단계는 형용사와 맞먹는다. 둘째, 구조주의는 여러 인물의 기능의 목록을 작성하고 분류해야 한다. 즉 서술상의 결정에 바탕을 두고 모든 인물이 행하는 일, 행위의 주체로서 주요 특징의 분류를 말한다. 이 단계는 현재분사이다. 셋째, 구조주의는 여러 인물의 행위의 목록 작성과 분류에 착수한다. 서술상의 행위는 예컨대, 선조로부터 내려온 경험으로부터 나온 이야기에 의한 문화적 경험적 논리이다. 이에 따라 표면적으로는 순서 있게 정리되며 연속 장면으로 짜여진다. 이것은 동사 수준에 해당된다.[19]

---

18) Jacobson, "The Structuralists and the Bible," p. 152.
19) 롤랑 바르트, "천사와의 씨름" p. 173.

롤랑 바르트는 이 이론에 근거하여 창세기 32장 23-33절에 나오는 야곱의 행위의 목록을 '통과,' '씨름,' 그리고 '명명'으로 나누어 작성하고 분석한다. 먼저 그는 23-25절의 삽화를 야곱의 '통과' 행위로 분석하고, 이를 연속장면으로 다음같이 도식화 한다.[20]

I	일어나다 ○ 23	데리고 ○ 23	통과하다 ○ 23
II	데리고 ○ 24	건너보내다 ○ 24	혼자 남는다 ○ 25

그리고 그는 25-30절의 삽화를 '씨름' 행위로 분석하고 연속장면으로 다음같이 도식화 한다.

겨룸	힘없음	결정타	담합	요구	조건	수용
○	○	○	○	○	○	○
25	26	27	27	27	27	30

또한 그는 28-30절의 삽화를 '명명' 또는 '이동' 행위로 분석하고 연속장면으로 다음같이 도식화한다.

I	하나님이 야곱의 이름을 물음 ○ 28	야곱의 대답 ○ 28	결과 : 이동 ○ 29
II	야곱이 하나님의 이름을 물음 ○ 30	간접적 대답 ○ 30	결과 : 결정 ○ ( ) 이동: 브니엘 ○ (31)

20) 롤랑 바르트, "천사와의 씨름," p. 174.

뿐만 아니라 롤랑 바르트는 그레마스의 6가지 대표적인 행위 체의 도식을 중심으로 본문을 구조화하여 기능의 목록을 작성한다. 즉 야곱은 목적 추구에 나선 주체이며, 하나님은 야곱에게 이 목적을 찾도록 내보낸 발신자이고, 그리고 수신자는 다시 야곱이며, 천사는 주체의 탐구를 저지하는 대립자가 된다는 것이다.[21] 그는 이것을 다음과 같이 도식화 한다.

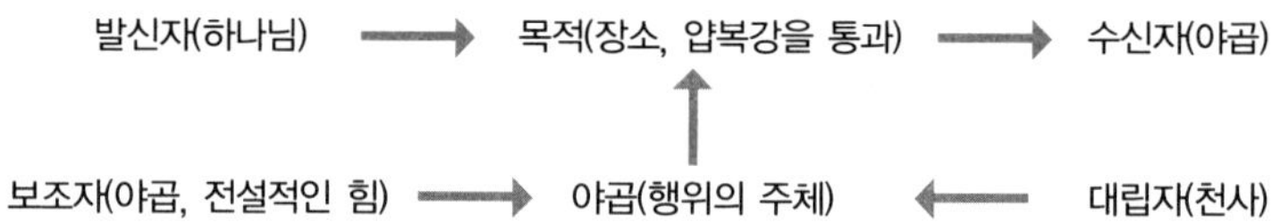

여기서 주체는 수신자와 동일하고, 주체는 보조자와 동일하고, 발신자는 곧 대립자와 동일하다. 이것은 바르트가 지적한 것과 같이 유일신 사상을 신봉하는 유대교에서 야곱을 방해하는 세력이 하나님 자신일 수밖에 없다[22]는 것을 보여주는 근거가 된다. 이것은 매우 흥미롭다. 그는 "설화 분석자는 상상력을 가져야 한다"라고 말한 자신의 주장에 충실한 것으로 보인다.[23]

(3) 서인석

서인석은 그레마스의 주장에 따른 시편 1편에 대한 분석에서, 본문의 상층에 나타난 기표적 요소(signifiant)들로서 표층구조(surface structure)와, 내재적 층(immanence) 또는 기의적 층(signifi)으로 나눈다. 그는 시편 1편의 표층구조를 다음같이 분석한다.

---

21) 롤랑 바르트, "천사와의 씨름," pp. 180-181.
22) 장일선, 『구약성서와 설교』, p. 146 에서 재인용.
23) Jacobson, "The Structuralists and the Bible," p. 158.

(A) 의인이 행복을 얻을 가능성
(B) 그 가능성 을 얻을 수 있는 조건
(C) 모든 일에 성공하는 것
(C') 악인은 성공할 수 없다
(B') 율법을 공부하지 않음으로서 겨와 같다
(A') 그들은 열매를 맺지 못 한다[24)]

이 표층구조 분석에서 서인석은 기본적 동위 원소들을 찾아내어 의미론적으로 보고 있다. 그에 따르면, 본문에 나타나는 여러 코드(code)들은 '안정성 ↔ 비안정성' 이요, 다른 하나는 '성공 ↔ 비성공' 이 연관을 맺고 있다고 본다. '안정성 ↔ 비안정성' 의 동위 원소는 이동 약호들로서 표현되는데, '아니 걷다,' '따르지 않다,' '아니 서다,' '앉지 않다' (1), '심어지다' (3), '흩날리다' (4), '버티고 서 있다' (5), '멸망하다' (6) 등이다. 그리고 '성공 ↔ 비성공' 의 동위 원소는 '행복한' (1), '낙' (2), '열매' (3), '성공하다' (3), '멸망하다' (6) 등이다. 그는 이러한 자신의 주장을 기본 대립의 회로를 통하여 다음과 같은 도식화 한다.[25)]

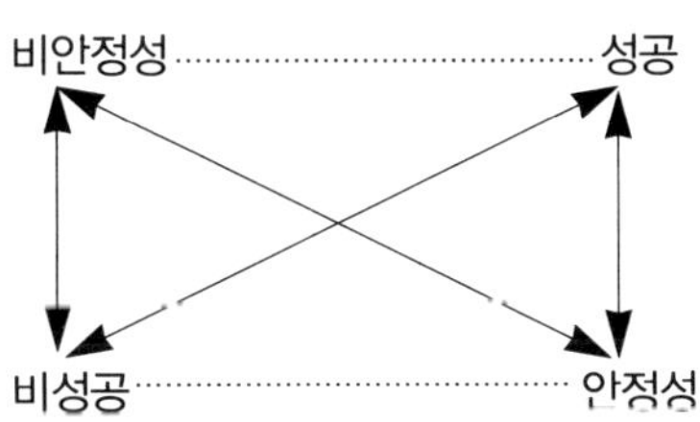

24) 서인석, 『성서와 언어과학』, pp. 331-332.
25) 서인석, 『성서와 언어과학』, p. 338.

그는 의인과 악인의 회로를 다음과 같이 그린다. 여기서 악인의 회로는 부정적 형상으로 끝나지만 의인의 회로는 영원한 신적 형상으로 끝난다. 의인은 그의 안정성을 율법에서 찾고 악인의 비성공은 자기 파괴적이다.[26)]

[의인의 회로]

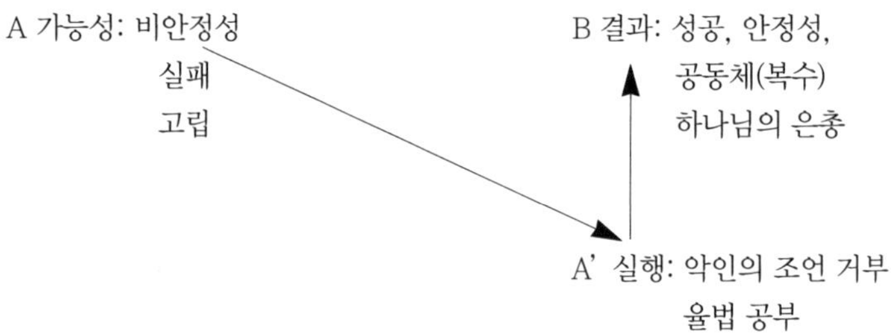

[악인의 회로]

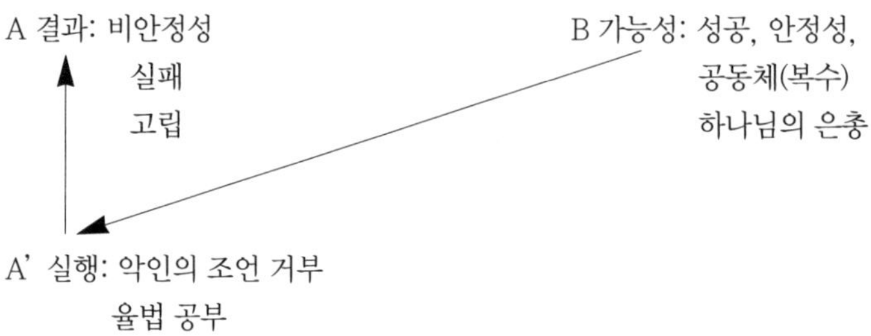

(4) 젠 포클만(Jan P. Fokkelman)

한편 최근에 구조주의에 관심을 가지고 사무엘기를 연구한 포클

---

26) 서인석, 『성서와 언어과학』, p. 339.

만(J. P. Fokkelman)은 그의 방대한 네 권의 저서인 『사무엘기에 나타난 설화적 기교와 시』(*Narrative Art and Poetry in the Books of Samuel*, vol. I-IV)를 출판하였다. 제 1권은 다윗의 궁중사(삼하 9-20장과 왕상 1-2장), 제 2권은 사울의 몰락과 다윗의 등극(삼하 13-31장과 삼하 1장), 제 3권은 다윗 왕국의 수립(삼하 2-8장과 21-24장), 그리고 제 4권은 사무엘과 왕권의 문제(삼하 1-12장)를 다루고 있다. 이 책에서 그의 관심은 역사적 사건이나 인물보다 오히려 설화에 있었기 때문에, 그는 역사 문화적 상황에 대하여 관심이 없다. 그는 철저하게 형식적 표층구조 분석의 관점에서 문학적 방법론의 영역을 사용하고 있다. 그는 구조에 있는 소리의 형태나 설화적인 관점 그리고 단어의 반복이나 장면의 나열의 효과, 공간적인 이미지 등에 관심을 가진다. 그는 형식과 내용의 분리를 거절한 것이다.[27] 이러한 방법에 따라, 그는 '경건/죄,' '환상/진실,' '단일성/이중성,' '이기주의/인격성' 등과 같은 누드러진 주제들을 탐구하고 있다.[28]

특히 그는 사무엘상 13장에서 사무엘하 1장까지 다윗의 권력에의 상승이란 배경이 사울 몰락의 증거가 되기 때문에 두 사람의 "교차된 운명"이라고 이름 한다.[29] 그리고 그는 사무엘상 27장부터 31장까지 또한 사무엘하 1장까지를 집중 분석하여 사울과 다윗의 교차된 운명을 설명한다. 그에 따르면, 사무엘상 28장과 31장은

27) J. S. Ackerman, "Book Review, J. P. Fokkelman' s Narrative Art and Poetry in the Books of Samuel vol. 1," *JSOT* 25 (1983) : 119-124. p. 119.

28) D. J. McCarthy, "Book Review, J. P. Fokkelman' s Narrative Art and Poetry in the Books of Samuel," *CBQ* 45(1983) : 104-106, p. 105.

29) Fokkelman, "Saul & David," p. 25.

사울의 24시간의 삶에 관한 이야기이다. 말하자면, 사무엘상 28장은 사울이 엔돌의 무당과 함께 밤을 지낸 모습을 그리고, 31장은 낮에 길보아에서 전투한 상황을 묘사한다. 반면, 사울에 관한 두 에피소드는 다윗에 대한 네 가지 이야기에 묻혀 있다. 네 이야기 가운데 두 이야기는 다윗과 블레셋의 관계(삼상 27장, 29장)를 묘사하고, 두 이야기는 다윗과 아말렉의 관계(삼상 30장, 삼하 1장)를 진술한다.[30] 말하자면, 다윗은 사무엘상 27장에서 사울을 피하여 블레셋의 왕인 아기스에게 거짓된 충성을 맹세하는데 이는 사울이 28장에서 엔돌의 무당을 찾아가는 것과 대조적이다. 사무엘상 29장에서 블레셋 군대가 사울과 전투하기 길보아 산으로 가는 동안 다윗을 믿지 못한 블레셋 장군들은 그를 보내버린다. 돌아오면서 다윗은 아말렉이 이스라엘을 침략하고 불지르며 여인들을 포로로 잡아간 것을 알게 된다. 사무엘상 30장에서 다윗은 아말렉을 추적하고 포로로 잡혀간 이스라엘의 여인들을 찾아온다. 이는 사무엘상 31장에서 사울이 길보아 전투에서 블레셋에 패배하고 아들들과 함께 전사한 것과 대조된다. 그리고 사무엘하 1장에서 다윗은 아말렉인을 통하여 사울의 전사 소식을 듣고 아말렉인을 처형한다. 이같이 사무엘기에서 사울의 이야기는 다윗의 이야기에 묻혀있다. 이에 대하여 포클만은 사울이 몰락하고 다윗이 상승하는 그들의 교차된 운명을 반영한 것이라고 본다. 포클만에 따라 '사울의 권력에서의 몰락' 과 '다윗의 권력에로의 상승' 의 상관관계를 구조화하면, 다음[31]과 같다.

---

30) Fokkelman, "Saul & David," p. 31.

31) Fokkelman, "Saul & David," pp. 31, 32.

구조 1.

구조 2.

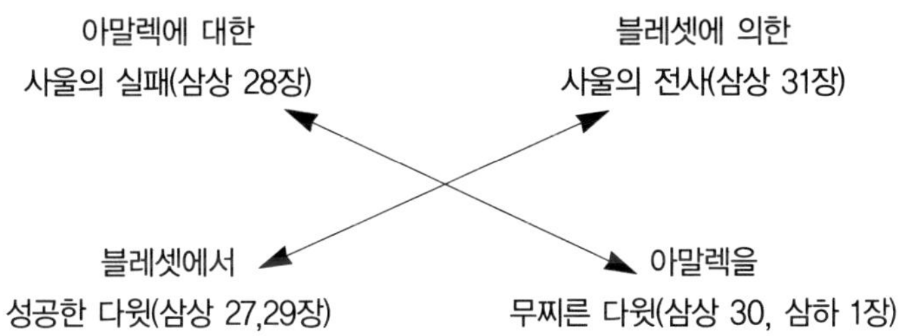

포클만은 사울이 이미 사무엘상 13장에서 심판언도를 받았다고 본다. 그에 따르면, 이 심판선언이 다윗에게 하나님의 '섭리' 가 되고 사울에게는 '운명' 이 되된다. 사울은 자신에게 부여된 이 '운명' 에 대항하여 끝까지 싸운 결과, 이 심판언도에 대한 실행이 31장의 길보아 전투 장면까지 연기된 것이다. 그렇다면 사무엘상 27부터 사무엘하 1장은 사울과 다윗의 전체 이야기에 나타난 '몰락과 상승' 이란 쌍선의 축소판이 된다.

⑸ 데이빗 조블링(David Jobling)

조블링은 포클만처럼 사무엘상을 구조주의 비평방법에 적용하였다. 그러나 포클만이 사무엘상 27-31장을 통해 사울의 몰락과 다윗의 상승을 구조적으로 본 반면, 그는 13–31장의 방대한 내용을 구조적으로 분석하였다. 그는 이 분석에서 사울이 몰락하고 그의 왕권이 다윗에게 넘어간 과정에 요나단의 중보 역할이 있다고 본다.

서론 : 사울 왕권의 거부(13–15장)
초점 : 다윗의 기름부음 받음(16:1–13)
첫 번째 사울–다윗의 만남(16:14–17:58)
첫 번째 요나단의 장면(18:1–5)
두 번째 사울–다윗의 만남(18:6–30)
두 번째 요나단의 장면(19:1–7)
세 번째 사울–다윗의 만남(19:8–24)
세 번째 요나단의 장면(20:1–21:1)
네 번째 사울–다윗의 만남(21:2–23:15)
네 번째 요나단의 장면(23:16–18)
다섯 번째 사울–다윗의 만남(23:19 이하)

서론에서, 사울이 사무엘로부터 왕권을 거절당한다. 이것은 왕위가 다윗에게 넘어갈 것을 예고한 것이다. 초점에서, 다윗이 사무엘로부터 기름부음 받는다. 이것은 그의 운명을 결정짓는 계기가 된다. 계속되는 사울과 다윗의 만남에서, 사울은 하는 일마다 실패로 돌아간다. 그러나 여호와의 도우심으로 다윗은 승승장구한다. 다윗은 사울의 사위가 되어 왕위 계승을 위한 발판을 마련한다. 그리고 미갈까지 다윗의 편을 든다. 요나단은 사울과 다윗의 중간에서 있는 듯하지만, 다윗과 자신을 일치시킨다. 그는 자신의 갑옷과 투구와 칼과 활까지 다윗에게 줌으로서 왕위를 다윗에게 양도하는 결과를 예고한다. 마침내 사무엘상 24장 20절에서 사울은 스스로 다윗 왕권 승계를 시인하기에 이른다.

따라서 조불링은 사울의 왕권이 다윗에게 넘어가는 과정에 요나단의 중보의 역할이 있었다고 주장하며, 다음과 같이 그레마스의 도식에 따라 왕권의 양도에 관한 요나단의 역할을 설명한다.

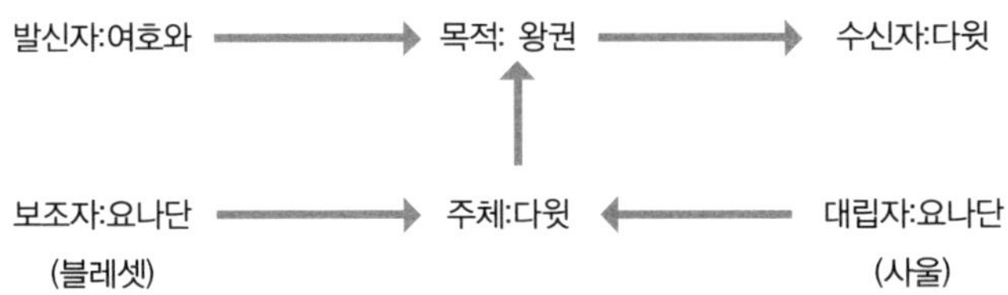

이 도식에 따르면, 다윗이 왕권을 취득하는 과정에서 블레셋 사람들은 그들이 사울을 패배시켰으므로 다윗의 보조자가 된다. 요나단은 그가 본디 왕권 계승자였으므로 다윗의 대립자가 된다. 또한 그가 다윗의 목숨을 구해줌으로 다윗의 보조자가 되기도 한다.

조불링에 따르면, 이 같은 왕권 이양에 관한 도식은 다음과 같은 대립적 구조에 따른 신학적 문제를 다루고 있다. "첫째, 인간의 왕권은 여호와의 종교에 불합리한 것이다. 둘째, 그러나 이스라엘은 여호와의 지배를 받는 인간의 왕권을 지니게 된다." 또한 구체적인 사건의 발전은 "첫째, 다윗 왕권은 근본적인 왕조체제의 성격을 띤다. 둘째, 그러나 이스라엘의 왕권의 첫 번째 왕조가 아니다." 조불링에 따르면, 이러한 신학적 문제를 해결하는 방안이 요나단에게 있다. 요나단이 자기의 왕위 계승권을 포기하므로 사울의 왕권이 다윗에게 넘어갔다는 것이다.[32)]

32) 장일선, 『구약성서와 설교』, pp. 149-150에서 재인용.

4. 결론

결론적으로, 앞에서 구조주의자들이 사용한 구조주의 비평방법을 몇 가지 원칙들로 요약할 수 있다. 첫째, 본문은 저자로부터 독립된 실재이다. 비록 '나의' 작품이라고 해도 문자화된 이상 그것은 '나'(저자)를 떠나 독자와 독립하여 마주 대하는 실재이다. 따라서 본문은 저자가 아니라 독자에게 속해 있다. 둘째, 본문은 직물처럼 서로 연결되어 총체를 형성하고 있다. 이때 하나의 사항의 의미는 다른 사항과의 상호 관계에서 생성된다. 이를 대립의 놀이라고 하는데, 예컨대, '남자'는 '여자'를 통해서, '부자'는 '빈자'를 통해서, '늙은이'는 '젊은이'를 통해서, 그리고 '아버지'는 '아들'을 통해서 의미가 생성된다. 셋째, 본문에는 어떤 행동을 실행하는 형상이 있으며 이 실행은 새로운 상태를 초래한다. 예컨대, "만일 그가 열심히 공부하면 성공한다"라는 문장에서, '그'라는 인물의 형상은 '열심히 공부하는' 〈기능〉을 실행한 결과, '성공한다'는 새로운 〈상태〉에 이른다는 것이다. 따라서 구조주의에서 모든 행동은 〈기능〉과 〈상태〉로 환원된다. 넷째, 본문에 내재하는 수많은 세부사항들은 기호화되고, 범주화된다. 예컨대, '아침에' 같은 시간의 기호, 지리적 기호, 또는 종교적 기호 등이 본문 안에서 직물처럼 짜여 있으며, 이들은 공통적인 것들끼리 범주화된다는 것이다. 다섯째, 본문의 처음과 끝의 상호관계를 파악하는 것은 의미파악에 큰 도움을 준다. 예컨대, 어떤 이야기는 결핍된 요소나 부정적 상황에 의해서 시작되고 주인공은 그것을 바로잡음으로 이야기가

---

33) 서인석, "구조주의 분석과 성서해석," pp. 106-111.

끝나게 된다.[33]

그러므로 구조주의자들에 따르면, 표층 구조는 심층 구조에 의하여 다시 설명되어야 하며, 본문의 의미는 다양하다. 그리고 본문에 대한 역사적, 사회적 연구는 완전히 무시되어야 한다.[34]

---

34) 이형원, 『구약성서 비평학 입문』 (대전: 침례신학대학 출판부, 1991), pp. 253-255.

III.
다윗의 조가의 구조

1. 서론

사무엘기 기자는 사무엘상 31장에 이어 사무엘하 1장 1–16절에서 이스라엘이 패배하고 사울과 그의 세 아들들이 전사한 길보아 전투 결과를 보도한다. 여기서는, 기자가 직접 보도한 사무엘상 31장과 달리 아말렉 사람이 다윗에게 전황을 보고한 것으로 진술되어 있다. 이 보고를 들은 다윗이 슬퍼하며 옷을 찢고 금식하며(1:11–12) 사울과 요나단에 대한 조가를 지었다고 한다(1:17–18). 이 조가가 사무엘하 1장 19–27절에 나온다.

'다윗의 조가' 의 위치(삼하 1:19–27)는 사무엘기의 전체 구조적 측면에서 중요한 의미를 지니고 있다. 첫째, 이 조가는 사울의 죽음이 아말렉 청년에 의해 보고 된 에피소드(1:1–16) 다음에 나온다. 여기서 사울과 요나단의 비극적 죽음이 다윗의 애도와 연결되어 있다. 둘째, 이 조가는 사무엘상과 사무엘하의 한 가운데 배열되어 있다. 여기서 '다윗의 조가' 를 중심으로 사울왕가의 이야기인 사무엘상과 다윗왕가의 이야기인 사무엘하의 내용이 대조되고, 사울의 비극적 죽음(삼상 31장)과 다윗의 영광의 대관식(삼하 2장)이 대조된다. 셋째, 이 조가는 사무엘기의 첫머리에 나오는 한나의 노래(삼상 2:1–10)와 끝머리에 나오는 다윗의 승전가(삼하 22:1–23:7, cf. 시 18)의 한 가운데 배열되어 있다. 여기서 이 조가는 한나의 기쁨의 찬송과 그리고 다윗의 환희의 승전가와 대조되며, '찬송' (삼상 2장) → '애가' (삼하 1장) → '승전가' (삼하 22장)로 이어지는 구도를 통해서 사울과 다윗의 이야기의 주제인 '비천으로부터 권력에로의 상승' 과 '권력으로부터 비천에로의 몰락' 이라는 도식을 한눈에 보도록 해준다.

이같이 다윗의 조가가 그 중요성을 나타내기 위해 사무엘기 전체에서 잘 짜여진 구도에 따라 배열되어 있다면, 하나의 시로 조형된 이 조가의 내적 구조 역시 잘 짜여진 짜임새를 갖추고 있을 것으로 짐작된다. 이를 살펴보는 일은 의미 있고 중요한 일이다. 문학의 형식은 그 내용을 담는 그릇이므로, 그 구조를 통해 본문이 지니고 있는 신학적 의미를 추론할 수 있기 때문이다. 따라서 학자들은 이 조가의 구조를 분석하고 나름대로 신학적 의미를 부여해왔다. 그들은 데이빗 프리드만(David N, Freedman),윌리엄 세아(William H. Shea), 젠 포클만(Jan P. Fokkelman), 그리고 게일 예(Gale A. Yee)이다. 이들은 각각 이 다윗의 조가의 히브리 본문에 대한 박자와 음절, 행과 연의 길이, 구조주의적 접근방법, 그리고 만가의 형식에 따라 분석하고 있기 때문에, 이들의 구조분석은 이 조가의 신학적 의미를 찾는데 매우 큰 도움을 줄 것이다. 따라서 필자는 여기서 이들의 연구논문의 발표 순서에 따라 개괄적으로 살펴보고자 한다.

필자의 연구는, 구조주의 비평방법이 저자로부터 독립된 본문에 독자로 하여금 다가가게 하는 방법이므로, 학자들마다 그들이 분석한 본문구조가 다를 수 있다는 점을 전제한다. 이는 문학비평에서 그러하듯, 구조주의비평에서 역시 성경본문에 대한 하나의 절대적이고 완벽한 구조를 제안할 수 없기 때문이다. 따라서 필자는 이들의 구조분석을 연구사 중심으로 살펴보고 이에 대한 문제점을 지적한 다음, 필자의 구조를 제안할 것이다. 필자의 구조는 이 후에 전개될 다윗의 조가에 대한 연구 지침을 마련하고, 그에 대한 풍부한 신학적 의미를 제공하는데 그 목적이 있다.

2. 연구사

(1) 데이빗 프리드만

데이빗 프리드만(David N, Freedman)은 후에 많은 학자들에게 영감을 주게 되는 '다윗의 조가' 에 대한 논문("The Refrain in David's Lament over Saul and Jonathan")을 1972년 발표하였다.[1] 이 논문에서 그는 조가의 후렴구 즉 〈에이크 나펠루 깁보림〉("오호라 두 용사가 엎드러졌도다")이 세 번 나오고 있는 점에 주목한다. 후렴구는 〈알 바모데카 할랄〉("산 위에서 죽임을 당하였도다")과 연결되어 있고(19, 25절), 〈베토크 함미레하마〉("전쟁중에",

1) David N. Freedman, "The Refrain in David' s Lament over Saul and Jonathan," *Pottery, Poetry, and Prophecy: Studies in Early Hebrew Poetry* (Winona Lake, Indiana: Eisenbrauns, 1980): 263-274. 이것은 본디 *Ex orbe religioncem* (Leiden: Brill, 1972): 115-126에서 발표한 논문이다. 이후에 다윗의 조가를 연구한 윌리암 세아와 오코너 등 학자들은 프리드만이 분석한 박자와 음절을 존중하고 따라간다.

25절)와, 그리고 〈바요베두 켈레 미레하마〉("싸우는 무기가 망하였도다", 27절)와도 연결되어 있다. 세 번 가운데 두 번의 후렴구는 처음(19절)과 마지막(27절)에서 조가의 몸체를 감싸는 수미쌍관법(inclusio)[2)]을 이루며, 세 번째 후렴구는 이 시의 중간 뒷부분(25절)에 나온다. 프리드만은 그의 연구에서 수미쌍관법을 이루는 두 후렴구 외에 세 번째 후렴구(25절)가 이 조가에서 어떤 구조적 역할을 하고 있는지, 그리고 그 역할이 전체 시에서 어떤 의미를 제공하고 있는지를 이 논문에서 다루고 있다.

이를 위해 그는 먼저 음절수를 분석함으로 그의 논증을 시작한다. 모음이 행(line)의 정확한 길이와 수를 결정하는데 중요하지만, 현재의 히브리어 성경의 모음 변화를 추적하기란 불가능하고 위험한 일이다. 그래서 그는 모음의 특성이나 양이 아니라 맛소라 본문에 따른 음절에 관심을 갖고 다음과 같이 음절수에 따라 20개 행[3)]으로 분석하고 있나.

> 19절(20); 20절(17+19); 21절(20+19); 22절(10+10+9); 23절(16+12+13); 24절(11+10+11); 25절(13+11); 26절(11+10+10); 27절(16)[4)]

---

2) 수미쌍관법(inclusio)은 동일하거나 유사한 표현을 하고 있는 두 개의 단어나 혹은 두 개의 문장이 처음과 끝에서 구문이나 문단 또는 문학 단위의 몸체를 하나로 묶는 역할을 하는 문학적 표현 기법이다. 이 문학적 기법이 히브리 시에서 자주 나온다.

3) 오코너(M. O'Connor)는 다윗의 조가를 30개 행(line)으로 분석하고 있다: <19a, b, 20a, b, c, d, 21a, b, c, d, 22a, b, c, d, 23a, b, c, d, 24a, b, c, 25a, b, 26a, b, c, d, e, 27a, b>. M. O'Connor, *Hebrew Verse Structure* (Winona Lake, Indiana: Eisenbrauns, 1980): 230-233, 468-471.

4) Freedman, "The Refrain in David' s Lament," p. 273.

이같이 음절을 분석한 다음, 그는 다음과 같은 방법으로 구조를 분석한다. 첫째, 19절은 25절과 함께 수미쌍관법을 이룬다. 이는 〈에이크 나펠루 깁보림〉이란 후렴구의 반복 뿐 아니라, 이 후렴구가 〈알 바모데카 할랄〉과 결합되어 있다는 점에서 그렇다. 또한 후렴구인 〈에이크 나펠루 깁보림〉이 19절에서는 끝머리에 나오지만 25절에서는 첫머리에 나오므로 교차로 배열되어 있는 점도 주목할만하다:

19절, 〈[하츠비 이스라엘] 알 바모데카 할랄 에이크 나펠루 깁보림〉
25절, 〈에이크 나펠루 깁보림 [베토크 함밀레하마 예호나탄] 알 바모데카 할랄〉

둘째, 20절과 24절은 구조적 단일체를 형성한다. 그것은 '블레셋 딸들의 위협적인 기쁨' (20)이 '이스라엘 딸들의 필연적인 슬픔' (24)을 가져온다는 점에서 그렇다. 따라서 19절과 20절을 하나로 묶고 24절과 25절을 하나로 묶는다면, 두 단락은 각각 음절이 56개씩으로서 그 길이가 같다. 두 부분은 교차배열에서 이중적 단일체를 형성하고 있다.

셋째, 21절은 전적으로 사울에게 헌정되고 26절은 전적으로 요나단에게 헌정된 구절이다. 반면에 22절과 23절은 사울과 요나단 모두에게 헌정된 구절이다. 따라서 21절과 26절을 하나로 묶고 22절과 23절을 하나로 묶는다면, 두 단락은 각각 음절이 70개씩으로서 그 길이가 같다. 그리고 사울과 요나단의 이름은 21절에서 '사울'이, 22절에서 '요나단'과 '사울'이, 23절에서 '사울'과 '요나단'이, 그리고 26절에서 '요나단'이 각각 교차로 배열되어 있다.

넷째, 더 큰 연(strophe) 안에 각 단락을 묶은 수 있다. 앞에서 본 19절과 20절 그리고 22절과 23절의 음절을 합하면 126개가 되고, 21절과 24절 그리고 25절과 26절의 음절을 합하면 역시 126개의 음절이 되므로 동등한 길이의 두 개의 연(strophe)으로 나눌 수 있다. 각 연에는 사울과 요나단이 각각 두 번씩 나오고, 블레셋 딸들과 이스라엘의 딸들이 균형을 이루며, 후렴구가 하나씩 나온다. 그리고 후렴구가 또 나오는 27절이 두 연을 하나로 묶어주는 역할을 한다. 따라서 후렴이 있는 19절은 역시 후렴이 있는 25절과 함께 전체 시를 에워싸는 수미쌍관법을 이루고, 25절은 역시 후렴구가 있는 27절과 함께 작은 수미쌍관법을 이룸으로써 요나단에 대한 개인적 탄식을 형성하고 있다.[5)]

또한 짧은 후렴(19)은 블레셋 딸들에 대한 긴 단위(20)와 결합되어 있고, 이스라엘 딸들에 대한 짧은 단위(24)는 긴 후렴(25)과 결합되어 있으며, 사울에 대한 긴 단위(21절)는 요나단에 내한 짧은 단위(26절)와 결합되어 있을 뿐 아니라, 사울과 요나단에 대한 짧은 단위(22절)는 긴 단위(23)와 결합되어 있다.[6)] 이 같은 프리드만의 분석을 다음과 같이 공식화할 수 있다.

①항. 19절(20음절) + 20절(36음절) = 56음절
②항. 24절(32음절) + 25절(24음절) = 56음절
③항. 22절(29음절) + 23절(41음절) = 70음절
④항. 21절(39음절) + 26절(31음절) = 70음절
⑤항. 27절(16음절) → 전체를 묶어주는 역할을 함.

---

5) Freedman, "The Refrain in David' s Lament," pp. 272-273.
6) Freedman, "The Refrain in David' s Lament," p. 274.

결론적으로, 본문에 대한 학자들의 수정과 첨삭에도 불구하고,[7] 수정과 첨삭을 거부한 프리드만은 맛소라 본문에 따른 박자와 음절을 세심하게 관찰하고 분석한다. 그는 이 분석을 통해 히브리 시의 박자와 음절을 연구하는 이들에게 표준적 운율을 제시하고 있다. 그리고 그는 그의 분석에서 후렴구 즉 〈키이나〉의 위치와 역할을 규명하고 있다. 또한 그는 대립된 주제들과 관련된 연들을 하나의 항으로 묶고, 관련된 항들의 음절수가 다른 항들의 음절수와 동일하다는 것을 밝힌 것은 히브리 시의 아름다움을 엿보게 하기에 충분하다. 이 점에서 프리드만의 논문은 그 학술적 가치가 매우 크다 하겠다. 하지만, 프리드만이 주장한대로, ①항과 ②항이 56개의 음절로서 평행을 이루고, ③항과 ④항이 70개 음절로서 평행을 이룬다면, ①②항과 ③④항이 왜 길고 짧아야 하는지 그리고 ①②항이 ③④항과 어떤 관련이 있는지는 밝히지 않았다. 말하자면, 씨줄이 하나의 구조를 이룬다면 날줄도 다른 하나의 구조를 이룬다는 사실을 보여주고, 씨줄과 날줄에 의한 시의 전체 짜임새를 분석하지 못한 아쉬움이 있다.

(2) 윌리암 세아

윌리암 세아(William H. Shea)는 "다윗의 조가"(David's Lament)

---

7) 예컨대, 게비르츠(Gevirtz)는 '다윗의 조가'에 대한 연구에서 맛소라 본문을 많은 수정과 첨삭을 하였다. 그는 사무엘하 1장 18절의 32개의 문자로 된 9개의 단어 가운데, 3개의 문자는 바꾸고, 4개는 첨가하였으며, 2개의 단어를 포함한 9개의 문자는 빼버렸다. 32개 문자 가운데 16개가 바뀌어 수정 비율이 50%에 이른다. 난해한 본문을 전제한다 하더라도 분별력 없는 첨삭은 배척되어야 한다. Stanley Gevirtz, *Pattern in the Early Poetry of Israel,* Studies in Ancient Oriental Civilization, No. 32 (Chicago: Univ. of Chicago Press, 1963), p. 76 ff.

라는 논문을 1976년 발표하였다.[8] 이 논문에서 그는 조가에 나타난 언어학적 항목들을 다루었다. 그 후 10년이 지난 1986년에 그는 이 논문을 개정하여 다시 발표하였다.[9] 개정된 논문은 이전의 논문에서 주로 다루었던 언어학적 용어들과 프리드만이 분석한 박자와 음절에는 크게 관심을 기울이지 않는다. 그는 이 논문에서 행(line)과 구(colon)의 길이에 관심을 기울이고, 이 조가를 두 쌍(bicolon) 혹은 세 쌍(tricolon)으로 된 일곱 개의 이행연구(couplet)로 구조 분석하였다.

첫째, 19절은 첫 번째 이행연구의 상반부(half couplet)로서, 두 쌍(bicolon)으로 구성되어 있다. 이 연의 음절수는 13대 7로서 강세에 의해 3대 2의 박자로 낭송된다. 이 박자와 첫머리의 〈키이나〉는 조가의 주제에 적합하다. 이 연의 첫 번째 구(colon)는 주어로 시작하고 두 번째 구는 주어로 끝맺으므로 주어가 구에 따라 교차로 배열되어 있다. 따라서 이들의 동사 순서의 위치도 바꾸어져 있다. 이처럼 이 연의 내용은 교차로 배열되어 있고 형식은 전형적인 〈키이나〉 박자로 되어 있다.

둘째, 20절은 두 번째 이행연구인 두개의 두 쌍(bicolon + bicolon)로 구성되어 있다. 이 연의 음절수는 6대 11과 9대 10이다. 이 연의 두 개의 두 쌍에서 '가드'와 '아스글론,' '블레셋 딸들'과 '할례 받지 않는 딸들,' 그리고 '즐거워하다'와 '기뻐하다'가 평행구를 이루어 교차로 배열되어 있다.

셋째, 21절은 세 번째 이행연구인 세 쌍과 두 쌍(tricolon +

---

8) William H. Shea, "David' s Lament," *BASOR* 221(1976): 141-144.

9) William H. Shea, "Chiasmus and the Structure of David' s Lament," *JBL* 105(1986): 13-25.

bicolon)으로 구성되어 있다. 이들의 음절수는 5대 6대 9와 9대 10이다. 비율이 3대 2로 구성된 이 쌍들은 〈키이나〉 박자를 보여준다. 구문론적 교차배열은 첫 번째 구(colon)에서 동사 + 주어 순서로 되어 있으나 이 순서가 두 번째 구에서 바뀌어 있다. 또한 첫 번째 구의 첫머리의 〈키 솸〉("[왜냐하면] 거기서")은 두 번째 구의 끝머리의 〈봣솨멘〉("기름[으로]")과 비슷한 소리에 의해 대조된다.[10)]

넷째, 22-23절은 네 번째 이행연구로서, 두 개의 세 쌍(tricolon + tricolon)으로 구성되어 있다. 두 절이 하나의 이행연구를 구성한 이유는 개인의 이름, 유사한 구문론적 구조, 그리고 전쟁과 전쟁 용사들의 죽음이 연결되어 있기 때문이다. 이 연의 음절수는 10대 10대 9와 16대 12대 13이다. 이 연의 교차 배열의 특징은 첫 번째 세 쌍에서 요나단이 먼저 언급되고 사울은 나중에 언급되며, 두 번째 세 쌍에서 사울이 먼저 언급되고 요나단은 나중에 언급된다.[11)]

다섯째, 24-25절은 다섯 번째 이행연구로서 세 쌍과 두 쌍(tricolon + bicolon)으로 구성되어 있다. 이 연의 음절은 11대 10대 11과 13대 11이다. 교차배열의 특징은 여러 차원에서 작용한다. 24절에서 '붉은 옷'이 나온 다음 이 옷에 박힌 '보석'이 언급되고, 보석인 '금 노리개'가 나온 다음 '옷'이 언급된다. 그리고 옷에 대한 동사('너희에게 입혔다')가 첫 번째 구(colon)의 첫머리에 나오고, 옷이란 명사는 마지막 구의 끝머리에 나온다. 형식에 있어서 이 연(tricolon + bicolon, 24-25절)은 세 번째 연(tricolon + bicolon, 21절)과 균형을 이루고, 주제에 있어서 이 연의 '이스라엘의 딸들'은

---

10) Shea, "Chiasmus and the Structure of David' s Lament," p. 15.
11) Shea, "Chiasmus and the Structure of David' s Lament," pp. 16-17.

두 번째 연(20절)의 '블레셋의 딸들'과 대조되어 있다. 두 번째 연에서 '블레셋의 딸들'은 두 번째 두 쌍(bicolon)에서 언급되지만, 이 연에서 '이스라엘의 딸들'은 첫 번째 세 쌍(tricolon)에서 언급된다. 두 번째 연의 동사는 '블레셋 딸들' 보다 선행하고, 이 연의 동사는 '이스라엘 딸들' 뒤에 나온다. 이 연의 용어는 첫 번째 상반 연의 첫 번째 구(19a절)와 거의 동일하지만, 첫 번째 상반 연의 두 번째 구(19b절)에 나오는 '후렴구'는 이 연의 첫 번째 구에서 나온다.[12)]

여섯째, 26절은 여섯 번째 이행연구로서, 두 개의 두 쌍(bicolon + bicolon)으로 구성되어 있다. 이 연의 음절은 11대 6과 9대 5이다. 강세에 따르면 3대 2가 되어 〈키이나〉 박자를 따른다. 이 연의 특징은 〈리〉의 분포에 있다. 〈리〉가 첫 번째 구(colon)에서 첫 번째 위치에, 두 번째 구에서 두 번째 위치에, 세 번째 구에서 세 번째 위치에 나오시반, 네 번째 구에서는 나오지 않는다. 또한 세 번째 연(21절)이 사울의 연이라면 이 연(27절)은 요나단의 연이다.

일곱째, 27절은 첫 번째 이행연구의 하반 연으로서, 두 쌍(bicolon)으로 구성되어 있다. 이 연의 하반 연(27절)의 음절수는 7대 9이다. 이 하반 연(27절)에서 첫 번째 구에 나오는 후렴구가 상반 연(19절)에서 두 번째 구에 나오지만, 두 절은 수미쌍관법을 이루고 있다.[13)]

결론적으로, 세아의 구조 분석은 음절이 아니라 이행연구(couplet)에 속한 구(colon)의 길이에 따른 분석이다. 이 분석에 따

---

12) Shea, "Chiasmus and the Structure of David's Lament," p. 19.
13) Shea, "Chiasmus and the Structure of David's Lament," p. 20.

르면, ⟨bicolon⟩ → ⟨bicolon + bicolon⟩ → ⟨tricolon + bicolon⟩→ ⟨tricolon + tricolon⟩으로 점점 길어지다 ⟨tricolon + tricolon⟩ ⟨tricolon + bicolon⟩ → ⟨bicolon + bicolon⟩ → ⟨bicolon⟩으로 점점 짧아지는 구조이다. 즉 슬픔이 점점 강하게(crescendo) 진행되다가 점점 약하게(decrescendo) 사라진다. 따라서 연(couplet)의 길이에 있어서 제 IV연을 중심으로 제 Ia연은 제 Ib연과, 제 II연은 제 VI연과, 제 III연은 제 V연과 대칭된다. 그리고 앞에서 보았듯이 각각의 연에 어휘, 주제, 구(colon) 등이 씨줄과 날줄로 교차 배열이 되어 대칭구조를 이루기도 한다. 이것은 구조주의 방법에 따른 탁월한 구조분석이 아닐 수 없다. 이를 도표로 보면 다음과 같다.

다윗의 조가에 대한 교차 배열[14)]

절	단일체(cola)	이행연구(couplet)	길이	음절수	
19	bicola(2)	Ia	shortest	13:7	קינה
20	bicola(2) bicola(2)	II	short	6:11::9:10	↓
21	tricola(3) bicola(2)	III	medium	5:6:9::9:10	↓
22-23	tricola(3) tricola(3)	IV	long	10:10:9::16:12:16	קינה
24-25	tricola(3) bicola(2)	V	medium	11:10:11::13:11	↓
26	bicola(2) bicola(2)	VI	short	11:6::9:5	↓
27	bicola(2)	Ib	shortest	7:9	קינה

하지만 이와 같이 탁월한 세아의 구조 분석에도 약점이 있다. 첫째, 세아의 구조는 구(colon)의 수에 의해 연(couplet)의 길이를 결

14) Shea, "Chiasmus and the Structure of David' s Lament," p. 21.

정하고, 음절수에 의한 길이를 무시한다. 구(colon)를 두 쌍(bicolon)과 세 쌍(tricolon)으로 구분하는 것은 다분히 자의적 기준에 따르지만, 문자와 단어에 의한 음절수는 좀더 객관적인 맛소라 본문을 따르기 때문에, 음절수를 무시한 연의 길이는 쉽게 동의하기가 어렵다. 둘째, 세아의 구조는 제 Ia연에서 점점 강하게 진행되는 슬픔이 제 IV연을 절정으로 고조되다가 제 Ib연까지 점점 약하게 진행된다는 대칭구조이다. 그런데 이 시의 주제인 〈키이나〉가 슬픔의 강도에 어떤 역할을 하는지 말하지 않았다. 일반적으로 19절의 〈키이나〉와 27절의 〈키이나〉가 수미쌍관법을 이룬다고 하더라도, 세아의 구조에서 25절의 〈키이나〉의 위치와 역할에 대해서 해명할 필요가 있다. 셋째, 두 쌍(bicolon)과 세 쌍(tricolon)으로 구성된 이행연구(couplet)는 우리 한국인에게 생소한 표현이다. 오히려 4 4조 등 시조 운율에 익숙한 우리에게는 사행연구(quatrain)로 된 연(stanza)이 더 적합할 것으로 보인다.

(3) 젠 포클만

포클만(Jan P. Fokkelman)은 1986년 사무엘기에 대한 방대한 연구서를 출판했다.[15] 그가 구조주의 접근방법을 적용하고 있는 이 연구서의 부제는 "교차된 운명"(The Crossing Fates)이다. 그는 이 책에서 사울이 몰락할 때 다윗이 상승하는 과정이 그려진 사무엘상 13장부터 사무엘하 1장까지를 다룬다. 따라서 사울과 요나단의 죽

15) Jan P. Fokkelman, *Narrative Art and Poetry in the Books of Samuel :A Full Interpretation Based on Stylistic and Structural Analyses,* vol. Ⅱ (Assen/Maastricht, The Netherlands; Dover, New Hampshire: Van Gorcum, 1986).

음에 대한 다윗의 조가(삼하 1:19–27)는 교차된 운명의 대단원이 된다.

포클만에 따르면, 19절은 재난과 함께 고통스러운 언어의 교제(intercourse–in–language)로 시작된다. 우리는 이 절에서 피할 수 없는 전쟁의 양극성 즉 '패배와 승리,' '슬픔과 기쁨,' 그리고 '치욕과 자만' 을 발견하고, '높은 곳' (산 위)에서 싸웠지만 결국 '엎드러졌다' 는 것을 보게 된다. 이 양극성을 경험한 이들은 19절의 호격으로 되어 있는 이 시의 청중인 '이스라엘' 이다. 다윗은 '이스라엘' 을 불러 전쟁의 양극성을 연상시키고 있는 것이다. 그리고 그는 후렴("오호라 두 용사가 엎드러졌도다")을 노래한다. 그런데 이 후렴구가 나오는 25절과 27절에는 '이스라엘' 이라는 청중이 빠져 있다. 따라서 25절은 19절에 수식어구가 늘어난 일종의 절규이며, 27절은 25절을 보충한 독립구이다. 이러한 이유 때문에, 19절을 후렴구라고 보기에는 적절하지 않다. 굳이 말하자면, 19a절은 주제적 진술이고, 19b절이 후렴구이다. 그러므로 포클만은 이 조가의 구조를 분석하는데 있어서 19절을 연(strophe)이나 절(stanza)로 구성된 시의 몸체로부터 떼어내어 분리시킨다. 그는 19절을 시의 주제를 알리는 일종의 표제로 이해하고, 0행(the zero line)으로 간주한 것이다.[16)]

19절을 제외한 이 시의 전체 구조는 독특하다. 이 시의 구조는 각각 두 개의 연(strophe)을 포함하고 있는 세 개의 절(stanza)로 구성되어 있다. 제 I절(stanza)은 20–21절이다. 이 절은 두 개의 연(strophe) 즉 제 1연(20절)과 제 2연(21절)으로 되어 있다. 각 연은

---

16) Fokkelman, *Narrative Art and Poetry in the Books of Samuel*, p. 654-55.

각각 두 개의 금지로 시작하고, 각각 두 개의 금지의 이유가 제시된다. 제 1연은 〈알-〉 // 〈알-〉; 〈펜-〉 // 〈펜-〉이고, 제 2연은 〈알-〉// 〈알-〉; 〈키-〉 // (〈키-〉) 구문이다. 제 II절은 22-23절이다. 이 절 역시 두 개의 연 즉 제 3연(22절)과 제 4연(23절)으로 되어 있다. 이 구조물의 초석을 제공하는 네 겹의 〈민〉에 의해 윤곽이 그려진다. 제 3연에서 왕자와 왕이 〈로〉와 함께 두 구절에서 평행으로 나타나지만, 제 4연에서 왕과 왕자가 〈로〉와 함께 중복된 긴 구절에서 함께 나타난다. 제 I절에서와 다르게 다윗은 여기서 사울과 요나단을 찬양한다. 제 I절과 제 II절의 연들은 〈알〉과 〈민〉으로 된 정사각형 구조에 의해 밀접하게 묶여 있다. 마지막 제 III절은 24-27절이다. 이 절도 두 개의 연 즉 제 5연(24-25a절)과 제 6연(25b-27절)으로 되어 있다. 이 연들은 밀접하게 묶여 있지 않다. 그것들은 분위기, 박자, 그리고 단어의 선택에서 다르고, 차례대로 사울과 요나단을 다루므로 사울과 요나단을 서로로부터 분리하고 있다.[17)]

세 개의 절(stanza)을 통하여 〈깁보르〉의 형태와 두 사람의 이름이 균형을 이룬다. 이 균형은 앞에서 논의된 항목들과 함께 이 시의 골격을 형성하고 있다. 이와 같은 문체와 구조는 인쇄에서 훨씬 더 잘 나타난다. 그것은 단어들이 짝을 이루며 나타나는 문체의 특징에 의해 초래된다. 그것이 이 조가의 짜임새의 주된 성격이다. 이같이 분석한 다윗의 조가에 대한 포클만의 구조를 다음과 같이 도식화 할 수 있다.

17) Fokkelman, *Narrative Art and Poetry in the Books of Samuel*, p. 655.

포클만의 다윗의 조가의 구조

주제(1a) + 후렴(1b): 〈츠비 … / … 깁보림〉

제 Ⅰ절	〈알 … // 알 …〉	(제 1연)
	〈펜 … // 펜 …〉	
	〈 … 알 // … 알 〉	(제 2연)
	〈키 … 깁보림 // (키) … 쇠울〉	
제 Ⅱ절	〈민 … // 민 … 깁보림〉	(제 3연)
	〈 … 예호나탄 …// … 쇠울 …〉	
	〈 쇠울 위호나탄 … // …〉	(제 4연)
	〈민 … // 민 … 깁보르〉	
제 Ⅲ절	〈 … // … 쇠울 … 〉	(제 5연)
	〈 … // … … 〉	
	후렴 〈 … 깁보림 … 〉	
	〈예호나탄 … …〉	(제 6연)
	〈 … 예호나탄 …〉	
	〈… … … … 〉	
	후렴 〈 … 깁보림 … 〉	

결론적으로 포클만은 구조주의에 입각하여 다윗의 조가를 분석하였다. 예컨대, 본문에 나오는 히브리어 불변화사, 전치사, 주제어인 〈깁보림〉, 그리고 주인공의 이름에 대한 역할과 평행 관계를 탐구한 점이 그것이다. 이와 같은 포클만의 세밀한 구조주의적 분석에도 불구하고 이 구조에 대한 문제점은 있다. 첫째, 포클만은 19절을 표제로 보고 연에서 제외시키지만(the zero line), 18절이 시에 관한 정보를 제공하고 있고 맛소라 본문에 19절이 시의 몸체에 포함되어 있으며 의미상 19절을 시의 몸체에 포함시키는데 문제가 없으므로, 전통에 따라 19절을 시의 몸체에 넣어 읽는 것이 무난하

다. 둘째, 포클만은 히브리어 본문에 나타난 어휘의 분포와 배열에 따라 20-27절을 3개의 절(stanza)과 6개의 연(strophe)으로 읽는다. 하지만, 제 I절에서 〈로〉, 〈알〉, 〈펜〉이란 불변화사가 구조적 초석을 이루고 있는 반면, 왜 제 Ⅱ절에서는 네 개의 〈민〉과 〈로〉라는 불변화사가 연을 묶어주고 있는지, 그리고 왜 제 Ⅲ절에서는 이런 불변화사의 구조직 역힐이 나오지 않고, 분위기와 박자 그리고 단어의 선택에서 다른 선택을 형성하는지에 대한 해명이 없다. 셋째, 포클만은 프리드만이 규정한 음절의 수와 세아가 제안한 구(colon)의 수가 그의 구조분석에 어떤 역할을 하는지 대해서도 언급하지 않는다. 각각의 절과 연에 나타난 불변화사가 해당 연과 구문의 구조분석에 중요한 역할을 한다면, 이들이 전체 시의 구조분석에 어떤 역할을 하는지 분석되어야 한다. 넷째, 포클만의 구조에 따라 19절을 연에서 제외시킨다 한다면, 25절과 27절의 〈키이나〉 즉 후렴구가 그의 구조분석에 어떤 역할을 하는지 그리고 왜 두 후렴구가 제 III절에서만 분포되었는지 구조적 측면에서 설명되어야 한다.

(4) 게일 예

게일 예(Gale A. Yee)는 1988년 만가의 형식에 대한 논문(The Anatomy of Biblical Parody: The Dirge Form in 2 Samuel 1 and Isaiah 14)을 발표하였다.[18] 그는 이 논문에서 만가의 전형적인 특징이 사울과 요나단에 대한 다윗의 조가에 나온다고 본다. 이 만가의 특징은 히브리어 구문의 박자나 음절의 길이에 따른 구조가 아

18) Gale A. Yee, "The Anatomy of Biblical Parody: The Dirge Form in 2 Samuel 1 and Isaiah 14," *CBQ* 50(1988): 565-586.

니라 여섯 개의 이행연구(couplet)에 따른 구조적 형식이다.

A. 죽음을 선언한 수사적 도입문(19)
B. 죽음의 소식을 적에게 은폐함(20)
C. 개인의 죽음에 있어서 자연에 대한 묘사(21)
D. 개인의 생명에 관한 묘사(22-23)
E. 애곡하는 자들을 부름(24-25)
F. 노래 부르는 자의 개인적 슬픔 표현(26-27)[19)]

한 쌍(bicolon)으로 구성된 19절은 "죽음을 선언한 수사적 도입문"이다. 여기서 〈에이크〉는 비극적 죽음에 대한 전형적 탄식을 알리는 수사적 표현으로서, 19절 뿐 아니라 25절과 27절에도 나오고, 마카비 1서 9장 21절에도 나온다. 다윗은 그의 조가의 첫머리에서 영웅의 죽음에 대한 전형적 도입문을 사용하고 있다. 두 개의 두 쌍(bicolon + bicolon)으로 되어 있는 20절은 "적에게 죽음의 소식을 알리지 말라고 은폐"한 구설이다. 송송 의인들에 대한 악인들의 악의적인 즐거움은 조롱의 형식을 취하기 때문에 영웅의 죽음을 은폐한다. 세 쌍과 두 쌍(tricolon + bicolon)으로 된 21절에서 사울과 요나단이 죽은 길보아 산을 저주한 내용이다. "개인의 죽음에 대한 탄식에 자연의 요소"가 들어오는 경우는 성경뿐 아니라 길가메쉬 서사시 등에서도 나오는 전형적 저주 형태이다. 세 개의 세 쌍(tricolon + tricolon + tricolon)으로 된 22-23절은 죽은 사람을 찬양하는 내용이다. 망자에 대한 찬양은 역사적 사실에 대한 정확성을 덜어주는 문학적 과장법으로 표현된다. 세 쌍과 두 쌍(tricolon

19) Yee, "The Anatomy of Biblical Parody," p. 583.

+ bicolon)으로 된 24-25절은 “애곡하는 자들을 부르는” 내용이다. 여기서 애곡하는 자들은 비록 장례식장에 친척들이나 백성들이 있었다고 해도 이들을 대신해서 전문적으로 애곡하는 자들을 일컫는다. 두 개의 두 쌍(bicolon + bicolon)과 후렴구로 되어 있는 26-27절에서는 “노래하는 자의 개인적인 슬픔”을 표현한다. 27절의 후렴구는 19절의 후렴구와 함께 수미쌍관법을 이룬다.[20)]

게일 예의 구조는 만가를 여섯 개의 형식으로 규정하였다는데 의의가 있다. 그에 따르면, 이 여섯 개의 형식이 이사야 14장에서 풍자적으로 응용되고 있다고 한다. 그런데 게일 예는 그의 여섯 개의 이행연구(couplet)의 단위의 기준이 무엇인지 밝히지 않았다. 또한 각 연의 음절의 길이와 25절의 〈키이나〉의 위치와 역할도 다루지 않았다. 각 절의 주제에 따라 '만가'의 형식을 제안하는 것도 필요하지만, '만가'나 '애가'는 박자와 운율이 중요하므로 음절의 수와 역할에 대해서 그리고 〈키이나〉의 위치와 역할에 설명하는 것이 필요하다. 뿐만 아니라 게일 예는 히브리어 본문의 구문론적 측면을 다루지 않았다.

3. 필자의 구조

앞에서 학자들이 여러 측면에서 이 조가에 대하여 분석하고 있는 것을 보았다. 그들의 분석은 박자와 음절과 〈키이나〉의 위치와 역할, 쌍(cola)으로 된 이행연구(couplet), 불변화사의 구조적 역할

---

20) Yee, “The Anatomy of Biblical Parody,” pp. 569-573.

과 특정한 용어의 평행, 그리고 만가의 형식에 따른 구조 분석이었다. 이 분석들은 그들의 탁월한 연구결과에도 불구하고 어느 하나의 관점에 집중한 결과 다른 하나의 관점을 소홀히 하거나 간과한 측면이 있었다. 따라서 필자는 불변화사와 어휘의 평행과 대칭의 문제, 맛소라 본문의 구문론의 문제, 음절과 행 그리고 연의 문제, 그리고 후렴구 〈키이나〉의 위치와 역할의 문제 등을 통해 필자의 구조를 제안하겠다. 그러나 이 장에서는 전체 시의 구조를 분석하는 목적에 따라 총론적 측면에서만 다루고, 각 연에 나타난 불변화사와 각종 어휘의 대칭구조 등 문학적 틀에 대한 구조 분석은 제 Ⅳ장부터 계속되는 다음 연구에서 다루도록 하겠다.

(1) 구문론적 호격

먼저 구문론적 측면에서 이 조가를 살펴보자. 이 조가에서 눈에 두드러지게 띠는 어휘는 간간히 등장하는 호격이다. 첫째, 19절에서 호격은 '이스라엘' 이다. 다윗은 온 백성을 가리키는 '이스라엘아' 라고 부르면서 사울과 요나단의 죽음을 알리고 이에 대하여 탄식하고 있다. 말하자면 호격 '이스라엘' 이 19절을 지배하고 있다. 둘째, 20절에는 청중은 있으나 호격은 없다. 청중은 동사 〈알 타기투〉('고하지 말라')가 2인칭 남성 복수 명령형으로 되어 있다. 그렇다면 20절의 청중은 19절의 단수 호격 '이스라엘' 이 아니고, 복수의 남성들이다. 이들을 익명의 '전달자들' 혹은 '청중들' 이라고 가정할 수 있다. 셋째, 21절에서 호격은 의인화된 '길보아 산들' 이다. 다윗은 '길보아 산들아' 라고 부르면서 이스라엘의 왕과 왕자가 죽은 장소를 저주하고 이스라엘의 두 용사의 패배와 죽음을 환유로 묘사하고 있다.

넷째, 22절과 23절은 21절과 다른 단락이다. 두 절은 21절의 호격인 '길보아 산들'이 지배하는 단락이 아니다. 19-21절의 주제는 이스라엘의 왕과 왕자가 죽은 참상이지만, 두 절에서는 왕과 왕자가 생전에 이룬 공적이 묘사되어 있다. 그리고 다른 단락과 달리, 두 절에는 개인의 이름이 각각 한 번씩 나온다. 따라서 22-23절은 하나의 단락이며, 내용상 사울과 요나단의 공적을 회상하는 것이므로 누구에게 말한 담화이기보다 다윗이 혼잣말로 하는 독백이라고 보는 것이 옳다. 그렇다면 이 단락에서 호격은 필요 없게 된다.

다섯째, 24절에서 호격은 '이스라엘의 딸들아'이다. 다윗은 '이스라엘의 딸들'을 불러 사울을 위해 울라고 명령한다. 왜냐하면 왕이 전리품들을 챙겨 군인들에게 나누어 줌으로 여인들이 안락하고 화려한 생활을 했기 때문이다. 그리고 후렴구인 〈키이나〉가 나온다. 이 후렴구는 다윗의 명령에 대한 반응으로서 여인들의 울음소리이다. 여인들의 이 애가는 다윗의 애가를 쉬게 하는 '휴지' 역할을 한다. 따라서 24절의 '이스라엘의 여인들아'에 포함되어 24-25a절이 하나의 단락이다. 여섯째, 앞의 24-25a절이 사울의 단락이라면 25b-26절은 요나단의 단락이다. 이 단락의 호격은 "요나단"이다. 다윗은 '내 형 요나단이여'라고 요나단을 불러 그들의 개인적인 관계를 회상한다. 일곱째, 19b절의 후렴구인 〈키이나〉가 27a절에 나오고, 19a절의 탄식이 변형되어 27b절에 나온다. 따라서 19절과 27절을 19a의 호격 '이스라엘'이 지배하는 하나의 단락으로 볼 수 있다.

(2) 행과 연(line and stanza)

앞에서 본 호격에 따라 다윗의 조가의 단락을 나누어 읽어 보면 다음과 같다.

19 **'이스라엘아'** 네 영광이 산 위에서 죽임을 당하였도다
오호라 두 용사가 엎드러졌도다

20 [**'청중들아'**] 이 일을 가드에도 고하지 말며
아스글론 거리에도 전파하지 말지어다
블레셋 사람의 딸들이 즐거워할까
할례받지 못한 자의 딸들이 개가를 부를까 염려로다

21 **'길보아 산들아'** 너희 위에 이슬과 비가 내리지 아니하며
제물 낼 밭도 없을 지어다
거기서 두 용사의 방패가 버림 바 됨이라
곧 사울의 방패가 기름부음을 받지 아니함 같이 됨이로다

22 [**독백**] 죽은 자의 피에서 용사의 기름에서
요나단의 활이 물러가지 아니하였으며
사울의 칼이 헛되이 돌아오지 아니 하였도다

23 사울과 요나단이 생전에 사랑스럽고 아름다운 자이러니
죽을 때에도 서로 떠나지 아니 하였도다
저희는 독수리보다 빠르고 사자보다 강하였도다

24 **'이스라엘 딸들아'** 사울을 슬퍼하여 울 지어다
저가 붉은 옷으로 너희에게 화려하게 입혔고
금 노리개로 너희 옷에 채웠도다

25 *오호라 두 용사가 전쟁 중에 엎드러졌도다*

요나단이 너의 산 위에서 죽임을 당 하였도다

26 **'내 형 요나단이여'** 내가 그대를 애통함은
그대는 내게 심히 아름다움이라
그대가 나를 사랑함이 기이하여 여인의 사랑보다 더 하였도다

27 *오호라 두 용사가 엎드러졌으며*
싸우는 병기가 망 하였도다

이같이 읽을 때 다윗의 조가에 19절과 27절, 20절, 21절, 24-25a절, 그리고 25b-26절이 네 개의 행으로 되어 있고, 22-23절이 여섯 개의 행으로 되어 있는 것을 알 수 있다. 하지만 우리말에는 대문자와 소문자가 없으므로 구(bicolon이나 tricolon)에 따라 들여쓰기 하는 것은 의미가 없고, 이행연구(couplet)가 우리에게 낯설기 때문에, 이어 쓰는 사행연구(quatrain)와 육행연구(sestet)로 구성하는 것이 좋다. 그러므로 다윗의 조가는 전체 26행(line)으로 구성된, 다섯 개의 사행연구(quatrain)과 한 개의 육행연구(sestet)로서 전체 여섯 개의 연(stanza)으로 이루어져 있다.

첫 번째 연 중 앞부분(stanza Ia, 19절)은 두 개의 행(line)으로 된 사행연구의 상반 연(a half quatrain)이다. 앞의 행(line)은 13음절(syllable)[21]이고 다음 행(line)은 7음절로 되어 있다.

두 번째 연(stanza II, 20절)은 네 개의 행(line)으로 된 두 번째 사행연구(quatrain)이다. 이들의 음절은 각각 6, 11, 9, 10음절이다.

세 번째 연(stanza III, 21절)은 네 개의 행(line)으로 된 세 번째

21) 이하의 모든 음절수(syllable count)는 프리드만의 히브리어 성서의 음절이다.

사행연구(quatrain)이다. 이들의 음절은 각각 11, 9. 9. 10음절이다.

네 번째 연(stanza Ⅳ, 22-23절)은 여섯 개의 행(line)으로 된 육행연구(sestet)이다. 이들의 음절은 각각 10, 10, 9, 16, 12, 16 음절이다.

다섯 번째 연(stanza Ⅴ, 24-25a절)은 네 개의 행(line)으로 된 네 번째 사행연구(quatrain)이다. 이들의 음절은 각각 11, 10, 11, 13음절이다.

여섯 번째 연(stanza Ⅵ, 25b-26절)은 네 개의 행(line)으로 된 다섯 번째 사행연구(quatrain)이다. 이들의 음절은 각각 11, 11, 6, 14 음절이다.

첫 번째 연 중 뒷부분(stanza Ib, 27절)은 두 개의 행(line)으로 된 사행연구의 하반 연(a half quatrain)으로 구성되어 있다. 첫 행은 7음절(syllable)이고 다음 행은 9음절이다. 제 Ia연 즉 두 행으로 된 19절은 Ib연 즉 두 행으로 된 27절과 함께 하나의 연(stanza Ⅰ)을 이룬다. 두 부분(Ia; Ib)으로 나누어진 이 연은 서문과 발문을 이루며 수미쌍관법을 형성하고 있다. 두 부분이 다윗의 조가의 몸체를 앞뒤에서 감싸면서 탄식을 외치고 있다고 하겠다.

(3) 후렴구

먼저, 이 조가에 나타난 후렴구의 위치와 역할을 살펴보자. 앞에서 본 우리말 본문 가운데 이탤릭체로 쓰인 "오호라 두 용사가 엎드러졌도다"(〈에이크 나펠루 기보림〉)가 후렴구이다. 이는 세 군데 즉 19b절, 25a절, 그리고 27a절에 위치하고 있다. 이 후렴구는 19a절과 25b절에서 〈알 바모데카 할랄〉("산 위에서 죽임을 당하였도다")이 동반되고, 25a절에는 〈베토크 함미레하마〉("전쟁 중에")라는 표현이, 27b절에는 〈바요베두 케레 미레하마〉("싸우는 병기가 망하였도다")라는 표현이 연결되어 있다. 따라서 세 절의 공통 요소는 〈에이크 나펠루 깁보림〉이고, 19절과 25절의 공통 요소는 〈알 바모데카 할랄〉이며, 25절과 27절의 공통 요소는 〈밀레하마〉의 어근이다. 이 요소들을 살펴보면 아래와 같다.

19절 〈하츠비 이스라엘 알 바모데카 할랄 에이크 나펠루 깁보림〉
25절 〈에이크 나펠루 깁보림 베토크 함밀레하마 예호나탄 알 바모데카 할랄〉
27절 〈에이크 나펠루 깁보림 바요베두 케레 미레하마〉

이러한 공통분모에 근거하여 우리는 19절과 25절이 수미쌍관법을 이루며, 25절과 27절도 수미쌍관법을 이룬 것을 알 수 있다. 뿐만 아니라 19절과 27절 역시 수미쌍관법을 이루어 전체 시를 아우른 것을 발견하게 된다. 수미쌍관법을 따라 앞에서 논증한 연(stanza)을 집합시키면, 제 Ia연(19절)부터 제 V연(25a절)까지를 하나의 단락으로 묶을 수 있고, 제 VI연(25b–26절)부터 제 Ib연(27절)까지를 다른 단락으로 묶을 수 있다. 말하자면 후렴구가 전체 시를 두 단락으로 구분하고 있는 것이다. 후렴을 제외한 조가의 내용이 이 단락을 지지한다. 앞의 단락에서 다윗은 두 용사 즉 사울과 요나단의 비극적 죽음을 언급하고 그들의 과거 공적에 대해서 회상하고 있지만, 뒤의 단락에서 다윗은 요나단과의 개인적 관계를 다루고 있기 때문이다. 시의 후렴구와 내용에 따른 단락 구분은 다음과 같다.

A. 다윗의 공적관계(제 Ia연[19절] – 제 V연[25a절])
B. 다윗의 사적관계(제 VI연[25b–26절] – 제 Ib연[27절])

다윗의 조가에서 후렴구가 시를 분절하는 역할만 하는 것은 아니다. 시를 분절하는 면에서 후렴구는 시인이 잠간 숨을 몰아쉬는 휴지에 속한다. 다윗이 사울과 요나단에 대한 공적 관계를 긴 단락을 통해 회상하며 노래하다가 잠간 숨을 몰아쉰 다음, 요나단에 대한 사적 관계를 짧은 단락을 통해 회상하며 노래하고 있는 것이다. 그렇다면 세아와 그리고 케일과 델리취[22)]가 주장한 것처럼, 가장 짧은 제 Ia연(19절, [bicolon])에서 슬픔이 점점 강하게 진행되다가(crescendo) 가장 긴 제 IV연(22–23절, [tricolon + tricolon])에 이르러 절정에 다다르고, 다시 슬픔이 점점 약화되다가(decrescendo) 가장 짧은 제 Ib연(27절, [bicolon])에서 사라지는 것은 아니다. 오히려 제 Ia연에서 다윗은 후렴을 통해 슬픈 노래(〈키이나〉)를 시작한다. 그는 제 II연에서 블레셋 도시에 사울왕의 전사 소식을 알리지 말 것을 경고하고, 제 III연에서 사울이 죽은 길보아 산을 저주한 다음, 제 IV연에서 요나단과 사울의 용감한 과거 공적을 회상한다. 그리고 그는 제 V연에서 여인들에게 애곡하라고 요청하고 잠간 숨고르기에 들어간다. 이 제 VI연 마지막 행(25a절)에 나오는 후렴구는 숨고르기에 들어가는 휴지를 지시한다. 즉 이 후렴은 공적 관계에 대한 진술을 통해 평이하게 진행되어 온 슬픔을 한 옥타브 끌어올리기 위한 숨고르기이다. 그 이유는 후렴구인 〈키이나〉가

22) Shea, "Chiasmus and The Structure of David' s Lament," p. 21; C. F. Keil - F. Delitzsch, *Commentary on the old Testament: The Books of Samuel* (Grand Rapids, Michigan: W. B Eerdmans Publishing Company, 1976), p. 289.

슬픔을 표현하기 위한 시적 표현이고, 슬픈 감정은 공적 관계보다 사적 관계에 의해 고조되기 때문이다. 말하자면, 다윗은 사울과 요나단의 비극적 죽음의 참상에 대하여 탄식하고 이들에 대한 과거 공적 관계를 회상한 후 후렴을 통해 숨을 고른 후(제 Ⅰa연 – 제 Ⅴ연[22–25a절]), 요나단에 대한 개인 관계를 회상하므로 슬픔을 고조시키고 있나. 그리고 다윗은 마지막 후렴을 통해 이 조가를 마친다. 이를 다음과 같이 도식화 할 수 있다.

제 I a연	〈키이나〉 ·········	후렴 (시작)
제 II 연	↓	
제 III 연	A. 공적관계	
제 Ⅳ 연	↓	
제 V 연	〈키이나〉 ·········	후렴 (휴지)
제 Ⅵ 연	↓ B. 사적관계	
제 Ib 연	〈키이나〉 ·········	후렴 (마침)

4. 결론

필자는 다윗의 조가에 대한 연구사를 통해 학자들이 분석한 본문 구조를 살펴보았다. 프리드만의 음절과 주제에 따른 구조 분석, 세아의 구(cola)의 길이와 연(couplet)에 따른 구조 분석, 포클만의 불변화사와 특정한 어휘의 평행구에 따른 구조 분석, 그리고 게일예의 만가의 형식에 따른 구조분석 등이 그것이다. 이들의 연구는 다윗의 조가의 연구에 대한 표준적 전거들을 마련했고, 나아가 히브리 시의 아름다운 짜임새에 대한 범례를 보여주었다. 그러나 이들의 연구는 하나의 연구 주제에 집중한 나머지 다른 연구 주제를 다루지 못한 약점이 있었다. 따라서 필자는 이들의 연구 결과를 토대로 구문론적 측면의 호격을 중심으로 문단을 나누고, 이에 따라 행(line)과 연(stanza)을 분석한 다음, 이에 대한 세 개의 후렴구의 위치와 역할을 논증함으로 구조를 나누었다. 이같이 필자가 제안한 구조에 별 영향을 미치지 못한 음절과 불변화사와 특정한 용어 그리고 주제에 따른 구조주의적 연구는 다음에 계속되는 각 연에 대한 연구에서 다루기로 하겠다.

IV.
이스라엘아(19절, 27절)

1. 서론

기자는 사울과 요나단의 전사 소식을 사무엘상 31장에 이어 사무엘하 1장 1-16절에서 다시 보도한다. 그는 여기서 아말렉 사람의 입을 통해 다윗에게 전황을 보고하는 것으로 진술한다. 이 보고를 들은 다윗이 사울의 죽음에 대하여 슬퍼하며 옷을 찢고 금식하고(11-12절), 슬픈 노래(〈키이나〉)로 사울과 요나단을 조상하였다(17절)고 기자는 보도하고 있다. 이 슬픈 노래가 사무엘하 1장 19-27절에 나온다. 기자가 사울과 요나단의 비극적 죽음을 사무엘상 31장과 사무엘하 1장 1-16절에서 기술하고 이들에 대한 다윗의 조가를 1장 19-27에 배열한 것은 사울과 요나단의 비극적 죽음을 긍정적 측면에서 다윗과 연결시키려는 그의 의도로 보인다.

또한 기자는 사울 왕가의 이야기인 사무엘상과 다윗 왕가의 이야기인 사무엘하의 한 가운데(삼상 31장-삼하 1장)에서 사울 왕의 죽음과 다윗의 조가를 배열하고 있다. 이것은 사무엘상과 사무엘하의 내용을 대조시키고, 사울의 비극적 죽음과 다윗의 영광스러운 대관식를 대조시키려는 그의 의도로 보인다. 이 대조는 독자로 하여금 사울 가문의 몰락에 대하여 다윗이 관련되었다는 것을 짐작하도록 한다. 뿐만 아니라 기자는 한나의 노래로 알려진 사무엘상 2장 1-10절과 다윗의 승전가로 알려진 사무엘하 22장 1절부터 23장 7절을 사무엘기의 처음과 끝에 위치시키고, 그 한 가운데 다윗의 조가를 배열하고 있다.[1] 그는 이 배열에 의하여 사무엘기에서 다윗의 조가가 차지하는 비중이 크다는 것을 보여주고 있다.

이같이 사무엘기의 구조적 측면에서 중요성을 암시하고 있는 다윗의 조가의 주제는 첫 번째 연에 나온다. 첫 번째 연은 제 Ⅰa연(처음 두 행, 19절)과 제 Ⅰb연(나중 두 행, 27절)으로 구성되어, 본 조가를 처음과 끝에서 감싸게 함으로 다윗의 조가가 완벽한 시라는 것을 보여준다. 두 개의 사행연구(a half quatrain[19절] + a half quatrain[27절])로 구성된 첫 번째 연(stanza Ⅰ)은 다음과 같다.

19 이스라엘아' 네 영광이 산 위에서 죽임을 당하였도다
오호라 두 용사가 엎드러졌도다
27 오호라 두 용사가 엎드러졌으며
싸우는 병기가 망 하였도다

필자는 이 장에서 먼저 첫 번째 연(stanza Ⅰ)에 나오는 문학적 틀을 살펴보겠다. 즉 이 연에 나오는 운율, 주제, 불변화사, 특정한 용어, 그리고 구문론적 특징이 어떻게 짜여 있는지를 살펴보고, 이들이 구조주의적 측면에서 전체 시의 구조에 어떤 역할을 하고 있

---

1) James W. Watts, *Psalm and Story. Inset Hymns in Hebrew Narrative,* JSOT Supplement series 139, (Sheffield : JSOT Press, 1992,), p. 171.

는지를 탐색하겠다. 그 다음 이같이 이 연에 묘사된 문학적 틀을 통해 추적할 수 있는 신학적 의미를 밝히도록 하겠다. 신학적 의미에서는 사울의 비극적 죽음과 이에 대한 다윗의 애도의 의미를 찾아보고, 사울의 비극적 죽음의 원인이 여호와의 섭리와 그의 성격 결함에 있었다는 것을 규명하고자 한다. 이를 통해 사울과 다윗 그리고 여호와의 삼각관계를 엿보게 해 줄 것으로 본다.

2. 문학적 틀

(1) 운율

히브리 시는 운율에 있어서 두운이 살아 있다. 예컨대, 시편 13편 1-2[2-3]절의 첫머리에는 같은 말로 시작하는 두운이 발견된다.

1[2]절	아드-아나 야훼	(어느 때까지니이까? 여호와여…)
2[3]절	아드-아나 아쉬트	(어느 때까지니이까?…)

그리고 히브리 시의 각 행의 첫머리에 동일한 자모의 순서대로 운을 붙인 알파벳 시가 있다. 예컨대, 시편 9, 10, 25, 37, 111, 112, 그리고 119편 등이 그것이다. 이 중에 특히 시편 119편은 전형적인 두운 시이다. 이 시는 히브리 자음의 순서에 따라 〈알렙〉(1-8절)부터 〈타우〉(169-176절)까지 두운으로 구성되어 각 절의 첫 자음이 〈알렙〉(/a/, 1-8절), 〈베드〉(/b/, 9-16절), 〈기멜〉(/g/, 17-24절), 〈달렙〉(/d/, 25-32절), 〈헤〉(/h/, 33-40절), 〈와우〉(/w/, 41-48절) 등으로 시작된다.

히브리 시는 운율에 있어서 각운도 살아 있다. 이는 시의 행에서 제 1행과 제 2행, 제 1행과 제 3행, 제 1행과 제 4행, 또는 제 2행과 제 3행이 각각 같은 음절로 끝나는 형식을 가리킨다. 이 형식은 영미 시에서 자주 볼 수 있으며, 우리나라의 고려시대의 가요에서도 흔하게 찾아 볼 수 있다. 이 각운이 히브리 시에서 발견된다.[2] 구약에서 각운이 드러난 대표적 히브리 시는 창세기 4장 23절에 나오는 '라멕의 노래' 이다. 이 노래에서 네 개의 행 모두가 히브리어 자음 〈요드〉(/y/)로 끝난다. 이는 히브리 시에서 각운이 살아 있다는 것을 의미한다.

다윗의 조가에서도 제 Ⅰ연(19, 27절)은 두운과 각운이 살아 있다. 사행연구(quatrain)로 구성된 이 연을 맛소라 본문에 따라 소리 내어 읽어 보면 다음과 같다.

제 Ⅰa연(19)	하츠비 이스라엘 알 바모데카 할랄
	에이크 나펠루 깁보림
제 Ⅰb연(27)	에이크 나펠루 깁보림
	와요베두 켈레 밀하마

이 연에서 두운과 각운이 살아 있다. 두운은 〈헤〉(/h-/), 〈알렙〉(/e-/), 〈알렙〉(/a-/), 〈와우〉(/w-/) 즉 abbc로 되어 있고, 각운 역시 〈라멘〉(/-l/), 〈멤〉(/-m/), 〈멤〉(/-m/), 〈헤〉(/-h/) 즉 'abbc' 로

2) 김정준, 『이스라엘의 신앙과 신학』 (서울: 성문학사, 1966), pp. 58-61. 히브리 시의 평행법의 규칙성은 두운과 각운 외에도 교차배열법, 정반대조법, 대칭법, 재담(word-play), 점진적 확장법 등이 있다. 장영일, "시편 2편: 비평적 주석," 『이스라엘의 경건과 학문』(서울: 장로회신학대학교 출판부, 2000), pp. 361-395.

되어 있다. 이 조가의 첫 번째 연에서 두운과 각운이 'abbc' 로서 평행을 이루고 있는 것이다. 이 평행은 이 조가의 첫 번째 연이 매우 정형적이라는 사실을 보여준다. 우리는 이 정형적 운율을 통하여 히브리 시의 아름다운 운율을 감상할 수 있다.

(2) 이휘

이 시의 히브리어 첫 단어인 〈하츠비〉는 그 독법에 있어서 난해하다. 맛소라 본문은 〈하츠비〉의 〈하〉를 관사로 읽도록 〈하츠비 이스라엘〉('the Prince, O Israel')로 되어 있다. 이를 개정표준영역본(RSV)은 'Thy glory, O Israel' 로, 흠정영역본(KJV)은 'The beauty of Israel' 으로 읽고, 우리말 개역성경과 공동번역은 '네 영광' 으로, 표준새번역은 '우리의 지도자' 로 읽고 있다.

포클만은 〈하츠비〉를 사람을 비유하는 '영양' (the gazelle)[3)] 으로 읽고, 맥카터(McCarter)도 북서 셈족의 문화 특히 우가릿 문학에서 보통 영웅을 가리킬 때 동물의 이름을 사용하여 지칭하였던 사실에 근거하여 포클만처럼 〈하츠비〉를 '영양' 으로 이해한다.[4)] 프리드만은 시인이 문학적 애매성을 조장하기 위해 어근이 같은 어휘 즉, '아름다움' 이나 '영광' 또는 '영양' (cf. 아 2:9, 17; 삼하 2:18; 대상 19:9)의 의미를 가진 어휘를 사용했다고 본다. 이들 중 어느 의미를 적용하든 요나단의 성격 묘사에 적합하다는 것이 그 이유다.[5)] 그러나 앤더슨은 〈하츠비〉를 " '아름다움' 이나 '영양' 으로 볼 수 있

3) Fokkelman, *Narrative Art and in the Books of Samuel*, vol. II, p. 653.
4) P. Kyle. McCarter, *IISamuel: A New Translation with Introduction, Notes and Commentary,* The Anchor Bible (Garden City, N. Y.: Doubleday, 1984), p. 74.
5) Freedman, "The Refrain in David' s Lament over Saul and Jonathan," p. 267.

지만, '광체' 나 '훌륭함' 등으로 이해하는 것이 바람직하다"[6)]고 주장한다. 이같이 학자들에 의해 여러 독법에 의해 개선책이 제시된 이 단어가 〈할랄〉('살해된 자,' '또는 "찔린 자')과 대조되고, 〈알 바모데카〉('너의 산 위에' 또는 '너의 높은 곳 위에'[7)]와 평행이 됨으로, 이를 우리말 개역성경처럼 '네 영광' 으로 번역되는 것이 무난하다.

단수로 표현된 〈하츠비〉와 달리 동사 〈나펠루〉는 복수 접미사로 되어 있다. 문자대로 읽으면 '그들이 떨어졌다' 가 된다. 이를 개역한글판은 '엎드러졌도다' 라고 읽고 있으나, 이 단어의 사전적 의미는 '떨어지다, 굴복하다, 내리다' 이다. 이 동사는 별이 떨어지는 것을 연상하게 한다. 본문에 이 이미지를 적용하여 읽으면, 별 같은 이스라엘의 영광이 땅에 떨어졌다는 것이다. 떨어진 이스라엘의 영광은 문맥에서 〈깁보림〉이다. 〈깁보림〉은 표준새번역에서 '가장 용감한 우리의 군인들' 이라고 번역되어 있다. 이는 문맥을 고려하지 않는 것으로서 불특정 다수를 지시하는 것처럼 보이는 지나친 의역이다. 문맥에 따라 볼 때, 〈깁보림〉은 〈나펠루〉(떨어졌다)와 관련하여 전사한 '사울과 요나단' 을 가리킨다. 별이 떨어지는 의미의 〈나펠루〉('그들이 떨어졌다')라는 동사가 이스라엘의 별들인 '사울과 요나단' 이 쓰러진 것을 묘사하고 있는 것이다.[8)]

'떨어지다' (〈나펠루〉)는 지역적으로 높은 곳을 보여주는 '산 위

---

6) Anderson, *2 Samuel*, p. 16.

7) Anderson, *2 Samuel*, p. 17에서 저자는 " '바모트' 가 제의(祭儀)를 행하는 높은 장소를 의미하지만, 여기서는 단순히 높은 곳을 뜻한다. 그럼에도 불구하고 이스라엘인은 길보아산 위에서의 비극적인 희생을 이 불법적인 장소와 관련시키려 한다" 라고 본다.

8) Anderson, *2 Samuel*, p. 17.

에서' 와 대칭을 이루며, '죽임을 당하다' (〈할랄〉)와 동의적 평행을 이룬다. 그리고 이스라엘의 '영광' (〈하츠비〉은 '용사들' (〈깁보림〉) 과 동의적 평행을 이루고, 쓰러진 '용사들' 은 '망해버린' '무기' 와 평행구로 되어 있다. 이와 같은 평행구들을 통해서, 다윗은 이스라엘의 〈깁보림〉('영웅들')이었던 사울과 요나단의 죽음을 곧 이스라엘의 '영광' 이 죽임을 당한 것으로 표현하고 있는 것이다. 다윗이 볼 때, 사울과 요나단의 죽음은 결코 개인적인 것이 아니라 이스라엘의 치욕이요 공공의 슬픔이었다. 다윗은 이 시의 주제를 가리키는 후렴에서 비통하고 애절한 시적 감탄사를 사용하여 "오호라(〈에이크〉) 두 용사가 엎드러졌도다"라고 탄식하고 있다.

(3) 구조

앞에서 본 것처럼 이 시의 운율과 음성체계(phonetic system)가 평행구로 구성되어 있듯이, 구문론(syntax)에서도 평행구로 이루어져 있다. 제 Ⅰa연(19절)의 첫 번째 행이 '주어 + 동사' 즉 " '네 영광이' + '죽임을 당했다' "(〈하츠비〉 + 〈할랄〉)인데 반해, 두 번째 행은 '동사 + 주어' 즉 " '쓰러졌다' + '용사들이' "(〈나펠루〉 + 〈깁보림〉)로서 어순이 바뀌어 대조를 이룬다. 이 어순은 〈에이크〉('오호라')라는 감탄사에 이어 곧바로 〈나펠루〉('엎드러졌다')라는 동사를 위치시킴으로 슬픈 표현을 극대화시켜준다. 제 Ⅰb연(27절)의 첫 번째 행과 두 번째 행에서는 '동사 + 주어' 로만 나온다. 즉 " '쓰러졌다' + '용사들이' "(〈나펠루〉 + 〈깁보림〉)와 " '버려졌다' + '무기가' "(〈와요베두〉 + 〈켈레〉)가 그것이다. 여기서 이 어순은 '엎드러졌다' 와 '망하였다' 라는 동사를 주어 앞에 위치시켜 다윗의 커다란 슬픔을 표현하고 있다. 동사가 문두에 나오는 이 구조는 "히브리인들은 생각보다 행동이 앞서는"[9)]것을 보여주는 좋은 사례이기도 하다.

또한 제 Ⅰa연(19절)의 후렴구의 위치가 제 Ⅰb연(27절)에서 도치되어 있다. 즉 제 Ⅰa연에서 "오호라 두 용사가 엎드러졌도다"라는 구문은 두 번째 행에서 나오는데, 제 Ⅰb연에서는 첫 번째 행에서 기술되어 있는 것이다. 또한 제 Ia연과 제 Ib연에 속한 두 행들은 각각 '원인과 결과' 의 구조를 이룬다. 먼저 제 Ia연에서 첫 번째 행의 "이스라엘의 영광이 죽임을 당한 것"은 두 번째 행의 "두 용사가 쓰러진 것" 때문이다. 첫 번째 행이 결과이고 두 번째 행이 원인이 된다. 따라서 제 Ia연의 두 행은 도치된 종합적 평행구(the Synthetic Parellelism)[10)]로 구성되어 있다. 그런데 제 Ib연에서는 두 번째 행의 "싸우는 무기가 망한 것"은 첫 번째 행의 "두 용사가 쓰러진 것" 때문이다. 첫 번째 행이 원인이고 두 번째 행은 결과가 된다. 따라서 제 Ib연에서도 종합적 평행구로 구성되어 있다. 제 Ia연에서 '결과와 원인' 으로 도치된 구조가 제 Ib연에서는 '원인과 결과' 의 구조로 바로 잡혀 있는 셈이다. 이같이 제 Ia연에서 "이스라엘이 죽임을 당한" 결과가 "두 영웅이 쓰러진" 원인보다 먼저 진술된 것은 다윗이 이 조가의 머리말에서 사울과 요나단의 죽음을 국가적 재난으로 승화시켰다는 것을 보여준다.

이같이 '결과 – 원인' 의 구문으로 구성된 제 Ia연과 '원인 – 결과' 의 구문으로 구성된 제 Ib연은 시 전체(II–VI연)를 감싸고 있는

---

9) 김정준, 『이스라엘의 신앙과 신학』, p. 45.

10) 김정준, 『이스라엘의 신앙과 신학』, p. 50. 로우츠(Lowth)의 분류법에 따라, 히브리 시의 평행법에서는 동의적 평행법과 반의적 평행법 그리고 종합적 평행법이 있다. 여기서 제 1행의 내용이 원인이 되고 제 2행의 내용이 결과로 나타나 하나의 종합적 사상을 표시하는 것을 종합적 평행법이라고 설명한다.

수미쌍관법의 구조를 이룬다. 또한 제 Ia연의 원인이 되는 후렴구 즉 〈에이크 나펠루 깁보림〉은 제 Ib연의 원인이 되는 후렴구 즉 〈에이크 나펠루 깁보림〉가 역시 시 전체(II–VI연)를 수미쌍관법으로 감싸고 있다. 이는 다윗의 조가가 완벽한 단위를 갖춘 히브리 시라는 것을 보여준다. 제 I연의 구조를 도식화하면 다음과 같다.

[제 I 연의 구조]

Ia(19절) 1행 ― 결과 : 이스라엘아 네 영광이 죽임을 당했다
주어 + 동사('네 영광이' + '죽임을 당했다')
2행 ― 원인 : 〈에이크 나펠루 깁보림〉 [키이나]
동사 + 주어('쓰러졌다' + '용사들이')

Ib(27절) 1행 ― 원인 : 〈에이크 나펠루 깁보림〉 [키이나]
동사 + 주어('쓰러졌다' + '용사들이')
2행 ― 결과 : 싸우는 무기가 망 하였도다
동사 + 주어('버려졌다' + '무기가')

〈키이나〉로 수미쌍관법을 구성하고 있는 이 구조는 다윗의 슬픔을 잘 나타내주고 있다. 말하자면, 다윗은 '이스라엘'을 불러 사울과 요나단의 죽음을 알리고, 〈키이나〉를 통해 슬픔을 표현하고 있는 것이다. 이는 그가 개인의 죽음을 국가적 상실로 승화시키고 있는 것을 보여준다. 따라서 다윗의 조가는 개인의 죽음을 슬퍼하는 만가이지만, 개인의 죽음이 이 시의 첫 행에 나오는 '이스라엘'이

라는 호격에 의해 국가적 재난이며 공공의 슬픔이라는 것을 보여준다. 그러므로 엔더슨에 따라, “다윗의 조가는 백성들과 도시들의 운명을 슬퍼하는 소위 집단적, 정치적 만가”[11]라고 할 수 있다.

다윗은 이처럼 19절의 첫 행에서 두 사람의 죽음이 국가적 재난이라는 것을 말하고, 다음 행에서 〈키이나〉 즉 “오호라 두 용사가 죽임을 당했도다”라고 애곡한다. 다윗은 이 장례식의 이미지를 통해 피할 수 없는 전쟁의 양극성 즉 “패배/승리, 슬픔/기쁨, 욕/자랑” 등[12]을 보여주고, 전쟁이 개인적인 패배나 승리이기 전에 국가적이고 집단적인 결과를 가져온다는 것을 표현하고 있다. 따라서 포클만에 따르면 19절의 첫 행은 조가의 전체 내용을 파악하게 해주는 표제라고 할 수 있다. 이것은 포클만이 19절을 연(stanza) 밖에 있는(the zero line) 표제라고 말하는 이유이다.[13]

결론적으로, 조가의 표제로 볼 수 있는 제 Ia(19절)연의 〈에이크 나펠루 깁보림〉(“오호라 두 용사가 엎드러졌도다”)은 제 Ib(27절)연에서 반복된다. 그리고 이 후렴구는 시 전체의 구조, 주제, 이미지, 그리고 분위기 등을 한눈에 엿볼 수 있게 하는 중요한 구절이다. 또한 이 구절은 다윗만 슬퍼하며 애곡하는 구절이 아니라 이스라엘의 왕과 왕자의 죽음으로 온 국가가 슬픔과 비탄에 잠긴 통곡의 소리이기도 하다.

---

11) Anderson, *2 Samuel,* p. 14.

12) Fokkelman, *Narrative Art and Poetry in the Books of Samuel,* vol. II, p. 654.

13) Fokkelman, *Narrative Art and Poetry in the Books of Samuel,* vol. II, p. 655.

3. 신학적 의미

(1) 사울의 죽음

사울이 사무엘기에 등장할 때 그는 하나님의 은총을 받은 사람이었다. 그가 아버지의 암나귀를 잃고 찾으러 다니는 동안 하나님의 사람 사무엘을 만난 일이 그것이다. 사무엘은 그를 "온 이스라엘이 사모하는 자"(삼상 9:20)라고 언급한다. 이 말을 들은 사울은 "나는 이스라엘의 가장 작은 베냐민지파 사람"(21절)이라고 말한다. 그 후 그는 하나님의 사람 사무엘과 밀애를 나누었다(22-24절). 그리고 사무엘은 그에게 왕의 대관식을 연상하게 하는 기름을 그의 머리에 부어 주었다(10:1). 사무엘은 기름을 부으며, "여호와께서 네게 기름을 부으사 그의 기업의 지도자로 삼지 아니하였느냐?"라고 말함으로서, 사울을 이스라엘의 '지도자'로 인정한 것이다. 또한 사무엘은 "네게는 여호와의 영이 크게 임하리니 너도 그들과 함께 예언을 하고 변하여 새 사람이 되리라"라고 예언한다(6절).

사무엘의 이 예언에 대하여 기자는 "하나님이 [사울에게] 새 마음을 주셨고 그 날 그 징조도 다 응하니라"라고 보도한다(9절). 그리고 마침내 선지자의 무리가 사울을 영접하고 하나님의 영이 사울에게 크게 임하자, 사울이 예언하였다고 한다. 그 후 "사울도 예언자들 가운데 있느냐"라는 속담까지 생겼다는 것이다(10-13절).

이렇게 되자 사무엘은 공식적으로 사울을 왕으로 선출하는 의식을 행할 필요가 있었다. 그래서 그는 제비뽑기를 통하여 이스라엘에서 베냐민지파를 선출하고, 〈베냐민〉 지파에서 〈마드리〉 문중을 선출하며, 〈마드리〉 문중에서 〈기스〉 집안을 선출한다. 그리고 그는 기스 집안에서 사울을 왕으로 선출한 것이다. 이 같은 선출과정을 통하여 사울이 권력의 정점에 올라서게 되지만, 백성들 가운데 사울을 반대하는 세력이 있었다. 그들은 사무엘에게 "사울이 어찌 우리를 다스리겠느냐?"(11:12)라고 도전하였다. 그러자 사무엘은 백성들에게 "오라 우리가 길갈로 가서 나라를 새롭게 하자"고 말하고, 길갈에서 백성들과 함께 여호와 하나님께 제사를 드리고 사울을 왕으로 선포하는 의식을 행하였다(14-15절). 이것은 사울이 사무엘의 절대적 신뢰 가운데 그가 백성의 지도자가 되었다는 것을 말해주고, 그가 하나님의 선택에 의하여 왕이 되었다는 것을 보여준다. 그는 하나님의 은총 가운데 권력의 정점에 올라서게 된 것이다. 그는 떠 오른 별과 같은 이스라엘의 영광이었다.

사무엘기에서, 사울은 권력의 정점에 올라선 이후 하나님의 사랑을 받은 군왕으로 묘사되어 있지 않다. 기자에 의하면, 그는 하는 일마다 뜻대로 되는 일이 없었다. 오히려 그가 원하는 일과 반대의 결과가 나타났다. 그의 의도가 본디 선하다 하더라도, 마치 보이지 않는 천사가 발람의 길을 방해하듯이, 그가 선택한 일들은 방해를 받았다.[14] 그가 어떤 상황에서 훌륭한 선택을 하더라도, 그는 결국 불행의 씨를 낳았다. 그가 사무엘로부터 버림을 받는 일만 행하므로 그는 스스로 그의 몰락을 재촉하였다. 그는 권력을 유지하기 위하여 끝까지 안간힘을 쓰며, 자신을 괴롭히는 세력과 당당하게 대결하고, 주어진 자신의 운명과 끈질기게 대결하지만, 그러면 그럴수록 그는 몰락의 비탈길로 내달리게 될 따름이었다.[15]

---

14) D. Jobling, "Saul Fall and Jonathan' s Rise : Tradition and Redaction in I Samuel 14:1-46," *JBL* 95 (1976), p. 368.

15) 장일선, 『히브리설화의 문학적 이해』, p. 144.

그래서 그의 몰락을 재촉하는 것은 다름 아닌 그의 의지를 움직이는 악이었다. 그 악이 그의 안과 밖에서 그를 괴롭히고 있었다. 그 악은 억압적이고 비타협적이었다. 그것이 그의 몰락을 재촉한 것이다. 이 점에서 그를 사악한 사람이라고 보기 어렵다. 그는 바보처럼 악을 따라 살다가 실패한 전형적인 사람이었다.[16] 그런데 놀랍게도 그는 그 자신이 실패한 왕이라는 사실을 알고 있었던 것 같다. 그가 실패한 왕이라는 것은 그가 여호와로부터 버림받았다는 것을 의미한다. 이 사실은 그가 다윗을 쫓다 엔게디 염소바위 굴에서 다윗과 조우한 후 부르짖은 진술에서 알 수 있다.

> "내 아들 다윗아 이것이 네 목소리냐 ...... 나는 너를 학대하되 너는 나를 선대하니 너는 나보다 의롭도다. 네가 나를 선대한 것을 오늘 나타내었나니 여호와께서 나를 네 손에 붙이셨으나 네가 나를 죽이지 아니하였도다....... 보라 나는 네가 반드시 왕이 될 것을 알고 이스라엘 나라가 네 손에 견고히 설 것을 아노니" (삼상 24:16-20).

사울의 이 자백은 사울 자신이 알고 있는 세 가지 정보를 독자에게 알려준다. 하나는 그가 다윗을 학대하였으나 다윗은 그를 선대하였다는 것과, 다윗의 부하들의 주장대로 여호와께서 그를 죽일 기회를 주셨다고 볼 수 있음에도 불구하고 다윗이 그렇게 하지 않았다는 것, 그리고 이스라엘이 다윗의 손에서 견고하게 서게 된다는 것이다. 사울은 적어도 이 세 가지를 알고 있었다. 그렇다면, 다

---

16) J. C. Exum, *Tragedy and Biblical Narrative : Arrow of the Almighty* (Cambridge : University Press, 1992) p. 40.

윗이 왕이 되어 사울의 왕조가 다윗에게 넘어간다는 것과 그것을 여호와께서 이미 결정하셨다는 것을 그가 알았다면, 왜 사울은 끝까지 다윗을 추적하며 그를 제거하려 했는지 의문을 갖게 된다. 그것은 아마 하나님께서 자신을 버리신 사실을 그가 인정하고 싶지 않았기 때문이었을 것이다. 그리고 그는 자신의 운명에 대한 하나님의 결정에 저항하기 위해 다윗을 제거하려고 했을 것이다. 그런데 그 일은 그의 뜻대로 되지 않았다. 그의 저항은 오히려 그의 몰락을 재촉하는 결정적 역할을 하게 된다.

마침내 그는 길보아 산 전투에서 패배하고 그의 세 아들들과 함께 비극적 죽음을 맞이하였다. 그의 갑옷은 벗겨졌으며, 그의 목은 블레셋 군인들에 의해 베임을 당하고, 그의 시체는 벧산 성벽에 못 박히는 수모를 겪게 되었다. 이스라엘의 영광이었던 기름부음 받은 왕이 할례 받지 못한 이들에 의해 비참한 죽임을 당하게 된 것이다. 이것을 다윗은 애도하고 있다. 그는 옷을 찢으며 슬퍼 금식하며 울며(삼하 1:11, 12), 슬픈 노래로 사울과 요나단을 조상하고 있다(삼하 1:17).

(2) 다윗의 애도

사무엘상 13장에서부터 사무엘하 1장까지에 묘사된 사울의 권력으로부터 몰락하는 하향곡선은 다윗의 권력에로의 상승곡선과 좋은 대조를 이룬다. 사울이 사무엘에게 배척당하고(삼상 13-15장) 다윗에게 추월당하며(삼상 17장) 놉의 제사장들을 학살하고(22장) 마침내 엔돌의 신접한 여인을 찾아가는 등(28장) 몰락해 갈수록, 다윗은 사무엘로부터 기름부음 받고(16장) 블레셋의 장수 골리앗을 이기며(17장) 미갈과 결혼함으로 사울 왕의 사위가 되고(18

장) 왕의 아들인 요나단의 사랑을 받고(20장) 놉의 제사장들의 도움을 받으며(21장) 그가 출전하는 전쟁에서마다 승리하게 되는 등 상승해 가고 있었다. 그러자 사울은 다윗을 추격하였고, 다윗은 도피하였다. 추격과 도피의 기간이 지속되면서 두 사람이 조우한 일이 있었으나 쫓는 사울에게 유리한 조건이 아니라 쫓기는 다윗에게 유리한 조건에서 조우하였다. 하지만 다윗은 사울에게 복수하지 않고 사울이 길보아 전쟁에서 패배하고 비극적 생을 마감할 때까지(삼상 31장), 자신의 때를 기다리고 있었다. 이것은 사무엘상 16부터 31장에 걸쳐 다윗이 사울의 칼을 피해 유랑한 사실에서 알 수 있다.

따라서 오랜 동안 사울의 추적을 피해 유랑을 해야 했던 다윗에게 사울의 죽음은 뜻하지 않는 희소식이 분명한 일이다. 그래서 그는 사울의 전사가 하나님의 뜻이라고 선포하고 자신의 대관식을 성대하게 치렀을 수 있다. 그리고 그는 사울의 전사 소식을 전한 아말렉 사람을 치하하였을 수 있다. 하지만 다윗은 그렇게 하지 않는다. 그는 사울을 이스라엘의 영광이라고 표현하면서 그 영광이 산 위에서 죽임을 당하였다고 애도한다. 사울과 세 아들의 죽음은 그가 권력의 정점에 오른 기회를 의미함에도 불구하고, 그는 사울과 세 아들들의 전사를 가리켜 영광이 죽임을 당하였다고 슬퍼하고 있다. 그리고 그는 사울의 전사 소식을 전해준 아말렉 사람에게 감사하기는커녕 그를 처단해 버린다. 다윗은 사울의 죽음에 대하여 환희가 아닌 연민(pathos)을 표현하고 있는 것이다.[17]

---

17) Walter Brueggemann, *First and Second Samuel Interpretation. A Bible Commentary for Teaching and Preaching* (Lousville : John Knox Press, 1990), p. 212.

그의 연민은 사울의 죽음이 자신의 권력 쟁취에 도움이 된다는 상식을 넘어선다. 그래서 그의 부하들과 백성들에게도 슬퍼하라고 부탁하고 있다. 그들은 사울과 요나단의 죽음을 개인의 몰락으로 이해하지 않고 이스라엘의 공공의 상실로 이해한 것이다.[18] 그 이유는 그가 여호와의 기름부음 받은 자로서 사울을 이스라엘의 영광이었다고 믿는데서 비롯된다.

다윗에게는 여호와의 기름부음 받은 자에 대한 끝없는 존경이 있었다. 이것은 자신이 기름부음 받은 이후 한번도 흔들리지 않는 신앙이었다. 그가 사울이 자신을 살해하려고 던진 창을 피할 때(삼상 18:11), 그가 요나단을 끌어안고 울 때(삼상 20:41), 사울이 놉의 제사장들을 학살할 때(삼상 22:21–22), 엔게디 굴속에서 사울에게 복수할 기회가 그에게 왔을 때(삼상 24:6), 그리고 아비새가 하길라 산에서 잠들어 있는 사울을 죽이자고 주장할 때(삼상 26:9), 그는 이 신앙을 굳게 지키고 있었다.

이것은 사울과 요나단의 죽음을 전달한 국외자였던 아말렉 사람이 알 수 없고 이해할 수 없는 다윗의 신앙이다. 이것은 기름부음 받은 자가 누구든 상관없이 여호와의 기름부음 받은 자에 대한 존경을 갖는 다윗의 신앙이다. 기름부음 받았다는 것은 기름부음 받은 자뿐 아니라 이스라엘 백성에게 영광이 된다고 믿는 다윗의 신앙이다. 이러한 신앙을 가진 다윗에게 기름부음 받은 왕이 할례 받지 못한 자들에 의해 죽임을 당했다는 사실은 이스라엘의 영광이 죽임을 당한 일이 된다. 사울의 비극적 죽음은 개인의 비극이 아니라 온 이스라엘의 슬픔이요 비극이었던 것이다. 그래서 다윗은 이스라엘 백

18) Brueggemann, *First and Second Samuel Interpretation,* p. 212.

성을 불러 사울 왕의 죽음을 전하고 애도하도록 하고 있다.

⑶ 여호와의 섭리

사울의 죽음은 단순한 자연인의 죽음이 아니다. 사울의 죽음은 여호와의 기름부음 받은 왕의 비극적 죽음이다. 무엇보다도 그가 할례 받지 못한 블레셋 인들에 의해 희살당한 사건이다. 이것은 국가적 비극이요 이스라엘의 신앙 위기였다. 따라서 사울의 죽음은 비극적인 죽음이요 그는 구약에서 가장 비극적 인물이라고 할 수 있다.

사울의 비극의 원인에 대하여 학자들은 일반적으로 희랍의 비극과 견주어 설명한다. 우선 데이빗 건(D. M. Gunn)에 따르면, 희랍의 비극의 원인은 주인공이 저항할 수 없도록 그를 지배하는 운명이며, 세익스피어의 비극의 원인은 주인공의 도덕적 정신적 유약성 즉 주인공의 성격이고, 히브리 문학의 비극의 원인은 주인공의 내면에 있는 선과 악의 투쟁이다. 이같이 희랍의 비극과 세익스피어의 비극 그리고 히브리 문학의 비극을 비교 분석한 데이빗 건은 사울을 선과 악의 대결에서 자신의 운명에 대하여 영웅적으로 저항하다가 몰락한 비극적 인물이라고 본다. 그는 비극의 원인을 주인공의 운명 탓으로 돌리는 희랍적 비극의 변형으로 사울의 이야기를 간주한 것이다.[19]

폰 라드(von Rad)의 견해는 이와 약간 다르다. 그에 따르면, 첫째, 사울은 여호와의 손에서 벗어난 기름부음 받은 자, 무대에서 퇴

19) D. M. Gunn, *The Fate of King Saul : An Interpretation of a Bible Story*, JSOT Series 14 (Sheffield : JSOT press, 1980), p. 28.

장하는 자, 그리고 다가오는 자(다윗)에게 자리를 양보하는 자이다. 둘째, 사울은 광기에 의해 이리저리 쫓기는 자이며 결국 무참하게 암흑에 빠져 들어간 자로서 여호와에게 버림받은 절망적인 사람이다.[20] 셋째, 사울의 범죄 행위에 어떤 초인적인 힘이 들어 있다. 그것은 하나님이 버리신 자에게 임하는 숙명이다. 그래서 사울의 행동이 스스로 자신의 운명을 불러들이지만, 그가 어두운 운명의 세력에 있던 것이 아니고 그의 오만으로 인해 자신의 한계를 벗어나려 한 것도 아니다. 다만 그는 여호와 하나님의 역사 의지의 특수한 도구로서 부름 받았지만(삼삼 9:9), 이 과제에서 좌절한 낙오자였던 것이다.[21]

벨크(Welch)는 좀더 설득력 있게 주장한다. 그에 따르면, 운명에 의한 비극과 성격 결함에 의한 비극은 논리적으로 보면 서로 모순되는 것처럼 보이지만, 심미적으로 보면 모순 되지 않는다. 이 같은 심미적 측면에서, 사울의 비극은 여호와의 섭리와 성격 결함이 결합되어 동시에 작용한 것이라고 볼 수 있다.[22] 벨크에 따르면, 사울의 비극은 비극적 상황의 원인을 운명으로만 보는 희랍의 비극이나 성격 결함으로만 보는 세익스피어의 비극과는 달리, 여호와의 섭리와 성격결함이 결합되어 빚어진 비극이다.

우리는 사울의 몰락에 여호와의 섭리가 작용되었다는 것을 주목할 필요가 있다. 그것은 그가 기름부음 받은 왕이라는 점에서 비롯

20) G. von Rad, *Old Testament Theology* vol. 1 : The Theology of Israel' s Historical Traditions (New York, N.Y. : Harper & Row Publishers, 1962), pp. 324.

21) von Rad, *Old Testament Theology* vol. 1, p. 325.

22) Gunn, *Fate of King Saul,* p. 30 에서 재인용.

된다. 기름부음 받은 자의 고통은 국가적 신앙적 고통이고 그의 비극은 국가적 신앙적 비극이며 그의 죽음은 국가적 신앙적 죽음이기 때문에, 사울이 여호와의 기름부음 받은 일은 개인적인 일이 아니며, 그가 죽은 일도 개인적인 죽음으로 볼 수 없다. 사울이 기름부음 받아 왕이 되었다면, 그것은 국가적인 사건이고, 그가 죽은 비극적 사건은 국가적 사건이다. 그러므로 여호와께서 사울을 거절하신 것은 이스라엘이 여호와에 의해 거절되는 것을 의미하고, 사울의 비극적 죽음은 국가적 그리고 신앙적 위기를 초래하는 총체적 비극을 의미한다.

이것은 예컨대, 사울이 엔돌의 신접한 여인을 찾아갔을 때 나타난다. 그가 신접한 여인에게 부탁하여 불러 올린 사무엘의 영이 "여호와께서 너를 떠나 네 대적이 되셨거늘 네가 어찌하여 내게 묻느냐"(삼상 28:16)라고 그를 책망하였다. 그리고 "나라를 네 손에서 떼어 네 이웃 다윗에게 주셨다"(삼상 28:17)고 선언하신다. 사무엘은 계속해서 선언하기를,

> "여호와께서 이스라엘을 너와 함께 블레셋 사람들의 손에 넘기시리니 내일 너와 네 아들들이 나와 함께 있으리라. 여호와께서 또 이스라엘의 군대를 블레셋 사람들의 손에 넘기시리라. 사울이 갑자기 땅에 완전히 엎드러지매 이는 사무엘의 말로 말미암아 심히 두려워함이요 또 그의 기력이 다하였으니 이는 그가 하루 밤낮을 먹지 못하였음이라"(삼상 28:19–20).

여기서 사무엘은 이스라엘이 길보아 전투에서 블레셋에 패배할 것이며 사울과 아들들이 전사하게 될 것을 예언하고 있다. 그리고 이 예언을 들은 사울은 신적 공포를 느끼고 갑자기 땅에 쓰러져 버

린 것이다. 기자는 이 본문에서 기름부음 받은 왕 사울이 신적 공포를 느끼며 쓰러진 것과 다음 날 길보아 전투에서 이스라엘이 블레셋에 패배할 것을 연결하고 있다. 그는 이 연결을 통해 기름부음 받은 사울이 쓰러진 것을 이스라엘이 쓰러진 것이며 그의 좌절을 국가와 민족 그리고 신앙의 좌절로 이해하고 있었던 것이다. 그러므로 사울의 비극적 몰락에 그의 성격적 결함이 있었다고 해도, 그가 기본적으로 기름부음 받은 왕이라는 점에서 이스라엘 국가의 역사를 이끌어가는 여호와의 섭리가 작용하고 있다고 보아야 할 것이다.

결론적으로, 앞에서 살펴 본 것처럼 사울이 몰락한 것은 단번에 이루어진 것이 아니다. 그의 몰락은 엔돌의 신접한 여인을 찾아가는 장면에서 절정을 이루지만, 다윗이 기름부음 받고 여호와께서 다윗과 함께 하실 때부터 사울은 악령에 의해 고통을 받기 시작된다. 기자는 악령이 그를 번뇌하게 만들었다고 보도하고 있다.

> 사울 : "여호와의 영이 사울에게서 떠나고
> 여호와의 부리시는 악령이 그를 번뇌하게 한지라"(삼상 16:14)
>
> 다윗 : "소년 중 한 사람이 대답하여 이르되
> 내가 베들레헴 사람 이새의 아들을 본즉
> 수금을 탈출을 알고 용기와 무용과 구변이 준수한 자라
> 여호와께서 그와 함께 하시더이다 하더라"(삼상 16:18)

사울에게서 여호와의 영이 떠나게 되자 악령이 그를 괴롭히기 시작하였다. 악령이 그를 번뇌케 하므로 그가 하는 일마다 그의 몰락을 재촉하게 되었다. 그리고 마침내 그는 비극적 죽음을 맞이하

게 된 것이다. 그러므로 그의 비극적 죽음의 직접적 원인은 그에게서 여호와의 영이 떠나셨기 때문이다. 따라서 사울의 몰락의 원인은 운명이 아니라 하나님의 섭리였다. 하나님의 섭리를 문학에서 '운명'으로 바꿀 수 있다고 해도, 구약에서 기름부음 받은 자의 삶의 궤적에 나타난 동기를 운명이라고 말할 수는 없다. 사울의 몰락은 운명이 아닌 하나님의 섭리였다.

4. 결론

필자는 다윗의 조가의 제 Ⅰ연에 짜여진 문학적 틀과 함축된 신학적 의미를 살펴보았다. 먼저 문학적 틀은 음운론적 측면과 어휘론적 측면 그리고 구조적 측면을 말한다. 신학적 의미는 사울의 죽음과 다윗의 슬픔과 여호와의 섭리라는 주제가 그것이다.

첫째, 음운론적 측면에서 이 연은 청중으로 하여금 슬픔에 공감하게 하는 '조가'의 청각적 영상으로 표현되어 있다. 예컨대, 이 연에서 잘 갖추어진 두운과 각운은 이 연이 아름답고 완벽한 정형적 시의 형태를 구성하고 있다는 것을 보여준다. 둘째, 어휘론적 측면에서 이 연의 각종 어휘들은 사울과 요나단의 비극적 죽음을 시각적 영상으로 잘 묘사하고 있다. 예컨대, 〈하츠비〉는 전쟁 용사로서 이스라엘의 '영광'이었던 사울과 요나단의 영상을 보게 하고, 〈나펠루〉는 마치 별과 같은 이스라엘의 '영광'이 하늘에서 땅에 떨어지는 영상을 표현하고 있다. 그리고 '떨어지는' 〈나펠루〉는 높은 지역의 '산 위에서'와 대칭구조를 이루어 시각적 영상으로 대립적 구조를 보여준다. 셋째, 구조적 측면에서 이 연의 구문은 '주어'와

'동사' 가 교차 배열되어 대칭구조를 형성하고, 이 연의 행은 '원인' 과 '결과' 가 교차 배열되어 대칭구조를 형성하고 있다. 또한 제 Ⅰa연과 제 Ⅰb연에 각각 나오는 후렴구는 전체 시를 감싸는 수미쌍관법으로 구성하여 다윗의 조가가 하나의 아름다운 문학 작품이라는 보여주는 동시에 사울과 요나단의 죽음에 대한 다윗의 슬픔을 극대화 하는 역할을 하고 있다.

이러한 문학적 틀로 구성된 제 Ⅰ연은 신학적 의미에서 세 가지 주제를 함의하고 있다. 첫째, '사울의 죽음' 은 다윗의 기름부음 받은 이후 어느 정도 예견된 일이었다. 그가 하는 일은 되는 일이 없었고 무슨 일을 하든지 그것은 오히려 그를 몰락하도록 재촉하는 결과를 가져 왔다. 그런데 엔게디 굴 조우에서 사울의 연설을 보면 그는 자신의 운명에 대해 알고 있었다. 그것이 여호와의 결정이라는 것도 알았다. 하지만 그가 끝까지 다윗을 제거하려 한 것은 하나님의 결정을 인정하지 않으려는 그의 의도였던 것으로 보인다. 그러나 그러한 그의 저항조차 그의 몰락을 재촉하게 하여 마침내 길보아 전쟁에서 전사하게 된다. 둘째, 다윗은 그러한 비극적 영웅의 죽음을 즐거워하지 않고 오히려 애가를 부르며 '슬퍼한다.' 그 이유는 그가 엔게디 굴에서 사울을 살려줄 때 부하들에게 말한 담화에 나온다. 사울이 여호와의 기름부음 받은 왕이라는 것이 그 이유이다. 셋째, 사울의 비극적 죽음의 원인이 '여호와의 섭리' 와 관련되어 있다는 점이다. 여호와의 기름부음 받은 왕으로서 사울의 좌절과 몰락과 죽음이 결코 개인의 사건이 아니기 때문이다. 한 사람이 기름부음 받아 왕이 되고 그가 몰락하여 죽은 것은 이스라엘의 역사를 주관하시는 하나님의 섭리에 속한다. 이 점에서 사울의 몰락의 원인을 그의 '운명' 이나 그의 '성격 결함' 에서만 찾을 수 없다. 오히려 사울의 성격 결함의 요소가 있다 하더라도 여호와의 섭리 가운데서 빚어진 것이라고 보는 것이 옳다.

이러한 신학적 주제들을 모두 함의하고 있는 제 Ⅰ연은 기름부음 받은 왕이 세 왕자와 함께 전쟁터에서 전사한 상황에 따른 애가이다. 이 연에서 다윗은 이스라엘의 초대 왕으로서 그리고 여호와의 기름부음 받은 왕으로서 사울과 그의 세 아들들이 할례 받지 못한 블레셋 군인에 의하여 무참하게 살해된 것을 문학적 기교를 통해 묘사하고 신학적 의미를 보여주고 있는 것이다. 여기서 그는 여호와의 기름부음 받은 왕이 버림받아 죽게 된 것을 이스라엘의 영광의 죽음으로 표현하고 있다. 다윗이 보기에 사울은 가장 비극적인 인물이었다.

그는 비극의 주인공으로서 〈궁지 → 결단 → 고통 → 죽음〉으로 이어지는 전형적인 비극의 과정을 성실하게 살았던 것이다.[23] 그러므로 데이빗 건이 지적했듯이, 그의 이야기는 마치 아침에 햇빛으로 시작하였다가 낮에 구름으로 채워지고 저녁에 이르러 폭풍으로 마감하는 하루와 같이, 그가 정점에 이르자, 대낮에 먹구름이 피어오른 이야기라고 할 수 있다. 그의 이야기는 그의 영혼이 비천에로 내려가는 이야기로 짜여있다.[24] 그 마침표가 길보아 산에서의 전사였다.

---

23) 장일선, 『구약성서의 문학』, pp. 95-96.

24) Gunn, *The Fate of King Saul*, p. 27

V.
'청중들아' (20절)

1. 서론

제 Ia연(19절)에서 다윗은 사울과 요나단의 비극적 죽음에 대한 소식을 듣고 '이스라엘' 을 불러 영웅들의 죽음을 선언하고, 애도하며 탄식한 바 있다. 그는 사울과 요나단의 죽음을 공적 상실로 규정하고 '이스라엘' 백성들과 함께 슬퍼한 것이다. 그리고 그는 제 II 연(20절)에서 '청중들' 혹은 '전달자들' 에게 블레셋의 가드와 아스글론 거리에 이스라엘의 두 용사가 쓰러져 죽은 사실을 전하지 말라고 명령한다. 그 이유는 할례 받지 못한 자의 딸들이 즐거워하며 개가를 부를까 염려되기 때문이다.

물론 제 II연(20절)에 '청중들' 또는 '전달자들' 을 지칭하는 호격은 없다. 하지만 우리말 성경에 '고하지 말며' 와 '전파하지 말지어다' 로 번역된 히브리어의 두 동사에는 전달자들을 뜻하는 접미사가 있다. 그것은 히필, 미완료, 2인칭 남성복수 형태로 구성된 〈알 타기두〉와 그리고 피엘, 미완료, 2인칭 남성복수 형태로 구성된 〈알 테밧세루〉이다. 직역하면 〈알 타기두〉는 "너희는 고하지 말라"이며, 〈알 테밧세루〉는 "너희는 전파하지 말라"가 된다. 따라서 이 동사들의 인칭 접미사의 2인칭 복수 '너희'가 '청중들' 혹은 '전달자들'을 암시하고 있다. 사행연구(quatrain)로 구성된 이 연을 우리말 성경 개역개정판을 따라 읽어보면 다음과 같다.

20 (너희는[전달자들아]) 이 일을 가드에도 고하지 말며
(너희는[전달자들아]) 아스글론 거리에도 전파하지 말지어다
블레셋 사람의 딸들이 즐거워할까
할례 받지 못한 자의 딸들이 개가를 부를까 염려로다

여기서 읽은 제 II연(20절)의 히브리어 본문에 나오는 운율과 불변화사 그리고 특정한 용어들은 매우 잘 다듬어져 있다. 이 연의 히브리어 운율은 규칙적이고 정형적이다. 따라서 필자는 먼저 이 운율의 정형적 면을 살펴보고, 그것이 이 연에 어떤 의미를 부여하고 있는지를 연구하겠다. 이와 관련해서 불변화사도 연구할 것이다. 이 연에 나오는 불변화사는 정형적 운율에 어느 정도 기여하고 있으며, 이 연의 구조분석에 어느 정도 역할을 하고 있다고 보기 때문이다. 나아가 이 연에 나오는 어휘들의 어원론적 의미를 살펴보고 그것들이 본문에서 이 연에 어떻게 표현되어 있는지, 그리고 그것이 이 연의 주제와 어떤 관련이 있는지를 탐구할 것이다. 이러한 연구를 토대로 이 연의 구조를 분석하겠다. 본문에 대한 구조 분석은 이 연에 대한 신학적 의미를 규정하는데 토대가 될 것이다.

이같이 제 II연에 묘사된 문학적 틀을 연구한 다음, 필자는 문학적 연구를 통해 추적할 수 있는 신학적 의미를 밝히도록 하겠다. 이를 위해 다음과 같은 이 연의 신학적 주제들을 다룰 것이다. 먼저

다윗이 염려하고 있는 블레셋의 전승 축제가 어떤 의미가 있는지, 그리고 다윗이 기억하고 있는 이스라엘의 전승축제는 무엇이며 이것이 사울과 다윗의 관계에 어떤 영향을 끼쳤는지, 마지막으로 여호와의 기름부음 받은 왕이 비극적으로 죽은 현실에서 다윗이 이해하고 있는 기름부음 받았다는 것은 무엇을 의미하는지를 살펴 볼 것이다. 이 연구를 통해 우리는 여호와와 사울과 다윗의 삼각관계를 상상할 수 있을 것이다.

2. 문학적 틀

(1) 운율

제 Ⅱ연(20절)은 히브리어의 불변화사와 함께 운율이 매우 정형적으로 구성되어 있다. 먼저 사행연구(quatrain)로 구성된 이 연을 맛소라 본문에 따라 읽어 보면 다음과 같다.

제 II 연(20)	알-타기투	베가트
	알-테밧세루	베후초트 아쉬켈론
	펜-티스마나	베노트 펠리쉬팀
	펜-타알로즈나	베노트 하아렐림

이 연에서 네 개의 행은 각각 〈알렙〉(/a-/), 〈알렙〉(/a-/), 〈페〉(/p-/), 〈페〉(/p-/)로 시작되고 〈타우〉(/-t/), 〈눈〉(/-n/), 〈멤〉(/-m/), 〈멤〉(/-m/)으로 끝난다. 이는 첫 음절의 운율과 마지막 음절의 운율이 각각 'aabb' 형과 'abcc' 형으로서 정형적이며 규칙적인

형태를 이루어 두운과 각운을 이루고 있는 것을 보여준다. 이 운율은 다윗이 장례식에 참석한 청중들에게 그의 감정을 절제하고 있다는 것을 보여주고 있다.

또한 이 연은 네 개의 행이 각각 같은 위치에서 동일한 자음으로 시작되는 단어들로 구성되어 있다.

/al/−/t/−　　　/b/−
/al/−/t/−　　　/b/−
/pn/−/t/−　　　/b/−
/pn/−/t/−　　　/b/−

처음 두 행의 단어들은 〈알〉(/al−/) 다음에 〈타우〉(/t−/) 그리고 〈벧〉(/b−/)으로 시작되고, 나중 두 행의 단어들은 〈펜〉(/pn−/) 다음에 〈타우〉(/t−/) 그리고 〈벧〉(/b−/)으로 시작된다. 이같이 동일한 자음으로 시작되는 각 단어 즉 말 이어가기로 구성된 운율을 자음운이라고 하는데, 이런 유형의 자음 운이 이 연에서 발견된 것이다. 이러한 말놀이와 규칙적 음가는 히브리 시의 아름다운 운율을 보여준다.

뿐만 아니라 우리는 규칙적이고 이름다운 음가가 그 의미와 상관관계에 있는 것을 보게 된다. 이 연의 첫째 행인 〈알−타기투 베가트〉("너희는 가드에 고하지 말라")를 주목해 보자. 이 문장에서 다윗은 강한 파열음인 /tag/와 /gat/를 사용하여 말놀이를 하고 있다. 즉 '고하지 말라' 라는 금지명령의 〈타기투〉의 /tag/는 블레셋 도시를 가리키는 〈베가트〉의 /gat/에 나오는 자음을 자리바꿈한 어휘이다. 다윗은 /tag/와 /gat/라는 말놀이를 통해서 '가드' 에 '고하지 말라' 라는 완전한 금지를 표현하고 있다.[1] 말하자면 다윗은 블레셋의 가드(Gath)란 도시 이름을 사용하여 블레셋 사람들이 이스라엘에 대한 승리의 축제를 행하지 못하도록 사울의 전사 소식을 알리지 말라고 경고하고 있는 것이다. 여기서 우리는 단어의 음가나 자음의 음소가 그 단어의 의미와 밀접한 관계에 있는 것을 보게 된다.

이처럼 히브리 시에서 운율과 의미가 조화를 이루고 있는 것은 잘 알려진 일이다. 예컨대, 시편 2편 1절에서 "어찌하여 열방이 분노하며 민족들이 허사를 경영하는고"라는 구절에 나오는 '어찌하여' 를 보자. 이 의미로 번역되는 〈람마〉는 그 발음에 있어서 강하게 발성되어야 하는 단어이다. 이와 마찬가지로 이 단어의 의미는 강한 호소력을 함의하고 있다. 또한 본디 '숨' 이나 '바람' 을 뜻하는 〈루아흐〉의 세 번째 자음인 〈헤트〉(/−ḥ/)는 그 음가가 강하게 기식(氣息)되지 않고는 발음될 수 없는 자음이다. 따라서 〈루아흐〉의 소리를 들은 청중은 거친 팔레스틴의 기후를 연상하게 되며, 〈루아흐〉의 문자를 읽는 독자는 '바람' 이나 '숨' 으로 이해하게 된다.[2] 이같이 히브리어에서 음운론적 음가가 그 의미와 상관관계에 있을 뿐 아니라, 자음 하나도 독자로 하여금 화자의 동작과 행동을 연상하게 하는 역할을 하기도 한다.

(2) 어휘

제 Ⅱ 연(20절)의 주요 어휘는 각 행의 첫머리에 나오는 4개의 동

---

1) Fokkelman, *Narrative Art and Poetry in the Books of Samuel* vol. II, p. 660.
2) 김정준, 『이스라엘의 신앙과 신학』, p. 45.

사이다. 첫 번째 동사는 〈[알] 타기두〉이다. 이 동사의 어근인 〈나가드〉의 기본 의미는 어떤 사람에게 전갈을 말해주든지(창 44:24, 출 19:9 등) 상황을 설명하는 것이다(삼상 19:7, 왕하 6:12 등). 즉 청취할 수 있는 구두의 의사소통을 함축한 어휘이다(시 51:15, 사 48:20 등). 첫 번째 행에서 다윗은 이 동사의 〈히필〉 어간의 미완료태를 사용하여, 그의 청중들에게 블레셋의 가드에 이스라엘의 두 용사가 죽었다는 사실을 '구두로 알리는 일을 하지 말라' 고 경고하고 있다. 두 번째 동사는 〈[알] 테밧세루〉이다. 이 동사의 어근인 〈바사르〉의 기본의미는 '어떤 소식을 전하다' 이다. 강한 능동태인 〈피엘〉 어간의 이 동사는 아들의 출생(렘 20:15), 사울의 죽음(삼상 31:9, 삼하 4:10 등), 그리고 압살롬의 패배와 죽음(삼하 18:19 이하)을 전달하는 문맥에서 나온다. 두 번째 행에서 다윗은 이 동사의 〈피엘〉 어간의 미완료태를 사용하여, 블레셋의 아스글론 거리에 이스라엘의 두 용사가 죽었다는 사실을 '전파하지 말 것' 을 경고하고 있다.

세 번째 동사는 〈펜 티스마나〉이다. 이 동사의 어근인 〈사마흐〉의 기본 의미는 행동으로 표현되는 마음의 '기쁨' 과 '즐거움' 을 의미한다(출 4:14, 시 19:8 등). 세 번째 행에서 다윗은 이 동사의 〈칼〉 어간을 사용하여, 블레셋 여인들이 승전가를 부르며 즐거워 할 것을 경계하고 있다. 네 번째 동사는 〈펜 타알로즈나〉이다. 이 동사의 어근인 〈알라즈〉의 기본 의미는 '기뻐 날뛰다,' '개가를 올리다' 등으로 이스라엘의 적들(삼하 1:20, 렘 50:11 등), 악인(시 94:3, 렘 11:15 등), 이스라엘(시 149:5, 시 68:5 등)의 승리의 기쁨에 대해 사용되어 있다. 네 번째 행에서 다윗은 이 동사의 〈칼〉 어간을 사용하여 블레셋 여인들이 기뻐 뛰는 것을 경계하고 있다.

다윗은 첫 번째 행과 두 번째 행에서 〈타기두〉와 〈테밧세루〉 앞에 '즉시 금지'를 뜻하는 부정명령어 〈알〉을 두어 블레셋의 가드와 아스글론에 '당장 알리지 말라'고 명령한다. 그리고 그는 세 번째 행과 네 번째 행에서 〈티스마나〉와 〈타알로즈나〉 앞에 이유를 나타내는 불변화사 〈펜〉을 두어 블레셋에 알리지 말아야 할 이유를 설명하고 있다. 이같이 다윗은 첫 번째와 두 번째 동사 앞에 〈알〉을 두고, 세 번째와 네 번째 동사 앞에 〈펜〉을 두어 청중들을 향한 부정명령과 이에 대한 이유를 제시하고 있는 것이다. 또한 그는 각 동사들의 시제를 모두 미완료태로 표현함으로써 주어의 행위가 아직 이루어지지 않는 가까운 미래의 일이라는 것을 보여주고 있다. 여기서 다윗은 아직 이루어지지 않는 일을 이루지 말라고 명령하고 있는 것이다.

(3) 구조

전달자들이 사울의 죽음을 전하지 말아야 할 곳은 블레셋의 '가드'와 '아스글론'이다. 구조주의의 접근방법을 사용한 포클만에 따르면, 다윗이 블레셋의 다섯 도시 중에 '가드'와 '아스글론'만 언급한 이유는 도시 이름의 음절에 있다. 말하자면, 히브리어에서 '아글론'(akron) '가자',(gaza) 그리고 '아스돗'(asdod)은 각각 2음절로서 단어의 길이가 길지도 짧지도 않은 중간의 길이지만, '가드'(gath)와 '아스글론'(askelon)은 각각 1음절과 3음절인 바, 가장 짧은 음절의 '가드'와 가장 긴 음절의 '아스글론'이 블레셋의 모든 도시를 포괄하기 때문에, 다윗이 '가드'와 '아스글론'만 언급했다

3) Fokkelman, *Narrative Art and Poetry in the Books of Samuel* vol. II, p. 660.

는 것이다.[3)]

또한 이 연(20절)의 도시 이미지는 제 Ⅰa연(19절)의 제 Ⅲ연(21절)의 자연 이미지와 대조된다. 즉 블레셋의 도시 '가드'는 사울이 전사한 '산'(19절)과 대조되고, '아스글론의 거리'는 길보아 '산,' '이슬,' '비,' '제물 낼 밭'(21절)과 대조되며, 산 위에서 여호와의 기름부음 받은 왕과 왕자들이 죽임을 당하여 쓰러져 있는 상황과 거리에서 블레셋의 딸들이 노래하며 춤추는 상황이 대조된다. 이와 같이 다윗은 대조된 어휘를 통하여 블레셋의 승리의 축제를 막고자 하고 있다.

포클만은 두 번째 연의 구조를 세 개의 행으로 나눈다. 즉 처음 두 개의 〈알〉 문장을 하나의 행으로 보고, 나중 두 개의 〈펜〉 문장을 분리하여 두 개의 행으로 나누고 있다. 그는 20절을 세 개의 행으로 분석한 것이다.[4)] 이는 '고하지 말라'와 '전파하지 말라'고 한 처음 두 행을 하나의 행으로 읽고, 나중 두 행을 이에 대한 각각 다른 이유라고 본 것 같다. 하지만 다윗이 청중들에게 엄중한 경고를 하는 20절은 그 어휘가 치밀하게 배열되어 있다. 말하자면 각 행의 첫머리에 위치한 네 개의 동사 중에 처음 두 개는 동사의 접미사가 2인칭 남성복수형이며, 나중 두 개는 3인칭 여성복수형으로서 대조를 이룬다. 또한 '알리지 말라'와 '전파하지 말라'라는 처음 두 동사는 동의적 평행을 이루며, '즐거워할까'와 '개가를 부를까'라는 나중 두 동사 역시 동의적 평행을 이루고 있다. 그리고 명사에서 '가드'와 '아스글론'은 동의어이며, '블레셋 딸들'과 '할례 받지 못한 자의 딸들' 역시 동의어이다. 뿐만 아니라 부정명령어 〈알〉을

---

4) Fokkelman, *Narrative Art and Poetry in the Books of Samuel,* vol. II, p. 655.

사용하여 '즉시 금지'를 나타내는 두 개의 구문이 동의적 평행구이며, 접속사 〈펜〉을 사용하여 이론적으로 가능한 사건을 방지하는 것을 의미하는 두 개의 구문 역시 동의적 평행구이다.

첫째 행과 둘째 행은 절대 부정어 〈알〉을 각 문장의 문두에 위치시킴으로 음운론적 평행구를 이루며, '가드'와 '아스글론'이라는 두 개의 블레셋 도시에 사울의 죽음을 알리지 말라고 경고하는 의미론적 평행구를 이룬다. 셋째 행과 넷째 행도 접속사 〈펜〉을 각 문장의 문두에 둠으로써 음가에 있어서 음운론적 평행구를 이루며, "블레셋 사람들의 딸들"과 "할례받지 못한 자들의 딸들"이 즐거워할 수 있는 사건을 방지하고자 하는 의미론적 평행구를 이루고 있다. 여기서 "블레셋 사람들의 딸들"과 "할례받지 못한 자들의 딸들"도 동의어 평행구이다. 이와 같이 앞의 두 행(〈알-〉)과 뒤의 두 행(〈펜-〉)은 다윗의 '경고'와 이에 대한 '이유'를 나타낸 것이다. 따라서 용어론이나 구문론 그리고 의미론의 측면에서 볼 때, 두 개의 〈알〉 문장과 두 개의 〈펜〉 문장으로 구조를 분석하는 것이 옳다. 즉 두 개의 즉시 이행해야할 부정명령 구문과 이론적으로 가능한 사건을 방지하고자 하는 부정 가정법으로 나누어진다. 아래의 도식에서 '…'은 평행관계를 나타내고, '↔'는 대칭관계를 나타낸다.

[제 II연(20절)의 구조]

1행 부정명령 A. 〈알〉('하지마라')

"가드(/gat/)": 도시이미지 ↔ 산(19): 자연이미지

"알리지(/tag/) 말라"(2.m.pl.)

2행 B. 〈알〉('하지마라')

"아스글론 거리": 인공이미지 ↔ 산(19,21), 밭(21): 자연이미지

"전파하지 말라"(2.m.pl.)

3행 부정가정 A. 〈펜〉('~하지 않도록')

"블레셋 사람들의 딸들" ↔ 이스라엘 딸들(24)

"즐거워하지 않도록"(3.f.pl.) ↔ 슬퍼 울라(24)

4행 B. 〈펜〉('~하지 않도록')

"할례 받지 못한 자의 딸들" ↔ 이스라엘 딸들(24)

"개가를 부르지 않도록"(3.f.pl.) ↔ 슬퍼 울라(24)

*gath(1음절) → akron, gaza, asdod(2음절) ← askelon(3음절)

3. 신학적 의미

(1) 고대의 전승 축제

고대 사회에서 싸움은 부족의 생존 수단이었다. 싸움에서 패배한다는 것은 부족민이 노예가 된다는 것을 의미하며, 승리한다는

---

5) 프리쯔 스톨쯔, 박영옥 역, 『사무엘상 · 하』, 국제성서주석시리즈 (서울: 한국신학연구소, 1991), p. 205.

것은 노예를 부리게 되고 경제적 부를 누리게 된다는 것을 의미한다. 따라서 고대인들은 부족간의 투쟁에서 패배하면 슬퍼하고 애가를 불렀지만, 승리하면 부족의 여인들이 춤과 노래로서 왕과 전사들을 환영하였다. 이 관습은 세계 어느 지역에나 있었다. 특히 현대 아라비아의 베두인 족들에게서 입증되는 것처럼, 항상 낯선 곳에서 생존을 위해 투쟁해야 했던 유목 지역에서 더욱 성행한 것으로 보인다.[5)]

유목 전승을 가지고 있는 고대 근동 지역의 전승축제는 구약에 생생하게 묘사되어 있다. 예컨대, 미리암의 노래(출 15:20-21)와 입다의 이야기(삿 11:34)가 그것이다. 미리암의 노래는 출애굽 공동체가 홍해를 도강한 이야기와 관련되어 있다. 기자에 의하면, 오합지졸의 이스라엘이 기적적으로 홍해를 건너고 막강한 애굽의 정예 부대가 바다에 수장되자 이스라엘 백성들은 이 일을 하나님의 위대한 구원행동의 결과로 믿고 여호와를 찬양하였다. 미리암이 여인들과 함께 애굽 군대와 홍해로부터 구원받은 일을 기뻐하며 소고를 가지고 춤을 추고 노래한 것이다.

> 너희는 여호와를 찬송하라 그는 높고 영화로우심이요
> 말과 그 탄 자를 바다에 던지셨음이로다(출 15:20-21).

구약의 전승 축제는 입다의 이야기에도 묘사되어 있다. 기자에 의하면 입다가 암몬을 물리치고 돌아왔을 때, "그의 딸이 소고를 잡고 춤추며 나와서 영접하였다"(삿 11:34). 이 축제는 결과적으로

---

5) 프리쯔 스톨쯔, 박영옥 역, 『사무엘상 · 하』, 국제성서주석시리즈 (서울: 한국신학연구소, 1991), p. 205.

입다의 딸에게 불행을 가져다주지만, 입다의 딸은 그들의 관습에 따라 싸움에서 승리하고 돌아온 아버지를 환영한 것이다.

이것은 전쟁에서 한 쪽이 승리하면 다른 쪽은 패배한다는 것을 의미하고, 승리한 쪽이 돌아온 남편들을 맞이하며 축제를 벌이면 패배한 쪽은 쓰러진 시신을 수습하며 애가를 부르고 장례식을 치른다는 것을 의미한다. 이것은 기리스마적 전사였던 다윗도 알고 있었다. 길보아 전쟁 이후 사울과 요나단을 위한 조가를 부르며 애도하고 있는 다윗도 이스라엘이 패배하면 블레셋이 승리하고 축제를 벌이며, 이스라엘이 승리하면 블레셋이 시신을 수습하며 장례식을 치른다는 것을 알고 있었다. 그는 과거의 블레셋에 대한 전쟁에서 이스라엘이 패배한 아벡 전쟁과, 승리한 엘라 전쟁을 기억하고 있었을 것이다. 전자는 다윗과 무관한 전쟁이었지만 법궤를 빼앗긴 수치스런 전쟁이었기 때문에, 그리고 후자는 소년 시절 다윗이 골리앗의 목을 베고 승리하여 권력에로의 상승의 발판이 된 전쟁이었기 때문에, 길보아 전쟁 이후 사울과 요나단을 위해 조가를 부르던 그는 두 전쟁을 회상하고 있었을 것이다.

(2) 아벡 전쟁

아벡 전쟁은 사무엘상 4장 1-22절에 묘사되어 있다. 블레셋의 침략으로 시작된 이 전쟁에서 이스라엘과 블레셋은 두 차례에 걸쳐 충돌하였다. 첫 번째는 이스라엘의 군사들이 4천 명 가량 전사함으로 끝났다. 이스라엘의 장로들은 패배의 원인을 하나님께 돌리고 여호와께서 패배하게 하셨다(3절)고 단정하면서, 여호와의 궤를 실로에서 가져와 전투를 치르기로 결정하였다. 그리하여 그들은 언약궤를 실로의 성소에서 아벡으로 옮겨왔다. 언약궤가 진영에 들어오자 이스라엘은 큰 소리(〈테루아〉)를 외쳤다. 그들은 전쟁 함성을 통해 사기를 고조시키고자 한 것이다. 이 함성을 들은 블레셋 군대는 당황하였다. 그들은 여호와의 언약궤가 광야에서 애굽인들에게 재앙을 내린 것을 회상하면서, "우리에게 화로다(〈호이〉) 누가 우리를 이 능한 신들의 손에서 건지리요"(7-8절) 라고 공포를 불러일으켰다. 그러나 무슨 까닭인지 갑자기 블레셋 군인들은 사기충천한 모습을 보였다. "너희 블레셋 사람들아 강하게 되며 대장부가 되라… 대장부 같이 싸우라"(9절). 이같이 블레셋 군인들의 고조된 사기가 묘사된 바로 다음, 이스라엘이 대패하였다는 두 번째 전쟁의 결과가 묘사되어 있다. 그 전쟁에서 이스라엘의 보병 3만 명이 전사했고, 하나님의 궤는 빼앗겼으며, 홉니와 비느하스가 전사하였다(10-11절)는 것이다.

전쟁의 결과는 전선에서만 나타나지 않았다. 하나님의 궤가 블레셋 군인들에게 빼앗겼다는 소식을 들은 엘리 제사장은 '의자' (〈키세〉)[6]에서 넘어지면서 목이 부러져 죽었고, 이 소식을 들은 비느하스의 아내는 갑자기 산기를 느끼며 출산 후 죽었다. 여인들이 "아들을 낳았다. 두려워 말라"라고 산모에게 말했지만, 비느하스의 아내는 아무 말을 하지 않고 있다가 '영광이 이스라엘에서 떠났다' 고 하며 아이의 이름을 〈이가봇〉라고 부르고 죽었다(21-22절). 영광

6) 사무엘기에서 엘리가 앉은 의자(<키세>)는 세 번 나온다. 한나가 아이를 위해 기도할 때(1:9), 법궤의 운명을 초조하게 기다릴 때(4:13), 그리고 법궤를 빼앗겼다는 소식을 듣고 넘어져 죽을 때(4:18)이다. 엘리의 이 의자는 제사장과 통치하는 직무의 상징이다. 이 시기에 이스라엘은 제사장에 의해 주재된 사실에 주의를 기울여야 한다. 이는 제사장의 통치가 끝나고 예언자 사무엘의 지배로 넘어간다고 본 것이다. Frank A. Spina, "Eli' s Seat: The Transition from Priest to Prophet in 1 Samuel 1-4," *JSOT* 62(1994): 67-75, p. 71.

이 떠나 엘리 가문이 몰락하였다는 것이다.[7)]

이 문단에 문학적 아이러니가 있다. 즉 블레셋의 침략으로 시작된 전쟁은 이스라엘의 방어전임에도 불구하고 여호와께서 이스라엘에게 승리가 아니라 패배를 가져다주었고, 패배의 원인을 여호와 탓으로 돌린 장로들은 실로의 성소로부터 언약궤를 가져와 참전시키므로 승리를 도모하였으며, 이스라엘이 전쟁함성을 외쳤지만 블레셋 진영에서 '강하고 담대하라' 고 격려하였고, 블레셋 군대가 사기충천하는 동안 이스라엘은 침묵하고 있었다. 이같이 아벡 전쟁이 거룩한 전쟁의 요소를 갖춘 전쟁이었으나 하나님께서 이스라엘을 위해 싸우시지 않고 이스라엘을 대항하여 싸우신 것은 또 다른 아이러니가 아닐 수 없다.

아이러니로 가득한 아벡 전쟁은 비느하스의 아내가 조산하여 낳은 아이의 이름인 〈이가봇〉으로 요약된다. 21절에서 이 이름은 법궤의 상실과 시아버지와 남편의 죽음과 관련되지만, 22절에서 이스라엘에게서 떠난 영광은 법궤의 상실에만 관련되어 있다. 법궤는 하나님의 현현을 상징하고, 하나님의 현현은 하나님의 영광을 보여준다. 따라서 하나님의 현현의 상징인 법궤가 사라진 것은 하나님의 영광이 사라졌다는 것을 뜻한다. 좀더 강하게 말하자면, 영광이 이스라엘에게서 추방되었기 때문에 죽어가는 어머니가 아이의 이름을 〈이가봇〉이라고 불렀다는 것이다.

그래서 어떤 학자들은 요세푸스를 따라, 페니키아어에서 부정을 가리키는 불변화사 〈이〉(['iy])에 의지하여 〈이가봇〉을 '영광이 없

7) 민족 상호간의 싸움에서 신들과 신들의 보호 대상이 멸망하면 민족의 세력도 약화되거나 완전히 소멸하게 된다. 이 점에서 엘리 가문의 몰락은 전체 이스라엘과도 관련이 있다. 스톨쯔, 『사무엘상 · 하』, p. 69.

는' 또는 '명예스럽지 못한' (inglorious)이라고 번역한다. 또한 멕카터(McCater)는 우가릿어에서 '어디 있느냐?' (where is?) 또는 '아~ 슬프다!' (Alas!)를 의미하는 불변화사 〈이〉(['iy])에 관심을 기울이고 〈이가봇〉을 "아 영광이 어디 있는가?" 또는 "아 슬프다. 영광이여!"라고 번역하고 있다. 이는 '군주가 어디 있느냐' ('Where is the Prince?') 또는 '아 슬프도다. 군왕이여!('Alas for the Prince!')를 뜻하는 아합의 아내 이름인 〈이세벨〉에서 입증된다.[8] 어원론적으로 페니키아 어에서 〈이〉를 부정어의 불변화사에 관련짓는다 해도 〈이가봇〉에는 법궤의 상실에 대한 탄식이 함축되어 있지만, 우가릿어의 불변화사를 따른다면 이 이름은 좀더 비탄에 찬 탄식을 적극적으로 의미한다고 하겠다.

그러므로 이스라엘의 법궤가 블레셋에게로 넘어간 아벡 전쟁 이후, 이스라엘에는 여호와의 영광이 사라져 탄식으로 가득하고, 블레셋에는 승리에 도취되어 연일 다곤을 향한 찬양과 축제를 행하였을 것이다(5:1). 다윗이 엘리 제사장 시절에 있었던 이 사건을 몰랐을 리 없다. 이스라엘의 마지막 카리스마적 지도자였던 그는, 이스라엘의 공공의 상실이 블레셋의 승리이며 이스라엘의 국가적 탄식이 블레셋의 국가적 개가이고 이스라엘의 장례식이 블레셋의 전승 축제를 뜻한다는 것을 알고 있었다. 따라서 길보아 전쟁 이후, 그는 과거 아벡 전쟁의 패배가 어떤 결과를 가져왔다는 것을 회상하고 사울과 요나단을 위한 조가에서 블레셋의 딸들의 개가를 부를까 염려하고 있는 것이다. 그는 "이 일을 가드에도 알리지 말며 아스글

---

8) Ralph W. Klein, *1 Samuel*. WBC 10 (Waco, Texas : Word Books Publisher, 1983), p. 45.

론 거리에도 전파하지 말지어다"라고 명령하고 있다.

(3) 엘라 전쟁

기자는 블레셋에 대한 이스라엘의 승리도 전해주고 있다. 이스라엘의 승리는 미스바 집회 당시 블레셋이 침략해 들어오자 사무엘의 지도아래 이스라엘이 벧갈까지 추격하여 블레셋을 물리친 에벤에셀 전쟁(삼상 7:10-11), 사울 왕이 되어 이스라엘을 통치한지 2년에 병거와 기병을 앞세운 블레셋이 믹마스에 주둔하자, 요나단이 유격대원을 이끌고 블레셋에 침투해 들어가 그들을 물리친 믹마스 전쟁(삼상 14:1-23), 그리고 다윗이 아버지의 심부름으로 전쟁터에 나갔다가 골리앗을 쓰러뜨리고 블레셋을 물리친 엘라 전쟁(삼상 17:41-54)이 그것이다. 이 가운데 엘라 전쟁은 다윗이 골리앗을 물리치고 권력의 핵심으로 진입하는데 결정적 역할을 하였으므로 다윗에게 잊을 수 없는 전쟁이었다.

다윗은 전쟁에 참가한 형들에게 볶은 곡식과 떡을 가져다주라는 아버지의 심부름으로 전선을 형성하고 있던 엘라 골짜기에 올라갔다. 거기서 그는 이스라엘 군인들에게 결투를 요청한 블레셋의 장수 골리앗의 말을 듣고 분개하였다. 그는 "이 할례 받지 않은 블레셋 사람이 누구이기에 살아계시는 하나님의 군대를 모욕하느냐"[9] 라고 말하면서 골리앗을 물리치면 어떤 대우를 해주느냐고 물어보았다(삼상 17:26). 이때 그의 큰형 엘리압은 "네가 전쟁을 구경하러

---

9) "이 할례받지 않는 블레셋 사람"은 골리앗의 별명이지만, 다윗이 블레셋 사람들을 비하할 때 즐겨 사용한 호칭이다(17:26, 36). 다윗은 조가에서도 '블레셋 사람들의 딸들'과 '할례 받지 못한 자의 딸들'이 평행구를 이룬데서 알 수 있다(삼하 1:20).

왔느냐"는 책망을 하지만, 어떤 사람이 다윗의 말을 사울에게 전하였다. 사울에게 불려간 다윗은 사울을 설득하여 골리앗에 대항하게 된 것이다(31–40절). 다윗은 골리앗에게 "너는 칼과 단창으로 내게 나아오거니와 나는 만군의 여호와의 이름 곧 네가 모욕하는 이스라엘 군대의 하나님의 이름으로 네게 나아가노라"라고 말하고 물매로 돌을 던져 그를 쓰러뜨려 버렸다. 그리고 그는 골리앗의 칼을 뽑아 그의 목을 베고 블레셋을 가드와 에그론까지 물리친 것이다(41–54절).

그 날 이후 사울은 다윗을 자기 집에 머무르도록 하였다(삼상 18:2). 그리고 요나단은 다윗을 자기 생명같이 사랑하고(18:1, 3), 자기의 겉옷과 군복과 칼과 활과 띠도 다윗에게 주었다(18:4). 뿐만 아니라 이스라엘 여인들은 모든 성읍에서 나와 소고와 경쇠를 가지고 춤추며 노래하며 사울과 요나단을 환영하였다(18:7).[10] 다윗이 이스라엘의 여인들의 전승 축하를 받은 것이다. 이 축제에서 여인들이 부른 노랫말은 다음과 같다.

사울이 죽인 자는 천천이요 다윗은 만만이로다(삼상 18:7)

이 노랫말은 일차적으로 '우리의 두 영웅이 수많은 사람을 죽였다'를 뜻한다. 다윗이 미래의 왕의 사위가 되기 위해 블레셋 군인의 양피 2백 개를 베어 사울에게 바친 데서 확인할 수 있듯이, 다윗은 수많은 적군을 물리쳤다는 말로 볼 수 있다. 그러나 이 노랫말을 자세히 읽어보면, 단순한 숫자 대조가 아니라 사울과 다윗을 대조

10) 18장 6절에 나오는 전쟁은 골리앗 이야기와 동일한 이야기이다. 프리쯔 스톨쯔, 박영옥 역, 『사무엘상 · 하』, p. 204.

하는데 핵심이 있다. 이 대조는 '천천' 과 '만만' 으로 비유된다.[11] 즉 '천천' 으로 비유된 사울과 '만만' 으로 비유된 다윗의 업적을 대조하고 다윗을 칭송한 표현이다. 이는 이 노래를 들은 사울이 불쾌하게 여겼다는 다음 절에서 확인된다(18:8). 따라서 스톨쯔(Fritz Stolz)는 이렇게 말한다. "이 노래는 이스라엘이 느끼는 감정을 표현해 주고 있다. 이 노래는 본디 승리의 노래로 작성된 것이 아니다. 오히려 다윗이 사울보다 훨씬 우세하다는 것을 나타내주는 속담이다."[12]

사울이 왕인데도 불구하고 여인들이 다윗을 찬양한다면 이 노래는 범상치 않은 노래가 틀림없다. 이 노래를 살펴보면, 그 내용에 있어서 다윗이 지도자가 되기를 바라는 바람과,[13] 역성혁명을 염원하는 민중의 노래처럼 들린다. 또한 어느 시대든지 민중의 바람은 민중의 가락으로 표현되는데, 이 노래 역시 민중들 사이에서 읊조리기 쉬운 가락으로 되어 있다. 따라서 이 노래는 일시적으로 부르고 곧 잊혀지는 노래가 아니라, 대중들 사이에서 사울이 죽고 그의 왕조가 무너질 때까지 지속적으로 불린 민요였을 개연성이 크다. 그렇다면 이 민요는 길보아 전쟁 때까지 불리면서, 군대를 동원하여 다윗을 제거하려 했던 사울에 대한 민중의 노여움을 보여주고,

---

11) 게비르쯔는 '천천' 과 '만만' 은 사울과 다윗이 하나의 짝(couplet)이듯이, 숫자로 된 동의적 평행구라고 본다. 즉 그에 따르면 이 노래는 사울을 모독하고자 한 말도 아니고 사울보다 다윗이 낫다고 표현한 것도 아니다. 다만 사울이 불쾌하게 여긴 것은 다윗을 왕인 자신과 동등하게 표현한 데 대한 감정적 문제라는 것이다. Gevirtz, *Pattern in the Early Poetry of Israel*, p. 3이하. 그러나 독자나 청중 가운데 '천천' 과 '만만' 이란 숫자를 동일한 개념으로 생각할 사람은 없다.

12) 스톨쯔, 『사무엘상 · 하』, p. 205.

13) Klein, *1 Samuel*, p. 188.

따라서 사울의 몰락을 재촉하고 다윗의 상승을 고무시키는 역할을 했을 것이다.

그러므로 이 민요를 들은 사울의 반응이 좋을 리 없었다. 기자에 의하면 그는 이 민요를 매우 기분 나쁘게 생각하고 좋지 않게 해석하였다.

> 사울이 그 말에 불쾌하여 심히 노하여 이르되 다윗에게는 만만을 돌리고 내게는 천천을 돌리니 그가 더 얻을 것이 나라 말고 무엇이냐 하고 그 날 후로 다윗을 주목 하였더라(삼상 18:8–9).

그래서 그의 불쾌감은 다윗에 대한 의심으로 바뀌고 그의 의심은 왕권을 빼앗기는 두려움으로 바뀌게 된다. 그의 두려움은 다윗을 제거하려는 사울의 태도에서 잘 나타난다. 사무엘상 18장 10절부터 11절에서, 다윗이 평상시처럼 수금을 타고 있을 때 사울은 정신없이 떠들어댔다. 그리고 그는 갑자기 옆에 있는 창을 다윗을 향해 던져 죽이려 하였다. 기자는 사울의 행위를 '여호와께서 부리시는 악령' 탓으로 돌리는데(18:10), 이것은 여호와께서 사울을 버리셨다는 것을 의미한다(cf. 15:23). 사울은 자신을 버리고 떠나신 여호와께서 다윗과 함께 계시는 것을 보고 다윗을 두려워하여 죽이려 한 것이다(12절). 그런데 그가 두려워 한 대로, 다윗이 그의 거듭되는 군사적 승리를 통하여 왕의 무기를 운반하는 사병에서 이스라엘 군대의 지휘관으로 승진한 것은 아니러니 이다.[14)]

다윗의 승진은 다름 아닌 사울에 의해서였다. 사울이 자신에게 정

---

14) Diana Edelmann, *King Saul in the Historiography of Judah,* JSOT Series 121 (Sheffield : Academic Press, 1991), p. 137.

치적 위협이 될 다윗의 미래를 내다보면서도 그를 군대 지휘관으로 임명한 것이다. 클라인에 따르면, 사울은 다윗이 그의 운명에 의해서가 아니라 그의 야망에 의해서 왕의 라이벌이 되었다고 생각하였기 때문에, 다윗을 지근거리에 두어 위협을 받기보다 그의 시야로부터 멀리 보내 전장에서 전사하도록 하기 위해 천부장에 임명하였다고 한다.[15)]

하지만, 사무엘기에서 다윗이 야망을 품고 자신을 내세웠다고 보기 어렵다. 그는 그의 운명에 대하여 매사에 수동적이었다. 그는 주어진 것을 받았을 뿐이다. 그는 요나단의 믿음과 우정을 받았고, 미갈의 사랑을 받았으며, 대중으로부터 영웅 대접을 받았을 뿐 아니라, 모든 일을 하나님이 하시는 일이라고 믿고 수용했다.[16)] 그는 야망에 의해 출세의 길을 달린 사람이 아니라 하나님의 숨겨진 목적에 정직하게 따랐다.

따라서 브루거만은 사울이 몰락하고 다윗이 상승하는 것이 하나님의 목적이기 때문에, 사울이 다윗의 상승에 대하여 투쟁할 운명이지만 결국 승리할 수 없다고 본다.[17)] 그것은 "여호와께서 다윗과 함께 하셨다"(18:12, 14, 28)와 "다윗이 무슨 일을 하든지 크게 성공하였다"(5, 15, 30절)에서 확인된다. 말하자면, '하나님께서 개입하시므로' '다윗이 승승장구하였다'는 것이다. 이 구절 외에도 다윗의 성공은 기자의 대중적 인기에 함축되어 있다. 예컨대, 요나단이 그를 자기 생명같이 사랑하였으며(8:1-5절), 여인들이 블레셋을 물리치고 돌아온 그를 영웅으로 대접하였고(6-16절), 이스라엘과 유다 사람들은 그를 사랑하였으며(16-18절), 사울의 딸 미갈은 그

15) Klein, *1 Samuel,* p. 188.

16) Brueggemann, *First and Second Samuel Interpretation,* p. 140.

17) Brueggemann, *First and Second Samuel Interpretation,* p. 137.

의 아내가 되어 그를 극진하게 사랑하였고(20-29절), 마침내 대중적 명성을 얻은 점에서 확인된다. 이 모든 구절이 함의하고 있는 다윗의 성공은 그가 골리앗을 물리치고 돌아올 때 이스라엘 여인들이 환영하며 부른 민요에 요약되어 있다.

결론적으로 이스라엘 여인들이 전승축제에서 다윗을 찬양하며 부른 이 민요(18:7)는 예언적 성격을 지니고 있다. 말하자면, 기존 질서를 거부하고 새로운 지도자를 염원하는 성격을 가지고 있으며, 이 염원이 반드시 성취된다는 것을 보여준다. 따라서 민요의 기능은 과거의 승리에 대한 찬양을 통하여 미래에 이루어질 일을 염원하고 예측하는 예언적 성격이라고 하겠다. 다윗이 이 기능을 자신의 삶을 통해서 확인한 것이다. 그래서 그는 행여 불레셋 여인들에 의해 불려질 민요에 민감한 반응을 보이지 않을 수 없었다. 그는 조가의 청중들에게 "이 일을 가드에도 알리지 말며 아스글론 거리에도 전파하지 말라"고 경고하고 있다.

⑶ 길보아 전쟁

길보아 전쟁은 사무엘상 31장과 사무엘하 1장 1-16절 그리고 역대기상 10장 1-14절에 나온다. 사울의 죽음에 대하여 사무엘상 31장과 역대기상 10장은 같지만, 사무엘하 1장 1-16절에서는 다르게 묘사되어 있다.

사무엘하 1장에 의하면, 아말렉 청년은 우연히 길보아 산에 올라갔다가 사울을 죽이고 왕관과 팔찌를 벗겨 왔다고 한다(6, 10절). 그러나 이 보고는 문제점이 많다. 우선 다윗이 나중에 아말렉 사람을 기회주의자라고 언급한 바 있고(삼하 4:10), 사무엘상 31장에 군왕의 징표가 묘사되어 있지 않는데 그가 왕관과 팔찌를 벗겨왔다고 보고하였으며(삼하 1:10), 역대기 기자가 사무엘상 31장을 대본으로 기술하였고,[18] '기만' 이 사무엘기의 중요한 모티프인 점을 보면, 아말렉 청년의 보고에 진정성이 의심스럽다. 따라서 사무엘하 1장에 나오는 사울의 죽음에 대한 진술은 역사주의 비평가들이 말한 바와 같이 사무엘상 31장과 상반된 자료에 따른 것이 아니라, 아말렉 사람의 거짓말에 의한 정치적 음모의 진술로 보는 것이 자연스럽다.[19] 두 본문은 다른 자료에 근거한 상반된 내용이 아니라 아말렉인의 거짓말에 의한 내용으로 실제로 일치한다는 것이다.

사무엘상 31장에 따르면, 길보아 전쟁은 다른 전쟁 보도와 달리 전투 과정이 기술되어 있지 않고, 곧바로 이스라엘의 패전과 군인들(1절)과 세 왕자들(2절) 그리고 사울(3-6절)의 전사 소식만 진술되어 있다. 이것은 엔돌의 신접한 여인을 찾아간 사울에게 사무엘의 영이 예고한 대로, 이미 패배가 예정된 전쟁이라는 것을 전제된 것으로 보인다(삼상 28:19).

그의 운명은 길보아 산에서 급진전 된다. 그는 길보아에서 자신의 죽음을 피할 수 없다는 사실을 인식하고 그것을 용인하며 자신의 것으로 만들게 된다.[20] 이 전쟁에서 요나단과 아비나답과 말기

---

18) 전통적으로 비평적 학자들에 따르면 역대기는 신명기 역사서를 대본으로 쓰였다. 이에 대한 신 문학비평적 측면의 의견을 위해 Craig. Y. S. Ho, "Conjectures and Refutations: Is 1 Samuel XXXI 1-13 Really the Source of 1 Chronicles X 1-12?" *VT* 45(1995): 82-106을 참고하라.

19) Bill T. Arnold, "The Amalekite' s Report of Saul' s Death: Political Intrigue or Incompatible Sources?" *JETS* 32(1989): 289-298, p. 298. 아놀드는 현대 비평적 연구 결과를 개관한 후 이것은 문제에 대한 해결책을 주지 않는다고 보고, 여러 정황으로 봐서 사무엘하 1장의 아말렉의 보고는 정치적 음모에 의한 거짓말이라고 주장한다.

20) W. Lee Humphreys, "From Tragic Hero to Villain: A Study of the Figure of Saul and the Development of 1 Samel," *JSOT* 22(1982): 95-117, p. 98.

수아가 전사하고, 그는 활에 맞아 중상을 입은 후 칼 위에 엎드러져 자결한 것이다. 그러나 그의 비극은 그것으로 끝나지 않는다. 그의 시신은 이튿 날 블레셋 사람들에 의해 갑옷이 벗겨지고 머리가 베어져 벧산 성벽에 매달렸다. 부관참시를 당한 것이다. 이 전쟁의 결과는 언약궤를 블레셋에게 빼앗긴 아벡 전쟁(삼상 4장)의 결과에 뒤지지 않는다. 아벡 전쟁에서 언약궤를 빼앗겼다면 길보아 전쟁에서 기름부음 받은 왕이 죽었고, 아벡전쟁에서 엘리의 아들들이 전사했다면 길보아 전쟁에서 요나단 등 왕자들이 전사한 것이다. 아벡 전쟁에서처럼 길보아 전쟁에서도 여호와께서 이스라엘을 치셨고 그 비극적 결말은 영광이 이스라엘을 떠난 결과였다.

그러므로 오랜 동안 사울의 집요한 추적을 피하기 위해 유랑과 망명생활을 했던 다윗은 사울의 비극적 죽음에 대한 소식을 듣고 기뻐하며 노래하고 춤추기보다 오히려 슬퍼하고 조가를 부르며 애통해 할 수 밖에 없었다. 이스라엘의 장례식은 블레셋의 축제를 의미하며 다윗의 조가는 블레셋 여인들의 환호를 뜻하기 때문에, 그는 블레셋의 여인들이 기뻐하며 즐거워하는 것을 경계하고, 길보아 전투 소식을 블레셋 도시에 전파하지 말라고 명령한다. 그는 할례받지 못한 자들의 딸들이 여호와의 기름부음 받은 왕의 비극적 죽음을 기뻐하는 것을 용인할 수 없었던 것이다.

사울이 기름부음 받은 것은 사울 편에서 우연한 일이었다. 그는 아버지의 나귀를 찾으러 나갔다가 우연히 선지자 사무엘을 만나 원치 않은 기름부음을 받았다. 그러나 사무엘 편에서 그것은 우연에 의해서가 아니라 여호와의 명령에 의해서였다. 그는 여호와의 명령에 따라 사울에게 기름 부을 준비를 하고 사울을 기다리고 있었던 것이다. 여호와의 말씀에 기름부음 받은 자의 성격과 기름 부은 자의 역할이 묘사되어 있다.

> 내일 이맘때에 내가 베냐민 땅에서 한 사람을 네게로 보내리니 너는 그에게 기름을 부어 내 백성 이스라엘의 '지도자'(〈나기드〉)로 삼으라. 그가 내 백성을 블레셋 사람들의 손에서 구원하리라(삼상 9:16).

여기서 기름부음 받은 자의 성격은 〈나기드〉로 규정된다. 〈나기드〉는 지파연맹체의 카리스마적 지도자를 가리킨다. 이 지도자의 임무는 백성을 이방인의 손에서 구원하는 일이었다. 따라서 사울도 블레셋의 손에서 여호와의 백성을 구원하기 위해 기름부음을 받고 〈나기드〉가 된 것이다. 여기서 사용된 '구원하리라'의 〈호시아〉(삼상 9:6)라는 동사는 〈야샤〉 동사의 〈히필〉어간으로서, 모세가 목동들로부터 르우엘의 딸들을 구해주는 문맥(출 2:17)과 애굽으로부터 구원을 언급한 문맥(출 14:30)에서 사용된 바 있다.

사울은 '백성을 구원하기 위해' 기름부음 받은 후 지파연맹의 지도자들처럼 '여호와의 영'에 의해 붙잡혀 '새 사람'이 됨으로 '카리스마적 지도자'(〈나기드〉)가 된 것이다(삼상 9:16, 10:6, 10:1).[21] 그는 군주제도의 왕들처럼 왕권 상속이나 쿠데타에 의해 권좌에 오른 왕이 아니었다. 비록 그가 이스라엘이 염원한 군주제도에 의해 선택되었다고 하더라도, 그는 여전히 옛 질서에 속한 '지도자'였다. 그래서 그는 이렇다할 수도나 궁궐이 없었고, 세금을 징수하지 않았으며, 징병을 강제하지 않았고, 관료를 두지 않았으며, 후궁도

21) <나기드>로 불리운 사울은 <멜렉크>의 과제를 수행하려다가 몰락하였다. Humphreys, "From Tragic Hero to Villain," p. 98.

들이지 않았다. 그는 지파연맹의 사사들처럼 '이스라엘을 구원' 하는 임무를 띤 구원자였던 것이다.

결론적으로, 구원자 사울이 블레셋 군인들에 의해 패배하고 세 아들과 함께 비극적 죽음을 맞이했다는 것은 비극적이며 불행한 일이 아닐 수 없었다. 그래서 다윗은 이스라엘을 구원할 〈나기드〉로서 사울이 패전하고 죽은 것을 애통해 하고, 죽은 사울을 조롱하는 것은 여호와에 대한 조롱이라고 생각했을 것이다. 따라서 그는 여호와의 기름부음 받은 사울의 수치를 드러내지 않기 위해 블레셋의 전승축제를 경계하며 사울의 전사 소식을 알리지 말라고 경고하고 있다. 물론 벧산 성벽에 사울의 훼손된 시신이 매달렸다는 것은 일부 블레셋 도시에 사울의 죽음에 관한 소식이 알려졌을 개연성을 보여준다. 그럼에도 다윗의 블레셋에 사울의 전사 소식을 알리지 말라고 금지하고 있다. 이것은 아니러니 이지만, 여호와에 의해 기름부음 받은 왕의 비극적 죽음이 할례 받지 못한 자들의 딸들에 의하여 축제가 되도록 할 수 없다는데 다윗의 관심이 있다. 그래서 그는 사울과 요나단을 위한 조가에서 기름부음 받은 사울 왕의 죽음이 할례 받지 못한 블레셋의 축제가 되지 못하도록 길보아 전투의 결과를 블레셋의 가드와 아스글론에 알리지 말라고 엄중하게 경계하고 있는 것이다.

4. 결론

필자는 앞에서 이 조가 가운데 제 Ⅱ연(20절)의 문학적 틀을 살펴보았다. 이를 요약하면, 운율에 있어서 이 연은 두운이 aabb로 되어 있고 각운은 abcc로 구성되어 매우 정형적이고 규칙적인 운율로 구성되어 있다. 이 운율은 국가적이고 종교적인 측면에서 수치와 비극이 확장되지 않도록 하기 위한 다윗의 엄중함을 보여준다. 또한 이 연에서 문장의 주어인 '가드'(/gat/)가 문자를 자리바꿈한 '알리다'(/tag/)를 동사로 사용함으로 음운론적 말놀이를 이룰 뿐 아니라, '가드'와 '아스글론,' '알리지 말라'와 '전파하지 말라,' '블레셋 사람의 딸들'과 '할례 받지 못한 자들의 딸들,' 그리고 '즐거워하다'와 '개가를 부르다' 등 어휘들이 동의적 평행구로 묘사되어 있다. 이같이 어휘들은 운율과 함께 해당 연을 구조적으로 잘 짜여지도록 하는데 기여한다. 나아가 도시 이미지의 '가드'는 앞 연(19절)의 자연 이미지인 '산'과 대조되며, 인공적 이미지인 '아스글론 거리'는 다음 연(21절)의 자연 이미지인 '길보아 산,' '이슬,' '비,' 그리고 '밭'과 대조되고, '블레셋 딸들의 개가'는 제 V연(24절)의 '이스라엘 딸들의 울음'과 대조를 이루어 조가의 전체를 구조적으로 잘 짜여지도록 하는데 기여하고 있다.

이처럼 정형적인 문학적 틀로 짜여진 이 연은 그 신학적 의미를 풍부하게 부여하고 있다. 이 연의 신학적 의미는 먼저, 고대 전승 축제를 되돌아보도록 한다. 고대인들은 끊임없는 투쟁을 통해 생존해 왔다. 투쟁에서 승리하면 안전과 부를 누리게 되지만 패배하면 노예가 되거나 가족을 잃게 되었다. 따라서 여인들은 남편들이 투쟁에서 승리하고 돌아오면 축하하고 축제를 즐겼지만 패배하면 애가를 부르며 슬퍼하고 장례식을 치러야 했다. 이것은 반 유목민이었던 고대 근동의 부족들과 이스라엘에게 익숙한 일이었다. 다윗 역시 이 관습을 잘 알고 있었다. 그는 블레셋과의 전쟁에서 패배하여 여호와의 언약궤를 빼앗기는 국가적 곤경을 기억하고 있었고,

승리하여 여인들의 축하를 받았던 것을 잊지 않고 있었다. 더욱이 여인들의 칭송을 받은 노랫말대로 승승장구한 것을 경험한 그는 민중들의 노래가 어떤 역할을 하는지도 잘 알고 있었다.

그래서 그는 길보아 전쟁에서 왕과 왕자들이 죽은 소식을 들은 후, 여호와의 기름부음 받은 카리스마적 지도자였던 사울의 비극적 죽음이 할례 받지 않는 이의 딸들로 하여금 개가를 부르게 하여 조롱거리가 되지 않을까 염려하고 있다. 또한 행여 그들의 축제의 노래가 끊임없이 이어지며 이스라엘을 괴롭힐까 걱정한 것이다. 그가 이 연에서 사울과 요나단을 위한 조가를 지어 부르면서 가드와 아스글론에 사울의 소식을 알리지 말라고 명령한 이유가 그것이다.

VI.
길보아산들아(21절)

1. 서론

제 II연(20절)에서 다윗은 '청중들에게' 블레셋의 여인들이 개가를 부르지 못하도록 사울 왕의 죽음을 가드와 아스글론 거리에 알리지 말라고 명령한 바 있다. 이제 그는 제 III연(21절)에서 이스라엘 군대가 대패한 장소였던 길보아 산들을 호명한다. 길보아 산은 과거에 기드온의 군대가 미디안을 치기 위해 진을 쳤던 장소이다(삿 7:1). 사울의 군대도 이 산에서 블레셋 군대를 맞아 최후의 항전을 벌였지만 대패하고 사울과 그의 세 아들들은 함께 전사한 것이다(삼상 31장). 그래서 다윗은 마치 법정에서 피고를 호명하듯, '길보아산들'을 불러 세우고 기름부음 받은 왕과 왕자들이 살육당한 책임을 묻고 있다.

21 '길보아 산들아' 너희 위에 이슬과 비가 내리지 아니하며
제물 낼 밭도 없을 지어다
거기서 두 용사의 방패가 버림 바 됨이라
곧 사울의 방패가 기름부음을 받지 아니함 같이 됨이로다

이 연의 호격은 첫 번째와 두 번째 연에서처럼 백성이나 청중이 아니라 의인화된 길보아 산이다. 도시나 땅이 의인화되어 신탁의 대상으로 자주 나타난 구약의 예언문학처럼(사 1:21. 24:3–6, 20; 렘 6:1–8; 겔 23장 등), 이 조가에서도 길보아 산은 의인화된 다윗의 청중이다. 다윗은 예언자들의 심판선고처럼 길보아 산에 대하여 저주를 선포하고 있는 것이다.

필자는 여기서 다윗이 길보아 산을 저주하고 있는 이 연의 표면적 의미와 심층적 의미를 연구하고자 한다. 먼저 표면적 의미를 살펴보기 위해 이 연을 구성하고 있는 문학적 틀을 살펴보겠다. 말하자면, 이 연의 운율은 어떻게 되어 있으며 그 운율이 이 연에서 어떤 신학적 의미를 부여하고 있는지, 사용된 용어의 불변화사는 어떤 것이 있으며 본문의 구조에서 어떤 역할을 하고 있는지, 특정한 어휘의 번역상의 문제와 언어학적 문제는 없는지, 그리고 이 연에 묘사된 어휘들 가운데 평행 구조나 대칭 구조는 없는지 살펴볼 것이다. 이를 토대로 이 연의 짜임새는 어떻게 이루어져 있으며 이 연의 짜임새가 전체 시의 구조에 어떤 기여를 하고 있는지를 연구하고, 이 연의 문학적 구조를 도식으로 보여 주겠다.

다음에 필자는 이 연의 심층적 의미를 탐구할 것이다. 이것은 문학적 틀 안에 함축된 신학적 주제들을 말한다. 그 주제는 먼저 저주의 대상이 된 '길보아 산'이다. 이 산이 저주 받아 죽음의 산이 된 이유는 이스라엘 군대가 블레셋 군대에 패배하여 왕과 왕자들이 전사하고 군인들이 죽었기 때문이지만, 그 이면에 길보아 산의 패배는 사울에 대한 여호와의 거절과 밀접하게 관련되어 있다. 그 거절은 사울이 왕이 된 이후 치른 블레셋과의 믹마스 전쟁(삼상 13장)과 아말렉과의 들라임 전쟁(삼상 15장)의 결과에서 비롯되었다. 여기서 거절된 사울 왕이 블레셋과의 길보아 전쟁(삼상 31장)에서 비극적 죽음을 맞이하게 된 것이다.

따라서 필자는 이 연구에서 이 연의 표면적 구조에 나타난 길보아 산에 대한 저주를 다루고, 이 연의 심층적 구조에서 함축된 거절된 사울 왕에 대하여 연구할 것이다. 그리고 마지막으로 사울의 비극적 죽음이 보여주는 신학적 의미를 탐구하겠다.

2. 문학적 틀

(1) 운율

앞에서 본 제 I연(19, 27절)과 제 II연(20절)에서는 정형적인 두운과 각운이 살아 있었다. 그런데 제 III연(21절)에서는 그렇지 않는 것처럼 보인다. 이 연(21절)을 맛소라 본문에 따라 사행연구(quatrain)로 읽어보자.

제 III연(21) 하레 바길보아 알 탈 웨알 마타르
알레켐 우세데 테루모트
키 샴 니그알 마겐 깁보림
마겐 솨울 벨리 마쉬아크 봐솨멘

이 독법은 이 연에는 두운이나 각운도 없고 각 행의 길이도 각각 다르다. 하지만 이 연을 불변화사 〈키〉('왜냐하면')를 기준으로 두 부분으로 된 사행연구로 읽으면 두운과 각운을 볼 수 있다.

21a	하레 바길보아	21b	키 솸 니그알
	알 탈		마겐 깁보림
	웨알 마타르 알레켐		마겐 솨울
	우세데 테루모트		벨리 마수아크 밧솨멘

홀러데이는 여기서 본 맛소라 본문의 〈웨알〉(21a절)을 〈이폴〉로 수정하고 〈우세데〉(21a절)를 〈우세레에〉로 수정하며, 〈벨리〉(21b절)를 〈켈리〉로 수정하여 두운이 A–B–B' –A' 로 된 두 개의 시로 구분한다.[1] 하지만 굳이 맛소라 본문을 수정할 필요는 없다. 수정 없이 읽으면, 첫 번째 부분(21a절)의 두운은 〈헤〉(/h/), 〈알렙〉(/' /), 〈와우〉(/w/), 그리고 〈와우〉(/w/) 등으로 시작한다. 여기서 두운은 'abcc' 이다. 두 번째 부분(21b)은 〈카프〉(/k/), 〈멤〉(/m/), 〈멤〉(/m/), 그리고 〈벧〉(/b/)으로 시작한다. 여기서 두운은 'abbc' 이다. 두 부분은 규칙적이고 정형적인 두운이 살아 있는 것을 보여준다.

(2) 어휘

제 Ⅲ연(21절)에서 주목할 어휘는 〈하레 바길보아〉이다. 〈하레〉는 복수형 '산들' 을 의미한다. 〈길보아〉는 이스르엘 남쪽의 언덕을 가리키는 산의 이름이다. 〈하레 바길보아〉를 통상 '길보아 산들' 로 읽는다. 그런데 '길보아 산들' 이 구체적으로 '무엇을 뜻하느냐' 라

---

1) William L. Holladay, "Form and Word-Play in David' s Lament over Saul and Jonathan," *VT* 20(1970): 153-189, pp. 170-176. 홀러데이는 이 논문에서 다윗의 조가를 수사적 방법으로 분석할 때 두 가지 문제점에 직면한다고 본다. 그 첫 번째 문제는 본문에 대한 난제이다. 다른 하나는 유음과 언어유희를 통해서 배열된 문학적 장치이다. 그는 본문의 어휘들을 수정하면서 두 번째 문제를 다루고 있다.

는 문제는 매우 흥미로운 논란거리를 제공한다.

먼저, 복수형 〈하레〉가 산의 여러 봉우리를 가리킨다고 할 수 있지만, 길보아 산은 봉우리가 많은 큰 산이 아니고 전쟁이 여러 봉우리에서 동시 다발적으로 있었다고 보기 어려우므로, 이 독법은 어딘지 어색하다. 주목할 점은 '길보아 산'에 대한 다른 용례들이다. 사무엘상 28장 4절과 사무엘하 21장 12절에서 '산'을 의미하는 〈히르〉 없이 〈바길보아〉만 나온다. 그리고 사울이 전사한 세 개의 문헌(삼상 31:1, 8; 삼하 1:6; 대하 10:1, 8)에는 〈하르〉가 〈길보아〉 앞에서 단수로 나온다. 그런데 매우 독특하게 다윗의 조가인 본문(21절)에서만 복수로 '산들' 즉 〈하레 바길보아〉로 표기되어 있다.

〈길보아〉와 결합된 문맥 가운데 이 연에서만 〈하레〉가 복수로 쓰인 문제를 해결하기 위해, 두 번째 어휘 〈길보아〉를 주목해 보자. 〈길보아〉는 '물결'(시 42:7[8]; 사 48:18)이나 '샘'(아 4:12)을 의미하는 〈가알〉과 '끓어오른 것'(사 64:2)이나 '솟아오른 것'(사 30:13)을 의미하는 〈바아〉의 합성명사이다. 이 합성어에 따라 〈길보아〉를 읽으면 문자적으로 '솟아오른 샘'을 의미한다. 그렇다면 복수 연계형 〈하레 바길보아〉는 '솟아오른 샘' 즉 간헐천이 있는 '산들'이 된다. 이때 〈하레 바길보아〉라는 표현은 "이슬과 비가 내리지 않게 하겠다"라는 구문과 평행이 된다. 따라서 우리는 이 구절을 통해서 이스라엘의 왕과 왕자들이 죽은 '길보아 산'의 '간헐천'이 메마르고 이슬이나 비가 내리지 않는다는 것으로 읽을 수 있다.

세 번째 어휘는 우리말 성경에 '제물 낼 밭도 없다'고 번역된 〈우세데 테루모트〉이다. 〈우세데〉의 〈사데〉는 '평평한'이란 뜻의 〈사따이〉에서 유래되었으며 '들, 밭' 등을 의미한다. 〈테루모트〉의 〈테루마〉는 '높다' 또는 '일어나다'라는 뜻의 〈룸〉에서 유래되었으며

'선물, 헌물, 제물' 등을 의미한다. 하지만 이 어구에 대한 학자들의 독법과 현대어 번역본들은 각각 다르다. 예컨대, 표준새번역개정판은 "밭에서는 제물 쓸 곡식도 거둘 수 없을 것이다"로 읽고, 공동번역에는 "소나기도 쏟아지지 아니하리라"로 읽으며, 영어성경인 RSV는 "nor upsurging of the deep!"로 읽고, NIV는 "nor fields that yield offerings of grains"로 읽는다. 또한 헤르쯔베르그(H. W. Hertzberg)는 〈테루모트〉를 〈타르미트〉로 모음을 수정할 것을 제안하고 '너 부실한 밭' (you false field)으로 읽는다.[2] 그리고 엔더슨은 〈테루모트〉의 어근 〈룸〉이 '높다' 란 의미를 가지고 있는 점에 착안하여 〈우세데 테루모트〉를 '비탈진 산' 으로 읽고, 뒤 행의 '비탈진 산' 이 앞 행의 '길보아 언덕들' 과 대칭구조를 이룬다고 본다.[3] 이같이 다른 독법에도 불구하고, 이 어구가 "너는 실로 죽음의 산지이다"[4]를 함의한 것은 분명하다. 길보아 산이 영원한 불모지가 된다는 것이다.

네 번째 어휘는 이 연의 유일한 동사인 〈니그알〉이다. 〈니그알〉은 '몹씨 싫어하다' 를 뜻하는 〈가알〉의 단순수동태 〈니팔〉 어간이다. 이 어휘는 〈칼〉 어간으로 '소름이 끼칠 정도로 싫어하다' 를 의미하지만, 〈니팔〉 어간으로는 '자신을 싫어하다, 자신을 거부하거나 버리다, 자신을 파산시키다' 를 의미한다. 〈니팔〉 어간의 〈니그알〉은 사울과 요나단의 방패가 스스로를 싫어하여 버린 것, 즉 파산시켰다는 것을 의미하고 있다. 따라서 이 어구는 마지막 행인

2) Hans W. Hertzberg, *I & II Samuel*, A Commentary (Philadelphia: The Westminster Press, 1964), p. 235.
3) Anderson, *2 Samuel*, p. 18.
4) 스톨쯔, 『사무엘상 · 하』, p. 310.

"방패가 기름부음 받지 않음같이 되었다"와 평행을 이루어 왕의 방패가 스스로 버려져 기름부음 받지 않는 모습을 띠고 있다는 것을 보여주고 있다.

다섯 번째 어휘는 이 연에서 두번 나오는 '방패'를 뜻하는 〈마겐〉이다. 〈마겐〉은 민첩한 보병과 장교들이 들고 다니던 작고 둥근 방패로서 방어전의 부기를 말한다(대상 5:18; 내하 14:8 등). 이 무기가 백성을 보호하시는 하나님으로 비유될 때(창 15:1; 시 115:10; 신 33:29) 하나님께서 위험으로부터 그를 지켜 주신다는 것을 뜻하고, 영토의 보호자로서의 왕들로 환유될 때(시 89:18; 47:9) 왕이 나라를 지킨다는 의미한다.[5] 따라서 사울의 방패가 '버려졌다'는 말은 하나님께서 사울을 버리셨다는 것을 비유하고, "기름은 사물이 아니라 사람에게 부었으므로"[6] '기름부음 받지 않은 방패'는 사울을 환유한다. 주어 〈마겐〉이 수동태 〈니팔〉 어간으로 쓰인 〈니그알〉을 동사로 이끈 이 구문은 '방패가 버려졌다'는 것을 뜻한다. 따라서 사울이 기름부음 받지 않는 자처럼 '되었다'라고 읽을 수 있다.

마지막으로 주목할 어휘는 〈마쉬아흐 바솨멘〉이다. '기름'이란 뜻의 〈셰멘〉은 '감람유' 또는 '몰약'을 말한다. 〈마쉬아흐〉는 '기름붓다'를 의미한 〈마샤흐〉에서 유래되었으며, '기름부음 받은 자'를 의미한다. 이 어휘는 구약에서 '대제사장'(레 4:3)과 '왕'(삼상

---

5) <마겐>의 의미를 세 가지로 나뉜다. 하나는 알트가 '조상의 하나님'(1929)이란 논문에서 주장한 아브라함의 개인적 신의 명칭(창 15:1)이고, 다른 하나는 제의적 용어라고 본 폰라드의 의견에 따라 지키시는 방패로 하나님을 비유하는 것(cf.시 115:10)을 뜻하고, 마지막으로 케슬러가 창세기 14:20에 나온 <미겐>('붙이신')을 창세기 15:1의 <마겐>과 관련지어 하나님께서 '주신 것'이란 뜻으로 이해한 것이다. Martin Kessler, "Shield of Abraham," *VT* 14(1964): 494-491. pp. 495-496.

6) Anderson, *2 Samuel*, p. 12.

2:10, 삼하 22:51, 시 2:2; 18:5[51]; 28:8)에 대한 동의어로 사용되며, 하나님의 대리자(시 2:2)로 간주되기도 한다. 특히 '여호와의 기름부음 받은 자들' (《마쉬아흐 야훼》), 혹은 '그의 기름부음 받은 자' 와 같은 상당어구는 하나님의 기름부음 받은 자로서 하나님과 특별한 관계에 있는 왕을 가리킨다. 그 관계는 백성을 압제로부터의 구원하는 왕의 직무와 관련된다. 백성을 구원하는 왕이야 말로 하나님의 대리자로서 의로운 통치자가 되기 때문이다. 이 점에서 사울은 〈마쉬아흐〉의 자질을 갖춘 자였다(삼상 11장). 〈마쉬아흐〉로서 그는 성령의 감동을 입어 아말렉을 쳐서 승리를 거두었으며 자신들의 소행으로 인해 죽어야 할 처지에 있었던 자들의 생명을 살려주었다(삼상 11장). 그런데 본문에서 다윗이 "사울의 방패가 기름부음 받지 아니함 같이 되었다"고 애통하는 것은 사울이 전사함으로 하나님의 대리자 또는 의로운 통치자인 점이 부정된 것에 대한 은유적 표현이다.

(3) 구조

앞에서 본 것처럼, 이 연은 불변화사 〈키〉에 의해 각각 네 개의 행으로 된 두 부분으로 나뉜다. 〈키〉를 기준으로 앞의 앞부분은 길보아 산에 대한 다윗의 저주를 나타내고, 뒷부분은 저주에 대한 이유를 나타낸다.

21a [저주] 하레 바길보아
알 탈
웨알 마타르 알레켐
우세데 테루모트

21b [이유]　키 솸 니그알
마겐 깁보림
마겐 솨울
벨리 마수아크 밧솨멘

두 문단으로 나누어 읽는 이 독법은 이 연(21절)의 구조를 분석하는데 토대가 된다. 요컨대, 21a절에서 〈하레 바길보아〉('길보아 산들아')와 〈우세데 테루모트〉('제물 낼 밭')는 공간적으로 높은 곳과 낮은 평지로 대조되며, 〈알 탈〉('이슬이 내리지 않고')과 〈웨알 마타르〉('비도 내리지 않다')는 땅에 이슬과 비가 내리지 않는다는 한재의 표상으로 동의적 평행과 음운론적 평행을 이룬다. 또한 21b절에서는 〈키 솸 니그알〉('왜냐 하면 버림 바 되었다') 이 〈벨리 마수아크 밧솨멘〉('기름부음 받지 아니함 같다')과 동의적 평행을 이루며, 〈마겐 깁보림〉('두 용사의 방패')은 〈마겐 솨울〉('사울의 방패')과 동의적 평행을 이룬다.

또한 앞 문단(21a절)의 네 개의 행들은 하나의 호격과 세 개의 명사 문장으로 구성되어 있다. 호격은 '길보아 산들' 이며 이 산들은 저주의 대상이다. 호격 다음에 이어지는 세 개의 행들은 모두 저주 내용들이다. 이 행들의 구조적 특징은 부정어 불변화사 〈알〉에 있다. 두 개의 〈알〉이 두 번째 행과 세 번째 행에서 각각 '이슬' 과 '비' 앞에 나온다. 그러나 네 번째 행인 '제물 낼 밭' 앞에는 불변화사 〈알〉이 없다. 하지만 한글개역성경을 비롯한 현대어 성경은 이미 두 번 나온 〈알〉을 생략한 것으로 본 것 같다. 마지막 네 번째 행을 '제물 낼 밭도 없다' 라고 읽어야 의미가 통하고 실제로 현대어 성경에서 그렇게 번역하고 있기 때문이다. 즉 세 번째 저주 내용은 '밭이 제물을 내지 않는다'는 것이다. 여기서 불변화사 〈알〉은 바람이나 선택에 있어서 부정을 나타내며, 특히 동사와 함께 쓰일 때는 그 동사를 명령형이 되도록 하는 특징이 있다.[7] 따라서 저주의 내용을 보여주는 세 개의 행들은 모두 명사문장이지만 서술명사에 명령이 함축되어 부정적 소원을 나타낸다. 그렇다면, 호격인 첫 번째 행을 제외한 세 개의 행에는 모두 '이슬이 없기'를 바라고, '비가 없기'를 바라며, '밭이 제물을 내지 않기'를 바라는 저주 구문이라고 하겠다.

두 번째 문단(21b절)의 네 개의 행들은 각각 주어와 동사로 구성된 두 문장이다. 물론 이 연에서 동사는 유일하게 〈니그알〉 하나 밖에 없다. 첫 번째 행의 〈니그알〉('바려졌다')은 〈마겐 깁보림〉('두 용사의 방패')을 주어로 하는 동사이다. 첫 번째 행이 동사이고 두 번째 행이 주어인 셈이다. 그리고 세 번째 행의 〈마겐 솨울〉('사울의 방패')은 주어이고 이에 대한 서술문은 〈벨리 마수아크 바솨멘〉('기름부음 받지 않음 같이 되었다')이 된다. 여기서 서술문은 서술명사들로 구성되어 있으며, 특히 〈벨리〉('않음 같다')는 '무(無)'라는 의미의 부사로서 사울이 기름부음 받음이 거절된 왕이라는 것을 보여주는 부정어이다. 따라서 두 번째 문단(21b)에는 사울이 거절된 왕이라는 것을 "동사 + 주어" + "주어 + 동사"로 표현하고 있다. 네 개의 행이 교차 배열되어 구조적 특징을 보여주고 있는 것이다. 뿐만 아니라 이 문단의 첫 단어 〈키 솸〉은 마지막 단어 〈밧솨멘〉과 음운론적 유사성을 보여주어 수미쌍관법을 구성하고 있다.

이같이 다윗은 이 연(21절)을 부정 불변사 〈알〉를 사용하여 길보

7) Jack B. Scott, "'al," Harris. R. 레어드 외 편저, 『구약원어 신학 사전(상)』(서울: 요단출판사, 1986), p. 88.

아 산들에 대한 세 가지 저주를 선언하며, 이유 불변화사 〈키〉를 사용하여 저주 선언에 대한 이유를 설명하고 있다. 이 연에서 다윗이 길보아 산에 내리기를 바라는 저주는 다윗이 아말렉 청년을 처형한 사건을 연상하게 한다(삼하 1:1-16). 아말렉 청년이 사울 왕을 자신이 죽였다고 다윗에게 보고하자 다윗은 그 청년을 처형시킨 바 있다(삼하 1:14-15). 이때 다윗이 기름부음 받은 자를 해쳤다는 것이 아말렉 청년을 처형한 이유였다. 이 연(21절)에서 '길보아 산들'을 저주한 이유도 이와 동일하다. 다윗은 "사울의 방패가 기름부음 받지 않음 같이 되었기 때문에" 길보아 산들은 이슬이 없고 비가 없으며 밭이 제물을 내지 않기를 바란다는 것이다. 이는 기름부음 받은 자에 대한 비극적 현실이 저주의 원인이라는 것이다. 말하자면, '두 용사의 방패가 버린 바 되었고' '사울의 방패가 기름부음 받지 않음 같이 되었기' 때문에, '길보아 산에 이슬이 내리지 않고,' '비가 내리지 않으며,' '제물 낼 밭도 없게 되기를 바란다'라는 저주를 선언한 것이다. 이와 같은 제 Ⅲ연(21절)의 구조는 다음과 같다.

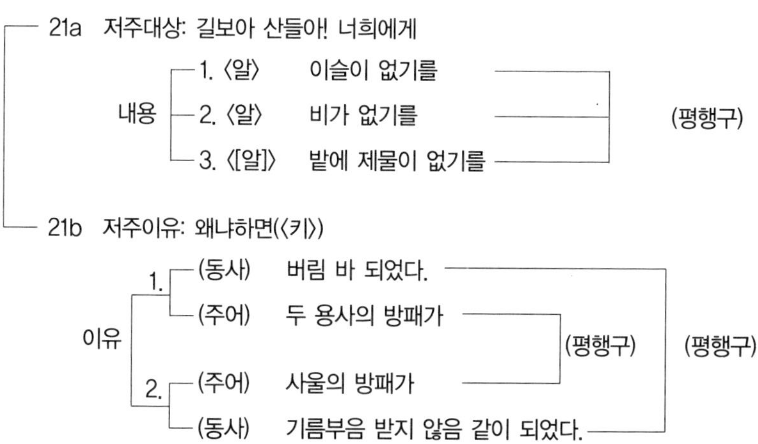

3. 신학적 의미

(1) 비극적 죽음

길보아 산에서 사울의 방패가 버려지고 기름부음 받지 않게 된 결과는 자연에 대한 저주이다. 자연에 대한 저주는 길보아 산에 '이슬이 내리지 않고,' '비가 내리지 않으며,' '밭이 제물을 내지 않을 것'으로 표현된다.

자연 이미지로 표현된 저주의 핵심은 '길보아 산'에 있다. 길보아 산은 지중해 해발 530m에 달하는 석회암 산으로서, 벧산 서쪽 9km지점의 이스르엘 골짜기 동쪽 끝에 있는 모레(Moreh) 구릉의 남쪽에 위치한다. 이 산은 요르단 계곡과 이스르엘 평야 사이에 위치해 있으므로 자주 전쟁터가 되었다. 이스라엘이 블레셋과 최후의 결전을 치른 전쟁도 이 길보아 산에서였다. 사울은 우수한 철 병거를 가지고 있는 블레셋에 대항하기 위해 길보아 산의 지형을 이용했을 것이다. 블레셋의 우수한 철 병거는 산악지대에서 위력을 발휘하지 못하기 때문이다.

그러나 결과는 정 반대였다. 산악지대에서 유격전에 익숙했던 이스라엘의 군대는 힘없이 무너져 대패를 하게 되었다. 이 패배는 엘리 시대에 있었던 아벡 전쟁을 회상하게 하는 패배였다. 왕과 왕자들이 죽게 되는 이 전쟁에서 이스라엘은 엘리와 엘리의 아들들이 죽고 언약궤를 빼앗긴 아벡 전쟁과 견줄 수 있는 치욕스런 패배를 경험한 것이다.

사울이 블레셋과 길보아에서 돌이킬 수 없는 패배를 당하고 피 흘리며 쓰러져 죽어가는 '그의 최후의 날',[8] 다윗은 아말렉을 뒤쫓

8) 사울이 밤에 엔돌의 무당을 찾아간 밤(삼상 28장)부터 길보아에서 전쟁(31장)까

아 노략당한 시글락 주민들과 양 떼와 소 떼를 되찾고, 시글락에서 편히 쉬고 있었다. 시글락은 유다 남쪽의 평야에 위치한 도성이다. 이 성은 본디 시므온 족속에게 속했으나(수 19:5), 유다의 관할 구에 포함되어 오다가(수 15:31), 주전 12세기 초부터 블레셋의 지배 아래 있었다. 사울이 이스라엘의 왕으로 있는 동안, 다윗은 가드왕 아기스로부터 이 지역을 얻어 아말렉 부족을 물리치는 기지로 사용하고 있었던 것이다(삼상 27:6).

사울이 참전한 길보아 산의 상황과 다윗이 쉬고 있는 시글락 성의 상황은 대조를 이룬다. 싸우는 사울과 쉬는 다윗이 대조되며, 참혹한 전쟁터인 길보아 산과 평화로운 시글락 성이 대조되고, 길보아 산이 위치한 북쪽과 시글락 성이 위치한 남쪽이 대조되며, 길보아의 높은 장소와 시글락의 낮은 평지가 대조된다. 그리고 길보아 산에서 죽어 말이 없는 사울과 시글락에서 아말렉인을 죽이라고 명령하는 다윗이 대조된다. 죽은 자의 침묵과 살아 있는 자의 호령은 '사울의 권력으로부터 몰락'과 '다윗의 권력에로의 상승'을 웅변적으로 보여주고 있다. 이같이 사울이 높은 산에서 쓰러지고 다윗이 집에서 상승하는 결과, 길보아는 불모지가 되고 시글락은 왕의 도시가 된다. 이러한 대조를 다음의 도식을 통해 엿볼 수 있다.

지는 하루의 밤과 낮 동안 이루어진 일이다. 이 날에 다윗은 시글락을 노략한 아말렉을 치고 시글락의 주민들을 구출한 후 시글락의 환심을 산다. 이 날이 "사울의 취후의 날"이다. cf. W. Lee Humphreys, "The Tragedy of King Saul: A Study of the Structure of 1 Samuel 9-31," *JSOT* 6(1978): 18-27, p. 24.

사울과 다윗의 상승과 몰락

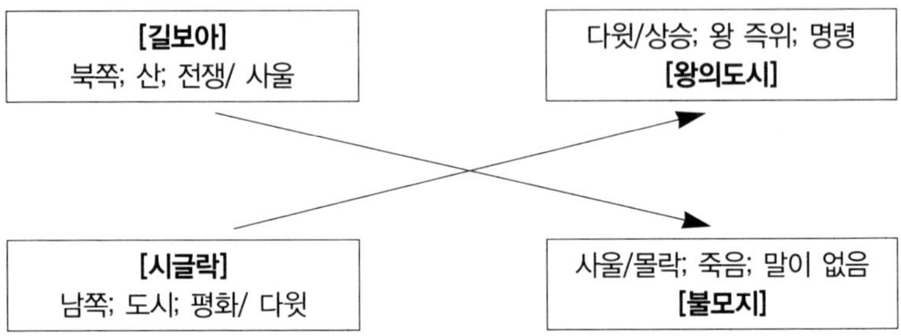

이 도식이 보여주듯, 사울이 쓰러져 죽은 길보아 산에는 이슬이 내리지 않고, 비가 내리지 않으며, 밭에는 제물을 낼 곡식을 거두지 못하게 될 것이다. 여호와의 기름부음 받은 왕이 비참하게 죽은 살육의 땅에서 '피가 호소'하기 때문이다.

구약의 전승에서 흘려진 피는 땅속에 묻혀있지 않았다. 흘려진 피는 하늘을 향해 부르짖으며 하나님께 호소하였다.[9] 예컨대, 가인에 의하여 흘려진 아벨의 피가 그것이다(창 4:10). 그래서 다윗이 길보아 산의 참혹한 현실을 바라보고 아벨의 피를 생각했을지 모른다. 기름부음 받은 자의 피가 할례 받지 못한 블레셋 군인들에 의하여 흘려졌기 때문이다. 그 피를 받은 길보아 산이 "여호와의 기름부음 받은 자의 죽음에 대해서 책임이 있으며 죽음의 장소로서 더럽혀졌다."[10] 그래서 다윗은 그 산이 불모지가 되어야 한다고 선언하고 있다.

---

9) G. von Rad, 박재순외 4명 역, 『창세기』, 국제성서주석 시리즈 (서울 : 한국신학연구소, 1983), p. 114.

10) Brueggemann, *First and Second Samuel Interpretation*, p. 215.

이스라엘의 신앙에서 자연으로 하여금 불모지가 되도록 하시는 분은 하나님이시다. 하나님만이 저주하시고 심판하신다. 따라서 다윗이 길보아 산을 저주한다는 것은 아이러니이다. 그래서 포클만에 따르면, "다윗이 전능한 신의 위치에서 심판을 선고하는 것은 그의 거대한 무기력을 상징한다."[11] 다윗이 기름부음 받은 자의 죽음과 왕사들과 전사들의 죽음에 대하여 자신의 무기력함을 길보아 산에 대한 저주라는 방법으로 표현한 것이다. 다윗의 저주대로 길보아 산이 불모지가 되었는지 알 수 없다. 하지만 다윗의 이 저주문에 사울의 폐위가 단정되어 있다. 길보아 산에서 '밭이 제물을 내지 않게 된' 것처럼 그리고 '방패가 버림이 되었고 기름부음 받지 않음 같이 된' 것처럼, 기름부음 받은 왕의 죽음과 더불어 사울은 폐위가 된 것이다.

(2) 거절 모티프

다윗은 길보아 산 위에 "이슬이 내리지 않고, 비가 내리지 않으며, 밭이 제물을 내지 않을 것이다"라고 길보아 산을 저주한다. 그 저주의 이유는 "거기서 두 용사의 방패가 버린 바 되었고," "사울의 방패가 기름부음을 받지 아니함 같이 되었기" 때문이다. 앞 구문에서 '버린바 된 방패'는 사울과 요나단을 환유한다. 길보아 산에서 사울은 비극적으로 생을 마감한 거절된 왕이었고, 요나단은 왕위계승이 거절된 왕자였다. 그래서 다윗은 두 사람을 '버린 바 된 방패 같다'고 은유한다. 뒤 구문에서 '기름부음 받지 않은 것 같은 방패'는 사울을 환유한다. 사울은 이미 사무엘로부터 기름부음 받은 사

11) Fokkelman, *Narrative Art and Poetry in the Books of Samuel,* vol. II. p. 662.

실이 있는 이스라엘의 왕이었다. 왕이었던 그는 기름부음 받지 않는 자처럼 비극적으로 죽었다. 그래서 다윗은 사울을 '기름부음 받지 않은 방패 같다' 고 은유한 것이다.

다윗이 사울의 죽음을 '버린 바' 라고 말하고 '기름부음 받지 아니함 같다' 라고 진술한 것은 그가 사울에 대한 하나님의 '거절 모티프' 에서 끌어온 표현이다. 사울에 대한 여호와의 거절 모티프는 사무엘상 13장에 나온다. 하지만 사울에 대한 거절은 시골뜨기 사울이 갑자기 왕이 되면서 이미 예고되었었다.

사울은 아버지의 암나귀를 찾으러 나섰다가 사무엘을 만났다. 사무엘은 젊은 사울을 보자마자 "온 이스라엘이 사모하는 자" (9:20)라고 칭송하고 연회를 베풀었다(22–24절). 그리고 그는 다음 날 아침 일찍 일어나 사울의 머리에 기름을 붓고 이스라엘을 구원할 '지도자'[12]로 삼았다(9:25–10:1). 나귀를 찾으러 나갔던 사울은 엉겁결에 원치 않는 왕이 된 것이다. 왕이 되었지만 그는 아직 준비되지 않은 왕으로서 시골 청년에 불과했다. 그는 직업 군대를 갖추기 시작하였으나 그의 군대 소집은 서툴렀고, 그의 군대는 보다 높은 전략적 요구에 대하여 만족할 만한 군대가 되지 못하였다. 그는 열두 지파의 카리스마적 지도자였던 사사도 아니고, 새로운 군왕제도의 절대군주로서 왕도 아니며, 제의를 주관할 제사장도 아니었다. 그는 세 기능을 골고루 갖고 있었지만, 그 역할을 이행할 권한이 주어지지 않았다. 그는 부족들을 침입자들로부터 구원해야 하는

---

12) <나기드>에 대해서 리히터(Richter)와 슈미트(Schmidt)는 왕국 이전의 군대 지도자를 가리킨다고 보지만 이 어휘가 왕국 이전의 구원자 이야기에 나타나지 않는다. W. Zimmeri, 김정준 역, 『구약신학』(서울: 한국신학연구소, 1981), p. 111.

사사와 같은 직무를 수행해야 했지만 사무엘의 지도 아래 있어야 했고, 그는 왕으로 임명되었으나 관료도 없었고 징병이나 징수를 할 수 없었으며, 사제의 종교적 기능들을 수행하고자 하였으나 사무엘의 견제를 받아야 했다. 그는 사무엘이 도입한 견제와 균형에 적응할 수도 없었던 것이다.[13)]

사울이 왕이 되었지만 그것은 하나님의 뜻이 아니라 백성들의 요구에 따른 것이므로, 사울의 왕권은 "지속적이고 안정적이며 권위적인 면이 부족"할 수밖에 없었다.[14)] 이같이 한정된 제도 안에서 불안하게 시작한 사울 왕권은 사무엘상 13장에서 문제점이 발생한다.

그 때는 사울이 이스라엘을 다스린 지 불과 2년 밖에 되지 않았다. 블레셋 군대가 이스라엘을 대항하기 위하여 막강한 병거와 마병을 앞세우고 '믹마스' 에 진을 치고 전쟁을 준비하고 있었다. 블레셋 군대의 군사력을 본 이스라엘 사람들은 겁에 질려 동굴과 수풀과 바위틈과 은밀한 곳과 웅덩이에 숨어들었다(삼상 13:5-7). 이스라엘을 구원할 '지도자' 로서 사울은 군대를 소집하고 전쟁을 치르기 위해 '길갈' 에서 화목제와 번제를 드리고자 하였다. 그러나 사무엘은 사울에게 '7일을 기다리라' 고 하고 떠났다. 사울은 사무엘이 약속한대로 7일을 사무엘을 기다렸으나 7일이 지나도 사무엘은 길갈로 오지 않았다. 사울은 "번제와 화목제를 이리 가져오라" 고 말하고 번제를 드렸다(9절). 사무엘은 사울이 번제를 마치자마

---

13) Paul D. Hanson, 김재원역, 『성서의 갈등 구조』 (서울: 한국신학연구소, 1986), p. 53.

14) Gerhard von Rad, *Holy War in Ancient Israel* (Grand Rapids, Michigan : Wm B Eerdmans Publishing Company, 1991), p. 75.

자 극적으로 등장하였다. 또한 히브리어 성경에 "보라, 사무엘이 왔다"(10절)라는 간결한 표현은 극적 등장을 고조시킨다. 사울은 사무엘을 맞이했으나 사무엘은 인사도 없이 단 두 마디로 〈메 아쉬타〉('네가 무엇을 했느냐?' 11절)라고 말하였다. 이 간결한 질문은 이어진 사울의 장황한 대답과 대조적이다. 사울은 백성들과 7일 동안 나타나지 않은 사무엘에게 책임을 돌리고, 자신의 내적 독백을 인용하여 말하였다. "이에 내가 이르기를 '블레셋 사람들이 나를 치러 길갈로 내려오겠거늘 내가 여호와께 은혜를 간구하지 못하였나이다' 하고 부득이 하여 번제를 드렸나이다"(12절). "번제가 전쟁을 수행하기 전에 필수적인 의식행위였는지, 사울이 번제를 드림으로 하나님의 은총을 확인받을 필요가 있었는지는 분명하지 않지만, 사울의 유약함과 우유부단함을 드러내고 있는 것"[15]은 분명하다.

이 말을 들은 사무엘은 사울을 책망하고 폐위를 선언한다.

> 왕이 망령되이 행하였도다. 왕이 왕의 하나님 여호와께서 왕에게 내린 명령을 지키지 아니 하였도다.… 여호와께서 왕에게 명령하신 바를 왕이 지키지 아니하였으므로 여호와께서 마음에 맞는 사람을 구하여 여호와께서 그를 그의 백성의 지도자로 삼으셨느니라(삼상 13:14).

사무엘의 책망은 단호하다. "왕이 망령되이 행 하였도다"(〈니스칼라타〉). 그리고 사무엘은 〈체바트〉란 어근을 4번 사용하여 "'명령을,' '지키지' 않았다, '명령을,' '지키지' 않았다"라고 말한다.

---

15) R. Alan Cupepper, "Narrative Criticism as a Tool for Proclamation," *Review & Expositor* 84(1987): 33-40. p. 35.

이를 통해 사무엘은 사울을 강하게 질책하고 있다.

사무엘의 강한 질책에도 불구하고 현대 학자들은, 의견이 분분하지만, 대체로 사무엘상 13장에 나오는 사울에 대하여 무죄를 변호한다. 헤르쯔베르그(Hertzberg)에 따르면, 본디 사울은 겸허하게 일을 행하였고 그의 행동은 정당하다. 본문을 읽어보면, 사울에 대한 비난 보다 설득력 있는 변론을 보는 듯하다. 잘못이 있다면 사무엘이지 사울은 결코 아니다. 그런데 사무엘기의 편집자가 사울 이야기를 전개하면서 사울의 잘못으로 몰아갔다는 것이다.[16] 그러나 멕카터(McCarter)는 다른 주장을 한다. 그에 따르면, 왕으로서 사울의 약속과 사무엘과의 약속이 연결되어 있다. 사무엘과의 약속을 지키지 않음으로 이스라엘을 구원하는 구원자인 왕으로서 약속을 지키지 않았다는 것이다.[17]

건(D. Gunn)에 따르면, 사무엘이 사울에게 7일을 기다리면 오겠다고 말한 사무엘상 10장 8절은 애매하다. 사무엘이 기다리라고 한 7일은 사울이 사무엘을 기다리면서 경과하게 된다. '7일' 이 경과하자 사울이 번제를 드리지만, 사무엘의 가르침은 '7일' 이라는 기간에 있지 않았다. 여기서 사무엘이 강조한 것은 '7일' 에 있지 않고 '온다' 는 데 있었다. 따라서 사무엘의 책망은 사울이 예언자가 '올' 때까지 기다리지 않고 제사를 드렸다는 것에 있다.[18] 그래서 사울의 죄는 애매한 사무엘의 말을 이해하지 못한 결과이고 잘못은 애매하게 말한 사무엘에게 있다는 것이다. 사울은 사무엘의 책망에

16) Hertzberg, *I & II Samuel,* pp. 105-106.

17) P. Kyle McCarter, *I Samuel*, The Anchor Bible (Garden City, N.Y.: Doubleday, 1984), pp. 228-229.

18) Gunn, *The Fate of King Saul*, pp. 39-40.

대하여 어떤 변명도 하지 않는다. 그리고 사무엘 역시 자신의 가르침에 대한 애매성을 깨닫지도 못하였다. 그래서 사울이 거절당할 죄를 사무엘상 13장에서 찾을 수 없고 15장에서 찾아야 된다고 건은 주장한다.[19]

이와 같이 현대 주석가들은 사무엘상 13장에서 사울의 무죄를 확신하지만, 몇 가지 문제가 있다. 블레셋 군대가 진을 친 곳은 믹마스였다(13:5). 그런데 사울은 "아직 길갈에 있었다"(13:7). 믹마스에서 블레셋 군인들을 본 이스라엘인들은 "굴과 수풀과 바위틈과 은밀한 곳과 웅덩이에 숨고" 있는 그때, 군대 지휘관인 그가 왜 '아직 길갈에 있었는지' 의심스럽다. 번제를 드리기 위해서라고 말할 수 있으나, 전쟁을 수행하기 전에 번제를 반드시 드려야 했던 것도 아니다. 그리고 그가 말한 대로 왜 하나님의 은총이 필요하였다고 말했는지도 의심스럽다(12절). 요컨대, 〈나기드〉로서 그가 전선이 형성된 믹마스가 아닌 길갈에서 사무엘과 약속을 어기고 번제를 드린 것은 이해할 수 없는 행동이었다. 그래서 사무엘은 사울에 대한 여호와의 거절을 즉각 선언한 것이다(삼상 13:14). 이 거절이 사무엘상 15장에서 〈헤렘〉 모티프로 바뀐다.

(3) 진멸 모티프

이 진멸(〈헤렘〉) 사상은 고대 이스라엘의 '거룩한 전쟁' 전승과 관련 있다. 고대 전승에 의하면, '거룩한 전쟁'은 이스라엘을 구원하기 위한 하나님의 전쟁이다. 이 전쟁에서 얻은 전리품은 사람이 소유하거나 사용할 수 없으며 여호와의 소유로 간주되었다. 전리품

19) Gunn, *The Fate of King Saul*, p. 43.

을 하나님의 소유로 간주하는 방법은 남자, 여자, 아이들, 가축, 그리고 어떤 귀중한 것이라도 그것들을 '파멸시키는 것' 그것이 〈헤렘〉이다. 이같이 고대 이스라엘의 거룩한 전쟁 전승에서 이스라엘은 포로들을 포함한 모든 전리품들을 완전히 파괴시킴으로 하나님께 바쳤던 것이다.[20]

이 〈헤렘〉 모티프가 사무엘상 15장에 나온다. 13장의 거절 모티프가 블레셋과의 전쟁이 그 배경이라면, 15장의 〈헤렘〉 모티프는 아말렉과의 전쟁이 그 배경이다. 아말렉과의 전쟁에서 사무엘은 사울에게 다음과 같이 명령하였다. "여호와께서 이같이 말씀하시기를… 지금 가서 아말렉을 쳐서 그들의 모든 소유를 남기지 말고 진멸하되 남녀와 소아와 젖 먹는 아이와 우양과 낙타와 나귀를 죽이라 하셨나이다"(삼상 15:3). 사무엘이 사울에게 아말렉을 진멸하라고 명령한 것이다. 그런데 사울은 이 명령을 제대로 이행하지 않았다. 기자는 이렇게 보도한다.

> (사울이) 아말렉 사람의 왕 아각을 사로잡고 칼날로 그 모든 백성을 진멸(〈헤렘〉)하였으되 사울과 백성이 아각과 그의 양과 소의 가장 좋은 것 또는 기름진 것과 어린양과 모든 좋은 것은 남기고 진멸(〈헤렘〉)하기를 즐겨 아니하고 가치 없고 하찮은 것은 진멸(〈헤렘〉)하니라.(삼상 15:8–9)[21]

---

20) G. von Rad, *Studies in Deuteronomy.* Studies in Biblical Theology No. 9 (London : SCM Press, 1953), p. 48.

21) 영어성경 RSV는 사무엘상 15장 7-8절의 밑줄 친 구절을 다음과 같이 읽는다.
–utterly destroyed(<헤렘>)
–not utterly destroy(<헤렘>) them
–utterly destroyed(<헤렘>

기자에 의하면, 사울이 ① 아말렉의 모든 백성과 ③ 하찮은 것은 완전히 전멸시켰으나 ② 아말렉 왕 아각과 좋은 짐승들은 전멸시키지 않았다. 사울이 아말렉 백성을 진멸하지만 아각 왕을 살려두고, 하찮은 것을 진멸하였지만 좋은 짐승을 끌어왔다는 것이다. 이것은 〈헤렘〉을 부분적으로 시행한 것이 아니라 〈헤렘〉 자체를 이행하지 않았다는 것을 말한다.[22)]

따라서 사무엘은 이같이 사울을 책망하였다. "어찌하여 왕이 여호와의 목소리를 청종하지 아니하고 탈취하기에만 급하여 여호와께서 악하게 여기시는 일을 행하였나이까?"(삼상 15:19) 사울의 대답은 이렇다. "나는 실로 여호와의 목소리를 청종하여 여호와께서 보내신 길로 가서 아말렉 왕 아각을 끌어왔고 아말렉 사람들을 진멸하였으나, 다만 백성이 그 마땅히 멸할 것 중에서 가장 좋은 것으로 길갈에서 당신의 하나님 여호와께 제사하려고 양과 소를 끌어왔나이다."(20-21절) 사울이 말한 이 장황한 자백을 요약하면 다음과 같다.

① 나는… 아말렉 왕 아각을 끌어왔고
② 나는 아말렉 사람들을 진멸하였으나
③ 다만 백성이… 여호와께 제사하려고 양과 소를 끌어왔다.(15:20)

---

22) 강사문에 따르면, 완전한 <헤렘>은 여호수아 이후 시대의 전쟁에서 나타나지 않는다. 사울은 아말렉 백성과 하찮은 것만 진멸하고 아말렉 왕 아각과 좋은 짐승들을 남겨 둠으로 완전한 진멸을 하지 않았다. 또한 다윗도 전쟁 중에 적대자들과 그 거민을 전멸시키지 않았다. 따라서 왕과 군인은 물론 남녀노유 심지어 동물까지 전멸시킨 전쟁은 여호수아 전쟁에서만 국한되고, 전멸의 대상도 '헷, 아모리, 가나안, 브리스, 히위, 여부스, 기르가스 족속'에만 제한되며, 모압, 암몬, 미디안, 블레셋 족속은 전멸 대상이 아니었다. 강사문, "구약의 헤렘 사상에 대한 연구," 『교회와 신학』 제20집(1988):7-23, pp. 9-10.

이 대답에서 사울은 그가 아말렉 사람들을 진멸하였는데 백성이 양과 소를 끌어왔다고 한다. 완전한 진멸이 시행되지 않는 이유를 백성 탓으로 돌린 것이다. 하지만 "사울은 아각을 살려 두었고, 백성은 양과 소를 살려 두었기" 때문에, 사울의 행위와 백성의 행위는 다르지 않다. 사울은 하찮은 백성을 진멸시키고 왕을 살려 두었으며, 백성은 하찮은 심승을 진멸시키고 좋은 양과 소를 살려 두었다는 것이다.

그러나 사무엘상 15장 8-9절에 묘사된 기자의 보도는 다르다.

> ① 사울은 아말렉 왕 아각을 사로잡고
> ② 사울은 칼날로 그 모든 백성을 진멸하였으나,
> ③ 사울과 백성이 아각과 짐승의 가장 좋은 것을… 살려 두었다.(15:8-9)

앞에서 본 사울의 자백과 여기서 본 기자의 보도는 각각 ① 번과 ② 에서 일치하고 있으나, ③ 번의 진술이 다르다. 사울의 ③ 번의 진술에 따르면 양과 소를 살려둔 이들은 백성들뿐이지만, 기자의 ③ 번 보도에 의하면 사울이 아각만 살려둔 것이 아니라 양과 소 등 좋은 것을 살려 두었다는 말이 된다. 이것은 사울의 답변에 진정성이 의심되는 단서가 된다. 또한 그는 사무엘의 명령을 직접 들은 당사자이고 그가 왕이므로, 그는 백성이 좋은 양과 소를 살려둔 것에 대한 그의 책임을 피할 수 없다. 따라서 그가 명령을 이행하지 않는 것은 기름부음 받은 카리스마적 지도자로서 문제가 있을 뿐 아니라, 백성에게 책임을 전가하는 것은 왕으로서 자격이 없다는 것을 보여준다.

그러므로 사무엘은 여호와께서 인간 왕 사울을 거절했다고 선언한다. 이를 한글개역개정판과 영어개역표준판(RSV)으로 읽어보면 다음과 같다.

> 왕이 여호와의 말씀을 버렸으므로
> 여호와께서도 왕을 버려 왕이 되지 못하게 하셨나이다(15:22-23)
> Because you have rejected…
> he has also rejected you …

한 쌍(a bicolon)의 평행구로 쓰인 영어성경(RSV)에 "네가 (여호와의 명령을) 거절했기 때문에… 그분이 너를 거절한다"는 것이 눈에 띈다. 그리고 'rejected' 라는 단어를 사용함으로 〈헤렘〉의 불이행을 '거절' 로 읽고 있다. 즉 〈헤렘〉 모티프에 〈거절〉 모티프가 연결되어 있는 것이다.

사울이 〈헤렘〉을 시행하지 않는 이유에 대해서 학자들은 여러 의견들을 제안하고 있다. 건(Gunn)은 사울이 〈헤렘〉('진멸')과 〈자바흐〉('제사')를 혼동한 결과 〈헤렘〉을 시행하지 않았다고 본다. 그에 따르면, 〈헤렘〉은 하나님께서 명령한 것을 하나님께 드리기 위한 도구로서 사람의 역할이 강조되지만, 〈자바흐〉는 하나님께 바치기 위해 사람이 준비한 어떤 것 즉 제물이 강조된다. 사무엘은 아말렉을 '진멸' 하는 사울의 역할을 요구했는데, 사울은 여호와께 '제사' 드리기 위해 짐승을 진멸하지 않았다는 것이다. 이런 잘못은 사울이 〈헤렘〉과 〈자바흐〉의 차이를 몰랐기 때문이다.[23] 그런데 헤르쯔베르그에 따르면, 사울이 사무엘과 함께 대화하는 동안 그가

23) Gunn, *The Fate of King Saul*, p. 54.

오해한 것, 즉 〈헤렘〉과 〈자바흐〉가 같지 않다는 것을 깨달았다고 본다.[24] 그 이유는 25절과 30절 때문인 것 같다.

그러나 건과 헤르쯔베르그의 주장에는 큰 약점이 있다. 사울이 〈헤렘〉을 〈자바흐〉와 혼동하고 사무엘의 명령을 제사 드리라는 말로 오해한 결과 좋은 양과 소를 끌어왔다고 본다면, '아각은 왜 진멸하지 않고 끌어왔느냐' 라는 문제가 생긴다. 사울이 이스라엘의 신앙에서 금지한 인육제사를 드리기 위해 아각을 끌어 오지 않았다면, 그가 〈헤렘〉과 〈자바흐〉를 혼동했다는 말은 아각을 살려둔 이유가 성립되지 않는다.

우리는 본문에서 사울이 〈헤렘〉을 이행하지 않는 이유를 찾을 수 있다. 그것은 그의 자백에 나타난다.

> 사울이 사무엘에게 이르되 내가 범죄하였나이다. 내가 여호와의 명령과 당신 의 말씀을 어긴 것은 내가 백성을 두려워하여 그들의 말을 청종 하였음이니이다(삼상 15:24).

여기서 사울은 백성을 두려워하여 여호와의 말씀을 어겼다고 자백하고 있다. 그런데 그가 백성을 두려워 한 것은 백성의 위협 때문에 공포를 느꼈다는 말이 아니다. 영어개역표준판(RSV)은 우리말의 '두려워하다' 에 해당되는 단어를 'terror' ('공포')가 아닌 'fear' ('경외')로 읽는다. 따라서 사울이 백성을 두려워한(fear) 것은 그가 백성을 자발적으로 '존중' (respect) 하였거나 '경외' (honour) 하였다는 말이 된다.[25] 아마 그 이유는 백성이 요구한 인간 군왕제도에

24) Hertzberg, *I & II Samuel,* p. 127.
25) Gunn, *The Fate of King Saul,* p. 53.

따라 그가 왕이 되었기 때문이었을 것이다. 그는 여호와의 명령에 복종하는 대신 백성의 요구에 복종하여 아말렉 왕 아각과 각종 전리품에 대한 〈헤렘〉을 시행하지 않았던 것이다. 이것은 사울이 인간 왕을 요구했던 백성들과 자신을 동일화(identification) 한 결과였다.

(4) 속죄양 사울

사울에 대한 하나님의 '거절 모티프'의 배경은 열두지파 연맹제체의 말기 '군왕제도에 대한 문제'[26]로 거슬러 올라간다. 엘리 제사장 시대였던 주전 1050년 이스라엘의 지파연맹 군대는 아벡 전투에서 블레셋 군대에 크게 패배하였다(삼상 4:10). 그 결과 지파연맹 군대는 해산되었고, 중앙 성소는 파괴되었으며, 법궤는 블레셋 군대에 빼앗겼다. 이스라엘은 블레셋의 지배 하에 들어가게 되고, 또 다시 암몬의 침공을 받게 되었다. 이런 국제적 힘의 역학 관계 속에서 이스라엘은 항구적인 군사동원과 일사분란한 통치제도가 필요하다고 보았다. 통제 체계가 없고 지리멸렬한 지파연맹 군대 체제로는 막강한 군왕제도를 앞세운 주변 나라들의 침공을 막아낼 수 없었다. 그래서 이스라엘의 장로들은 지파 연맹체제의 마지막 지도자인 사무엘이 늙자 사무엘에게 다음과 같이 군왕제도의 도입을 건의하였다. "보소서 당신은 늙고 당신의 아들들은 당신의 행위를 따르지 아니하니 모든 나라와 같이 우리에게 왕을 세워 우리를

26) 메카시는 사무엘상 8-12장의 양식비평적 연구에서 '보도문'과 '이야기'로 나누어 구조분석하고 '인간군왕제도 문제'를 다루고 있다. Dennis J. McCarthy, S.J., "The Inauguration of Monarchy in Israel: A Form -Critical Study of I Samuel 8-12," *Interpretation* 27(1973): 401-412. pp. 401-402.

다스리게 하소서”(삼상 8:5). 장로들의 건의는 지파연맹 시대에 있었던 여호와가 왕이시라는 신적 제왕제도를 거절하고 인간 군왕제도라는 정치질서에 대한 요구였다.

이에 대하여 지파연맹 체제의 사람이었던 사무엘이 싫어한 것은 당연한 일이었다. 그래서 기자는 “사무엘이 그것을 기뻐하지 아니하였다”고 보도한다(삼상 8:6). 사무엘의 판단처럼 여호와께서도 이를 마땅치 않게 보셨다. 이는 사무엘에게 하신 여호와의 말씀에 나온다.

> 그들이 너를 버림이 아니요 나를 버려
> 자기들의 왕이 되지 못하게 함이니라(삼상 8:7).

이 말씀은 이스라엘에 대한 하나님의 왕권을 백성이 거절하였다는 것이다. 맛소라 본문에 이 의미가 더욱 강조되어 있다.[27]: 〈키 로 오테카 마아수 키 오티 마아수〉. 이 히브리어 본문에서 〈키〉는 이유를 나타내는 접속사이고, 〈로〉(‘아니다’)는 부정어이며, 〈오테카〉(‘너를’)와 〈오티〉(‘나를’)는 직접 목적어이고 〈마아수〉(‘그들이 버렸다’)는 동사이다. 이 구문(a bicolon)에서 직접 목적어가 동사 앞에 나온다. 우리말 어순에서는 당연히 직접 목적어가 동사 앞에 나와야 하지만, 히브리어 어순은 일반적으로 강조된 어휘가 앞에 오는 경향이 있다. 그래서 이 구문은 “너를 버린 것이 아니라, 나를 버렸다”로 번역되어 이스라엘에 의해 ‘여호와’께서 거절되었다는 것을 강조한다.

---

27) cf. Scott Harris, “1 Samuel 8:7-8,” *VT* 31(1981): 79-80. p. 79.

지파연맹 체제에서 이스라엘의 왕은 여호와 하나님이셨다. 여호와께서 왕이신데, 백성이 인간 왕을 요구한 것은 하나님에 대한 신뢰를 버린 것이며 하나님의 왕권에 대한 그들의 거부였다. 그래서 사무엘이 인간 군왕제도의 문제점을 백성에게 자세하게 일러주었지만(삼상 8:8–17), 백성들은 또 다시 인간 왕을 요구하였다(20절). 그 결과, 여호와께서 사무엘에게 그들의 말을 들어 왕을 세우라(22절)고 허락하셨다.[28] 하지만 그들이 인간 왕을 요구한 것은 왕이신 여호와에 대한 그들의 거절을 뜻한다. 백성이 왕이신 여호와를 거절하였고, 이것을 여호와께서 허락하시므로 사울이 이스라엘의 왕이 된 것이다. 사울은 이와 같이 여호와의 거절을 안고 왕이 되었으며, 거절된 왕으로 지정되었었다.

그러므로 사울은 이스라엘의 초대 왕으로 기름부음 받은 순간부터 여호와로부터 버림받은 왕이었다. 따라서 왕으로서 사울은 그가 치러야 할 필수적 잘못을 저지르게 되었다. 그것이 사무엘상 13장과 15장에 나온 이야기이다. 사울은 13장에서 사무엘과의 약속을 어기고 번제를 드렸으며, 15장에서 여호와의 명령을 이행하지 않고 아각을 살려 둔 것이다.

사무엘이 백성의 말을 듣고(8:7) 사울을 왕으로 지명하였기 때문

---

28) 에슬링거는 군왕제도에 대한 설화자와 등장인물들의 입장을 다섯 개의 장면으로 분류하여 설명한다. 사무엘상 8장을 배경으로 한 첫 번째 장면에서, 전지적 설화자(기자)는 사무엘 아들들의 행동에 대한 비판적 묘사를 하고(1-4절) 인간 왕을 요구한 장로들의 주장에 정당성을 부여한다. 사무엘은 이 요구를 싫어하고 비판적이다(1-18절). 이스라엘은 사무엘의 아들들의 행동을 비판하며 다른 나라들과 같은 왕을 요구한다(6, 19-20절). 여호와는 이 요구를 비판하지만(7-8절), 지명된 왕을 세우도록 하신다(9, 22절). Lyle Eslinger, "Viewpoints and Point of View in 1 Samuel 8-12," *JSOT* 26(1983): 61-76, p. 65.

에, 사울은 〈헤렘〉 모티프에서 필연적으로 백성에게 복종할 수밖에 없었다(15:24). 그는 백성에게 복종함으로 여호와를 거절하였고, 여호와로부터 거절당한 것이다. 거절당한 그는 사회의 중심으로부터 자신을 고립시켰으며, 자신을 희생 제물로 만들었던 버렸다. 13장에서 시작된 권력으로부터 몰락이 비극적으로 죽은 31장의 길보아 산에서 절정에 도달한 것이다.

길보아 산에서 그는 버려진 〈나기드〉, 기름부음을 받지 않는 것 같은 왕이 되었다. 그는 아말렉과의 전투에서 그들을 전멸(〈헤렘〉) 시키지 않음으로(15장), 블레셋과의 길보아 전쟁에서 그와 세 아들들과 그리고 이스라엘이 전멸(〈헤렘〉)당한 것이다(31장). 따라서 그가 당한 〈헤렘〉은 신적 제왕제도로부터 인간 군왕제도로 넘어가는 데 필수적으로 치러야 했던 통과의례였다. 그는 군왕제도를 위한 희생 제물로서 세 아들들과 함께 통과의례를 이행한 것이다. 익셤이 말한 대로, 그는 이스라엘에 군왕제도를 제정하기 위한 속죄양, 즉 "파라마코스(pharamakos)"였다.[29)]

4. 결론

필자는 이 장에서 다윗의 조가의 제 Ⅲ연(21절)을 탐구하였다. 먼저, 운율에 있어서 사행연구(quatrain)로 된 이 연은 규칙적인 운율이 보이지 않는다. 하지만 이 사행연구를 불변화사 〈키〉를 중심으로 두 개의 단락으로 나누어 읽어보면, 정형적인 두운이 'abcc'

29) Exum, *Tragedy and Biblical Narrative*, p. 38.

와 'abbc' 의 형태로 살아 있어 아름다운 히브리 시를 맛보게 된다. 다음에, 어휘에 있어서 '길보아 산들' 은 언어학적 분석에 따를 때 '산들' (〈하레〉)이 분출된 간헐천을 의미할 수도 있으며 이는 길보아의 간헐천들까지 메마르게 한다는 저주를 함축한다. 이는 다음 행의 '이슬과 비가 없다' 라는 황무지 이미지와 일치하며, 이 황무지 표상은 다시 '제물 낼 밭이 없다' 로 확장된다. 그리고 이 자연 이미지는 앞의 제 II연의 '가드와 아스글론 거리' 의 '도시와 인공' 이미지와 대조된다. 사울을 환유하는 '방패' 가 '버려진' 것은 〈나기드〉로서 사울에 대한 하나님의 거절과 연결되며, '기름부음 받지 않음 같다' 는 것은 기름부음 받은 왕 사울에 대한 하나님의 거절을 연상하게 한다.

이 연(21절)은 불변화사 〈키〉에 의해 두 단락으로 구분된다. 첫 번째 단락(21a절)은 저주의 대상을 표현한 호격과 세 개의 부정어 〈알〉로 시작하는 저주 구문으로 구성되어 있다. 두 번째 단락(21b절)은 이유를 나타내는 접속사 〈키〉로 시작함으로 저주에 대한 이유가 서술되어 있다. 저주의 이유는 '동사 + 주어' 로 된 두 행과, '주어 + 동사' 된 두 행이 교차 배열되어 있다. 두 문장의 주어는 모두 '방패' 이고, 첫 행과 마지막 행에 나오는 동사는 동의적 평행구로서 수미쌍관법을 형성한다. 이같이 조가의 다른 연들처럼 이 연 역시 아름다운 운율과 풍부한 이미지들을 함축하고 그 짜임새가 정교하게 배열되어 있다고 하겠다.

이 연에 함축된 신학적 주제는 사울의 몰락에 관한 배경과 과정 그리고 결말에 관련되어 있다. 사울의 비극적 죽음, 거절 모티프, 〈헤렘〉 모티프, 그리고 희생양으로서 사울 등 네 개의 주제들이 그것이다. 사울과 세 아들들이 비극적으로 죽은 '길보아 산' 의 지리적 지형적 위치는 같은 시간에 다윗이 안락하게 보내는 시글락의 상황과 정교하게 대조되어 비장미를 돋보이게 한다. 하지만 사울의 비극은 이미 사무엘이 예견한 일이었다. 그것은 사무엘상 13장의 거절 모티프와 15장의 〈헤렘〉 모티프에 나온다. 거절 모티프에서 사울은 그의 애매한 처신과 불필요한 번제를 드림으로 그에 대한 여호와의 거절을 불러 왔고, 〈헤렘〉 모티프에서 사울은 역시 분명하지 않는 애매한 이유로 〈헤렘〉을 거절함으로 그에 대한 여호와의 거절을 결정짓게 된다. 현대 학자들은 사울에 대한 온정주의적 사고를 통해 신학적 해결을 시도하고 있지만, 문제의 답은 사울의 언설에 있다. 사울은 스스로 기름부음 받은 왕이 거절당한 13장과 카리스마적 지도자로서 여호와의 명령을 거절한 이유를 밝히고 있는 것이다.

그 이유는 그가 백성을 '두려워' 하였다는 데 있다. 백성이 그를 위협했기 때문에 두려워 한 것이 아니다. 그는 자신을 백성과 일치시키며 자발적으로 백성을 존중하고 경외했다. 그것은 그가 백성들이 바라는 군왕제도에 따라 왕이 되었기 때문이다. 여기에 그의 태생적 한계가 있다. 그는 여호와를 거절한 백성에 의해 왕이 되었으므로 이미 여호와에 의해 거절된 왕으로 지정되었던 것이다. 따라서 사무엘상 13장의 거절과 15장의 〈헤렘〉 모티프는 그가 넘어야 할 통과의례였고, 그 비극의 결말이 길보아 전쟁의 최후였던 것이다. 이리하여 백성과 자신을 일치시킨 사울은 인간 군왕제도를 위한 희생양이 된 셈이다.

VII.
독백(22-23절)

1. 서론

22절과 23절은 주제에 있어서 앞에서 본 19-21절과 다르다. 19-21절의 주제는 이스라엘의 왕과 왕자가 죽은 참상이지만, 두 절의 주제는 왕과 왕자가 생전에 이룬 공적에 대한 회상이다. 그리고 두 절에서만 사울과 요나단의 이름이 나온다. 또한 두 절의 6행은 모두 유사한 구문으로 구성되어 있다.[1)] 따라서 두 절은 6개의 행들로 구성된 육행연구(sestet)로 취급되어, 제 Ⅳ연(stanza)이 된다.

22 죽은 자의 피에서 용사의 기름에서
요나단의 활이 물러가지 아니하였으며
사울의 칼이 헛되이 돌아오지 아니 하였도다.

23 사울과 요나단이 생전에 사랑스럽고 아름다운 자이러니
죽을 때에도 서로 떠나지 아니 하였도다.
저희는 독수리보다 빠르고 사자보다 강하였도다.

---

1) Shea, "David's Lament," p. 16.

이 단락에는 필자가 연을 구분할 때 기준을 삼은 호격이 나오지 않는다. 23절의 '사울과 요나단'은, 그 뒤에 나오는 어휘들의 접미사가 3인칭 복수로 되어 있기 때문에, 호격으로 보기 어렵다. '사울과 요나단'은 우리말 성경에서처럼 문장의 주어일 따름이다.

호격의 문제를 잠시 접어두고 22-23절을 자세히 읽어보자. 22절은 사울과 요나단이 용감무쌍하게 싸우고 있는 전쟁터의 장면이다. 23절은 사울과 요나단이 부자지간을 떠나 평생 함께 행동해 왔는데 죽을 때도 같이 죽었다는 점을 애도한다. 이로 보건데 22절은 두 고인의 과거 공적을 회상하고, 23절은 함께 전쟁터를 누벼온 두 사람이 함께 전사하였다는 점을 부각시키고 있다. 대중들에게 추모시를 낭송하는 시인처럼, 무대 위에서 혼잣말을 하는 배우처럼, 다윗은 청중 모두에게 혹은 독자들에게 시인의 속마음을 폭로할 따름이다. 이런 내용으로 볼 때, 22-23절은 특정한 사람을 호명할 필요는 없다.

그러므로 두 절은 다윗의 독백으로 간주될 수 있다. '독백'은 대개 무대 위에서 한 등장인물이 혼잣말로 관객들에게 전달하는 대사를 가리킨다. 이 독백을 통하여 다윗은 청중 다수에게 고인들의 과거의 공적 등 정보를 제공하며, 고인을 잃은 자신의 심리적 내면세계를 보여주고 있다. 이 독백에 나타난 고인의 공적과 다윗의 내면세계는 매우 복잡한 상관관계에 있으리라고 본다. 그것은 고인들과의 독특한 관계 때문이다. 따라서 이 연에 표현된 고인들의 공적들과 이를 표현하고 있는 다윗의 내면세계를 들여다보고 이 연에 함축된 신학적 의미를 탐구할 필요가 있다.

이를 위해 이 연구에서 필자는 이 연의 문학적 틀을 살펴볼 것이다. 먼저, 히브리어 운율이 이 연의 율동뿐 아니라 짜임새에 영향을 끼쳤을 것으로 보고, 운율을 분석하겠다. 운율을 분석하기 위해 맛소라 본문을 사용할 것이다. 그리고 불변화사가 이 연의 구조에 어떤 역할을 하는지 살펴보고, 중요한 어휘들이 어떤 방식으로 씨줄과 날줄을 형성하고 있는지 볼 것이다. 또한 본문의 다양하고 풍부한 신학적 의미를 제공하고 있는 어휘들의 언어학적 배경과 다양한 용례를 살펴보겠다. 그리고 마지막으로 이 연의 짜임새를 분석하겠다. 이 연에서 주요 어휘가 고인들의 이름이므로, 이 이름들과 관련하여 구조를 분석할 것이다.

이 연구에서 필자는 문학적 틀을 분석한 후 심층적인 신학적 의미를 추적할 것이다. 이 연에는 두 고인의 무기들이 언급되어 있다. 다윗과 고인들의 복잡한 관계 때문에, 다윗이 언급한 무기들은 그들의 관계에서 빼놓을 수 없는 매우 중요한 주제들이다. 따라서 다윗이 표면적으로 말하고 있는 두 고인의 무기에 대한 이미지와 실제로 두 고인이 과거에 사용한 무기 모티프를 탐구하겠다. 또한 23절에서 사울과 요나단이 사자와 독수리로 환유되고 있는 바 이 은유적 표현에 대한 신학적 의미도 탐구할 것이다. 그리고 결론에서 탐구된 바를 요약 정리하도록 하겠다.

2. 문학적 틀

(1) 운율

제 4 연(22-23)	미담 할랄림 메헬레브 깁보림 케쉐트 예호나탄 로 나소그 아호르 웨헤레브 솨울 로 타슈브 레캄

쇼울 위호나탄 한네에하빔 웨한네이밈
베하예헴 우베모탐 로 니프라두
민네솨림 칼루 메아라요트 가베루

육행연구(sestet)로 된 이 연에는 두운이나 각운이 또는 자음 운이 발견되지 않는다. 하지만 이 연에도 유윰의 특징은 분명히 드러난다. 〈미담 할랄림〉과 〈메헬레브 깁보림〉으로 발음된 첫 번째 행은 두 부분이 각각 히브리어 자음 〈멤〉(/m/)으로 시작하여 〈멤〉(/m/)으로 끝난다. 다섯 개의 단어로 구성된 두 번째 행과 세 번째 행은 각각 세 번째 위치에 부정어 〈로〉가 나온다. 각각 사울과 요나단에게 헌정된 두 번째 행과 세 번째 행은 '요나단의 활'과 '사울의 칼'이 대조되어 있다.

네 번째 행에서 〈솨울〉과 〈요나단〉이 접속사 〈웨〉(/w/)에 의해 병치되어 있고, 〈한네에하빔〉과 〈한네이밈〉도 접속사 〈웨〉에 의해 병치되어 있다. 여기서 두 단어가 각각 첫 글자는 히브리어 〈헤〉(/h/)이며 마지막 글자는 〈멤〉(/m/)이다. 다섯 번째 행에 나오는 네 개의 단어는 세 번째 위치에 부정어 〈로〉(/lo/)를 위치시키고, 앞의 〈베하예헴〉와 〈우베모탐〉는 접속사 〈웨〉(/w/) 의해 병치되어 있다. 여기서 두 단어는 각각 첫 글자가 〈벧〉(/b/)이며 마지막 글자는 〈멤〉(/m/)이다. 또한 여섯 번째 행에 나오는 제 개의 단어 중 첫 번째와 세 번째는 각각 〈멤〉(/m/)으로 시작하며, 세 번째와 네 번째는 각각 유사음 〈카프〉(/k/)와 〈기멜〉(/g/)로 시작하고 〈와우〉(/w/)로 끝난다. 이 같은 규칙에 따라 육행연구로 된 제 Ⅳ연(22-23절)을 다음과 같이 두 부분으로 나누어 읽을 수 있다.

22절 미담 할랄림
메헬레브 깁보림
케쉐트 예호나탄 로 나소그 아호르
웨헤레브 솨울 로 타슈브 레캄
23절 *솨울* 위호나탄
한네에하빔 웨한네이밈
베하예헴 우베모탐 로 니프라두
민네솨림 칼루
메아라요트 가베루

이 같은 분석에 따라, 표제어 또는 제목이 되는 〈솨울 위호나탄〉을 제외하면, 이 연은 각각 4행으로 구성된 두 부분으로 나뉜다. 그리고 두 부분을 읽으면, 다음과 같다. 즉, 첫 부분(22절)은 〈멤〉(/m/), 〈멤〉(/m/), 〈코프〉(/q/), 〈와우〉(/w/)로 시작하고, 〈멤〉(/m/), 〈멤〉(/m/), 〈레쉬〉(/r/), 〈멤〉(/m/)으로 끝난다. 두운은 'aabc' 이며 각운은 'aaba' 이다. 둘째 부분(23절)은 〈헤(/h/), 〈벧〉(/b/), 〈멤〉(/m/), 그리고 〈멤〉(/m/)으로 시작하고, 〈멤〉(/m/), 〈와우〉(/w/), 〈와우〉(/w/), 그리고 〈와우〉(/w/)로 끝난다. 두운은 'abcc' 이며, 각운은 'abbb' 이다. 이같이 두 부분은 규칙적이고 정형적인 두운과 각운을 형성하고 있는 것을 보여주고 있다.

(2) 어휘

'피' (〈담〉)는 육체의 조직상 필요불가결한 요소이다. 피는 구약에서 생명의 자리이며, 곧 생명을 의미한다(창 9:4; 레 17:11, 14; 신 12:23). 그래서 '피를 흘린다' 는 표현은 '죽다' 라는 말의 동의어로 사용되었다. 또한 희생제의 체계는 피의 속죄하는 능력에 바탕을 둔다(출 29:20; 레 3:2, 8, 13). 그래서 희생제사 때 제사장은 제단(출 29:16 레 3:2), 대제사장(출 29:21), 그리고 성전 휘장(레 4:6; 민 19:4)에 피를 뿌리므로 하나님께 제사드렸다. '기름'(〈헬레브〉)은 '지방'을 의미한다. 구약에서 짐승의 '기름'은 '피'와 함께 사람이 먹을 수 없고 희생 제물로 사용되었다. 즉 희생동물의 '기름'은 번제, 화목제, 속죄세, 그리고 속건제에서 제사장에 의하여 불살라졌다(레 3:3–4, 10, 14–16). 이처럼 〈담〉과 〈헬레브〉는 희생제사에서 한 쌍이다. 따라서 다윗은 이 연에서 "과거의 사울과 요나단의 승리를 하나님께 바쳐진 제사로 간주하고"[2] 회상했을 것이다.

'활'(〈케셰트〉)은 화살을 장전하여 쏘는 사냥꾼(창 27:3)과 전사(삼상 31:3)의 무기이다. 상용 무기로서 활은 초기 이스라엘에서 보편화 되지 않았다. 다만 베냐민의 자손들(삿 20장, 대상 8:40)과 요나단이 활을 사용했다(삼상 20:20). '칼'(〈헤레브〉)은 강철을 만들기 위해 쇠를 불릴 줄 알았던 블레셋인들의 주 무기였다. 블레셋인들은 긴 쇠칼을 가지고 있었고 이스라엘인들은 짧은 청동 단검만을 갖고 있었던 것(삼상 13:19–22)으로 보인다. 이처럼 칼과 활은 왕과 왕자였던 사울과 요나단만 소유할 만큼 사울 시대에 이스라엘에는 특별한 무기였다. 다윗은 사울과 요나단이 그들의 칼과 활로 전쟁에서 승리한 과거를 회상하고 있다.

〈한네에하빔〉의 원형 〈아헤브〉 동사는 남녀의 성적 사랑을 포함한 인간과 인간, 인간과 하나님의 관계를 시사해 준다. 하지만 이 동사는 헌신과 생활의 성실성 그리고 상호의존과 책임성을 강조하는 측면에서, 부모와 자식, 가족간의 사랑에 대해 사용되었다(창

---

2) Anderson, *2 Samuel*, p. 18

22:2; 25:28; 37:3; 44:20). 이스라엘에서 족속이나 가족의 유대가 매우 강하였으므로, '사랑'은 '근친' 관계에서 중요한 요소였다. 〈한네이밈〉의 원형 〈나임〉은 '노래하는,' '감미로운 소리 내는' 것을 의미한다. 즉 감미로운 소리를 내는 수금(시 8:2)과 노래 잘 하는 자(삼하 23:1)에 대해서 사용되고, '사랑스러운,' '아름다운' 사람에 대해서 사용되고 있다(아 1:16). 따라서 다윗은 〈아헤브〉의 〈니팔〉 어간의 분사 복수형 〈한네에하빔〉과 〈나임〉의 형용사 복수형인 〈한네이밈〉을 사용하여, 사울과 요나단이 서로 사랑 주고받았으며 서로 기쁨을 주고받았다고 회상하고 있다.

또한 사자는 강한 힘을 상징하며(민 23:24), '독수리'는 아주 높은 곳에서부터 날개를 치며 내려와 사냥감을 덮쳐 낚아채는 빠르기를 나타낸다. 다윗은 이를 염두에 두고 사울과 요나단을 '사자'와 '독수리'에 비유하여 생전에 강하고 날쌘 두 용사를 찬양하고 있다.

(3) 구조

육행연구(sestet)로 된 이 연의 앞부분(22절)은 많은 평행구로 구성되어 있다. '죽은 자들'과 '용사들'이 대조되고, '피'와 '기름'이 평행되며, '죽은 자들의 피'와 '용사들의 기름'은 동의적 평행구를 이룬다. '요나단의 활'과 '사울의 칼'이 평행되고, '뒤로 물러가지 아니하다'와 '헛되이 돌아가지 아니하다'는 동의적 평행구를 이룬다. 두 번째와 세 번째 행에서 '아니다'를 의미하는 부정어 〈로〉가 각각 문장의 동일한 위치에서 평행되어 나온다. '요나단'이 먼저 나오고 '사울'이 뒤에 나오는 인명의 순서는 다음 절의 '사울'과 '요나단'을 뒤집어 교차시킨 배열이다. 그리고 '죽은 자들의 피로부터' 와 '용사들의 기름으로부터' 에서 '~부터' 를 의미하는 불변화사 〈민〉은 앞 절(22절)의 첫 문장의 첫 글자의 위치에서 두 번 반복되어 있다.

뒷부분(23절)에서 '사랑스러운 자들' 과 '아름다운 자들' 은 동의적 평행을 이루고, '생전에' 와 '죽을 때' 는 반의적 평행을 이룬다. 사울과 요나단은 '독수리' 와 '사자' 로 환유되고 '강하다' 와 '빠르다' 로 은유된다. '사울과 요나단' 이 함께 묶여 '사자와 독수리' 로 환유되듯이 두 고인의 인명 역시 묶여 있다. 이 절에서 우리말 '그리고' 를 의미하는 불변화사 〈웨〉는 동일한 위치에서 세 번 나온다. 즉 이 불변화사가 '사울' 과 '요나단,' '사랑스런 자들' 과 '아름다운 자들,' 그리고 '생전' 과 '죽을 때' 등 두 단어들을 동격으로 연결하고 있다.

23절의 끝머리에 나오는 '독수리보다' 와 '사자보다' 에서 우리말 '~보다' 를 의미하는 불변화사 〈민〉은 마지막 문장의 첫 글자의 위치에 나온다. 이는 우리말 '~부터' 를 의미하는 22절의 〈민〉과 동일한 불변화사로서 22절과 23절을 함께 묶어주고, 이 연의 첫머리와 끝머리에서 수미쌍관법을 이루며, 이 연의 네 개의 머릿돌 역할을 하고 있다. 23절의 '떠나지 않았다' 에서 '않았다' 를 의미하는 부정어 〈로〉는 앞 절의 두 개의 〈로〉와 연결되어 22절과 23절을 함께 묶어준다. 23절의 마지막 단어 '강하다' (〈가벨루〉)는 22절의 첫머리의 '용사들' (〈깁보림〉)과 동일한 어근으로서 수미쌍관법 역할을 하고 두 절을 함께 묶어주고 있다.

22절의 첫머리에서 적군을 가리키는 '죽은 자들' 과 '용사들' 은 23절의 끝머리에서 사울과 요나단을 가리키는 '독수리' 와 '사자' 에 대조된다. 22절의 '죽은 자들과 용사들' 은 정적 이미지인 반면,

23절의 강하고 빠른 사자와 독수리는 동적 이미지로 대조된다. 또한 사울과 요나단이 공적 임무를 수행할 때 물러서지 않는(〈로〉) 활과 칼은 사적인 관계에서 죽을 때 서로 떠나지 않는(〈로〉) 사랑스럽고 아름다운 모습과 대조된다.

22절의 배경은 사울과 요나단이 승리한 전쟁이라면, 23절의 배경은 두 사람이 전사한 길보아 전쟁으로 대조된다. 승리의 전쟁에서 적군들의 몸에 박힌 요나단의 활과 사울의 칼은 그들의 몸에서 물러서지 않았다. 여기서 요나단은 활로 환유되고, 사울은 칼로 환유된다. 그리고 22절의 승리한 전쟁은 23절의 패배한 길보아 전쟁으로 바뀐다. 23절에서 그들은 죽을 때 서로 떠나지 않았다. 그들은 생전에 사랑스럽고 아름다운 자인 것처럼, 죽을 때에도 그랬다. 이런 패배의 전쟁 다음에 23절에서 사울과 요나단은 강하고 빠른 사자와 독수리에 은유된다. 구문에 따르면 사자가 사울을 환유하고 독수리가 요나단을 환유한다고 볼 수 없지만, 의미론적 측면에서 짐승의 제왕 사자가 사울을, 독수리가 민첩한 요나단을 환유한다고 보는 것은 가능하다. 하지만 독수리보다 빠르고 사자보다 강한 사울과 요나단이란 표현은 고인들을 추모할 때 그들의 용맹성을 보여주는 전형적인 과장법이다.

이와 같이 이 연의 불변화사들과 모든 어휘들은 씨줄과 날줄로 서로 엮어져 있다. 그리고 구조적 측면에서 이 연의 한 가운데 묘사된 23절의 사울과 요나단은 이 조가의 주인공으로서 이 연의 주제어이다. 히브리 시의 아름다움과 섬세함을 보여주는 이 연의 구조는 다음과 같다.

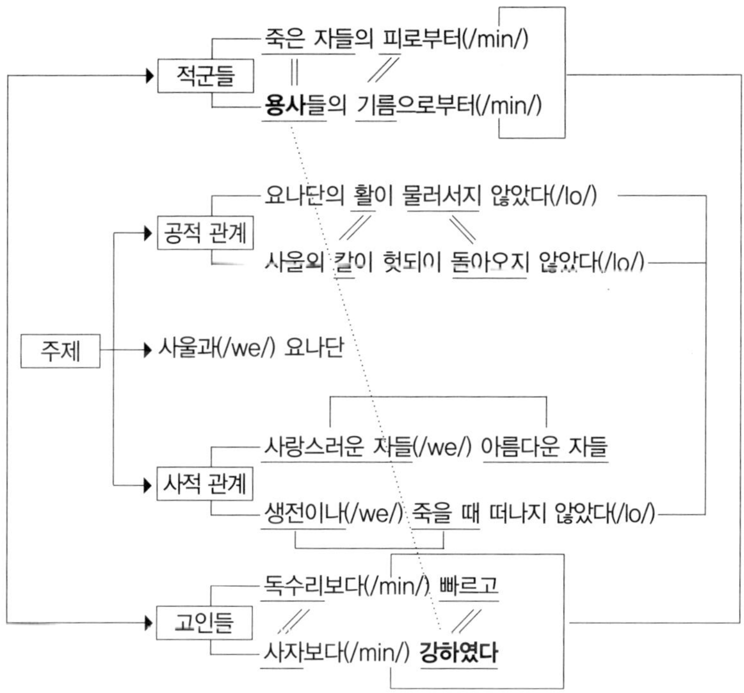

3. 신학적 의미

(1) 사울의 칼

사울 당시 이스라엘에는 철공이 없었다. 이스라엘인들은 농기구가 필요하면 블레셋 사람들에게 빌려 사용하였다(삼상 13:19-21). 이스라엘에 도입되지 않은 철기문화가 블레셋에서 먼저 도입되어 꽃을 피웠다. 칼이나 창 또는 철 병거 등 철제로 만든 무기는 블레셋 군인들의 주 무기였다. 예컨대, 블레셋의 장수 골리앗은 놋 투구, 비늘 갑옷, 놋 각반, 놋 단창을 메었고 그의 창날은 철 600세겔이며 방패든 자가 그의 앞서 진군하였다(삼상 17:4–6).[3] 하지만 이스라엘 군대에서 철제 무기는 거의 찾아 볼 수 없었고, 다만 사울과 요나단에게만 있었다(삼상 13:22). 사울 당시 칼과 창은 당시 군사력을 보여주는 최신예 무기로서 이것을 가지고 있다는 자체가 적에게 큰 위협이 되었다.

이 조가의 제 Ⅳ연에서 언급된 사울의 칼은 사무엘상에서 사울의 이야기를 전개하는데 매우 중요한 모티프이다. 하지만 창 모티프가 사울과 다윗의 이야기를 이끌어가고 있다. 사울의 칼 모티프와 창 모티프를 읽어보면 사울의 정체성과, 사울과 요나단의 관계, 그리고 사울과 다윗과의 관계를 엿볼 수 있다. 그리고 다윗이 그의 조가에서 '창'을 언급하지 않고 '칼'만 언급한 이유도 알 수 있다.

① 칼 모티프

다윗은 사울과 요나단을 위한 조가에서 사울의 칼에 대해 결코 부정적인 이미지를 말하지 않는다. 그는 "죽은 자의 피에서, 용사의 기름에서 사울의 칼이 물러서지 않았다"고 한다. 그는 이스라엘이 승리한 전쟁에서 활약했던 사울의 칼을 언급한 것이다. 그러나 사무엘상에 나오는 사울의 칼은 다윗의 조가에서처럼 전투 장면에서 나오지 않는다. 사울의 칼은 거룩한 전쟁의 관념인 '진멸'(〈헤렘〉)이 언급된 본문에서 나오고(삼상 15:8, 33; 17:39), 반대로 여호와

---

3) 야딘(Yadin)에 따르면, 골리앗의 이 무기들은 블레셋의 기원이 '에게 해'라는 점에서, 희랍어에서 차용한 유사언어라고 확신한다. Azzan Yadin, "Goliath's Armor and Israelite Collective Memory," *VT* 54(2004): 373-395. pp. 180-81; Harry A. Hoffnerm, Jr., "A Hittite Analogue to the David and Goliath Contest of Champions?" *CBQ* 30(1968): 220-225, p. 224.

의 기름부음 받은 자들을 '학살'(〈헤렘〉)하는 본문에서 나타나고 있다(삼상 22:19; 31:4).

㉠ (사울이) 아말렉 사람의 왕 아각을 사로잡고 칼날로 그의 모든 백성을 진멸하였으되(삼상 15:8).

㉡ 사무엘이 이르되 네 칼(아각의 칼)이 여인들에게 자식이 없게 한 것 같이 여인 중 네 어미에게 자식이 없으리라 하고 그가 길갈에서 여호와 앞에서 (사울의 칼로) 아각을 찍어 쪼개니라(삼상 15:33).

㉢ 다윗이 (사울의) 칼을 군복 위에 차고는 익숙하지 못하므로 시험적으로 걸어 보다가 … 곧 벗고(삼상 17:39)

㉣ (도엑이) 제사장들의 성읍 놉의 남녀와 아이들과 젖 먹는 자들과 소와 나귀와 양을 칼날로 쳤더라(삼상 22:19)

㉤ … 사울이 자기 칼을 뽑아서 그 위에 엎드러지매(삼상 31:4)

사울의 칼이 기술된 이 문맥들을 살펴보면, ㉠에서 사울은 사무엘의 명령에 따라 그의 '칼날'로 아말렉 백성들을 '전멸'(〈헤렘〉)시켰다. 여기서 '칼날'(〈르피 헤레브〉)은 거룩한 전쟁 본문에 나오는 표현이다(수 10:28, 30, 32; 삿 1:8, 25). 도엑이 사울의 칼로 놉의 제사장들을 전멸시킨 ㉣에서도 칼은 거룩한 전쟁 요소인 '칼날'로 되어 있다.[4] 아각을 죽이지 않았던 사울이 도엑을 시켜 기름부

4) Klein, *1 Samuel*, p. 225.

음 받은 제사장들을 전멸시킨 것이다.

ⓛ에서 사무엘은 사울이 죽이지 않았던 아각 왕을 여호와의 성소 앞으로 불러내 '칼'로 죽였다. 여기서 '네 칼'은 아마 아각의 칼을 가리킨 것 같다. '네(아각의) 칼'이 이스라엘 사람들을 죽이므로 여인들에게서 자식이 없게 한 것 같이 네 어미에게도 자식이 없으리라고 선언하고 그를 죽인 것이다. 여기에 언급된 '칼'이 아각의 칼을 가리킨다고 해도 칼 모티프는 진멸과 관련되어 있다. 또한 사무엘이 아각 왕을 쪼갠 구절(33절)은 '칼'로 아각을 죽였다는 것을 암시한다. 여기서 칼은 사울의 칼이었을 것이다.

ⓒ에서 사울은 골리앗과 싸우기 위해 나가는 다윗에게 군복과 놋 투구와 갑옷을 입혀 주었다. 그리고 칼을 군복 위에 채웠다. 하지만 다윗은 사울의 갑옷이 무겁고 '칼'에 익숙하지 않음으로 군복을 벗고 칼을 내려놓았다. 여기서도 사울의 '칼'은 블레셋 장수를 물리치는 무기이다.

ⓔ에서 사울은 그의 칼로 놉의 제사장들과 남녀노유와 소와 양과 나귀를 전멸시켰다. 사울의 명령에 따라 도엑이 '칼날로'(〈르피 헤레브〉) 제사장 85명을 학살한 것이다(〈헤렘〉). 사울이 아말렉의 아각 왕을 죽이지 않고, 제사장들을 학살한 것은 아이러니이다. 코헨(Cohen)은 사무엘상 20-22장을 고대 힛타이트 문서에 비추어 해석한다. 즉 아히멜렉은 〈지므리-림〉 왕이 예언자들에게 요구한 충성의 맹세와 같은 왕에 대한 충성의 맹세를 저버렸고, 이에 대한 보복으로 사울이 제사장들을 학살하였다는 것이다.[5] 하지만 이스

---

5) Ada Tagger, "Political Loyalty in the Biblical Account of 1 Samuel XX-XXII in the Light of Hittite Texts," *VT* 55(2005): 251-268. p. 252.

라엘에서 제사장들은 여호와께 충성하는 자들이었고, 사울은 오랜 동안 악령에 시달려왔으며, 용의주도한 계획에 의해 기름부음 받은 자 다윗을 죽이려했다는 점을 간과해서는 안 된다. 사울은 할례 받지 못한 블레셋과 아말렉을 물리치는데 사용되어야 할 칼을 여호와의 기름부음 받은 제사장들을 진멸하는 무기로 사용한 것이다.

마지막으로 ㉥에서 사울은 길보아 전투에서 패배한 후 그의 칼로 자결하였다. 베릭(Barrick)은 사울이 적들 앞에서 위축되지 않고 용감하게 서서 칼로 자살하여 죽었다는 점에서 사울의 죽음을 '순교적 영웅'이라고 평가한다.[6] 하지만 이스라엘이 전쟁에서 괴멸당함으로 사울이 자신을 진멸(〈헤렘〉)하는데 사용한 칼의 오용은 결코 미화될 수 없다. 그는 놉에서 여호와의 기름부음 받은 제사장들을 진멸한 칼로 여호와의 기름부음 받은 그 자신을 진멸한 것이다.

결론적으로, 사울은 그의 칼로 제사장들을 죽이고(22:18-19), 자결하였다(31:4). 하지만 그의 칼은 아말렉과 블레셋을 진멸해야 하는 무기였다. 사울은 거룩한 전쟁에서 이스라엘을 구원해야 하는 무기를 가지고 오히려 여호와의 기름부음 받은 제사장들을 학살(〈헤렘〉)하고 여호와의 기름부음 받은 자신을 진멸(〈헤렘〉)하는데 사용한 것이다. 이것은 아이러니이다. 그의 칼은 이스라엘을 구원하는 본문에서는 나오지 않는다. 그의 칼이 다윗에게 익숙하지 않았다는 부분 역시 칼에 대한 긍정적 묘사가 아니다. 그럼에도 불구하고 다윗은 사울과 다윗을 추모하는 조가에서 사울의 칼을 부정적 이미지로 말하지 않는다. 이것 역시 아이러니이다. 오히려 그는 적

---

6) W. Boyd Barrick, "Saul' s Demise, David's Lament, and Custer's Last Stand," *JSOT* 73(1997): 25-41, p. 34.

군을 진멸했던 긍정적 이미지로 묘사하고 있다. 이것은 흔히 볼 수 있는 문학적 과장법이라고 할 수 밖에 없다. 다윗은 "역사적 정확성을 덮어두는 만가"[7]의 특징을 빌려 사울을 찬양하고 있는 것이다.

② 창 모티프

사울의 '창' 모티프는 '칼' 모티프와 다르다. '칼' 모티프는 진멸과 관련해서 나온다면, '창' 모티프는 철저하게 다윗과 관련된 이야기에서만 나온다. 사울의 '창'이 두 사람의 관계에 있어서 없어서는 안 되는 모티프인 셈이다. 그럼에도 불구하고 다윗은 그의 조가에서 사울의 창을 언급하고 있지 않다. 그 이유는 사울의 '창'이 묘사된 문맥에서 밝혀질 수 있다. 사울과 다윗의 관계를 보여주는 사울의 '창' 모티프는 다음과 같다.

> ㉠ 그가 스스로 이르기를 내가 다윗을 벽에 박으리라 하고 그 창을 던졌으나 다윗이 그의 앞에서 두 번 피하니라(삼상 18:10)
>
> ㉡ 사울이 단창으로 다윗을 벽에 박으려 하였으나 그는 사울의 앞을 피하고 사울의 창은 벽에 박힌지라(삼상 19:10)
>
> ㉢ 사울이 요나단에게 단창을 던져 죽이려 한지라(삼상 20:33)
>
> ㉣ … 사울이 기브아 앞 높은 곳에서 손에 단창을 들고…너희 베냐민 사람들아 들으라 이새의 아들이 너희 각기 밭과 포도

7) Barrick, "Saul' s Demise, David' s Lament, and Custer's Last Stand," p. 33.

원을 주며 너희를 천부장 백부장을 삼겠느냐(삼상 22:6-7)

ⓜ … 너는 그의 머리 곁에 있는 창과 물병만 가지고 가자 하고 다윗이 사울의 머리 곁에서 창과 물병을 가지고 떠나가되(삼상 26:11-12)

사울의 창이 기술된 위의 다섯 개의 문맥 가운데 ㉠의 문맥에서 사울은 여인들이 부른 '사울이 죽인 자는 천천이요 다윗이 죽인 자는 만만이라' 는 노래를 듣고 다윗을 주목하고 있었다(18:9). 어느 날 악령이 사울에게 강하게 내려 사울의 지병이 발작을 일으켰다. 그는 황홀경에 빠진 예언자들처럼 자신을 억제할 능력을 상실하게 된 것이다. 하지만 사울을 통제하는 영은 생명을 파괴하는 영이다.[8] 그는 집 한 복판에서 예기치 않게 수금을 타고 있던 다윗을 향해 창을 두 번이나 던졌다. 왕은 다윗을 정말 죽이고 싶었다. 하지만 다윗은 재빠르게 창을 피하여 목숨을 건졌다. 여기서 사울의 창은 다윗을 죽이기 위한 악령의 도구인 셈이다. 악령에 사로잡힌 사울과 "여호와께서 다윗과 함께 계신"(12절) 다윗이 대조된다.

㉡에서도 사울은 다윗을 창으로 죽이겠다고 결심하고 수금을 타는 다윗에게 그의 창을 두 번이나 던졌다. 여기서도 사울의 창은 다윗을 겨냥한 살인 무기였다. 하지만, 여기서는 사울이 즉흥적으로 창을 던진 것이 아니다. 사울은 신하들에게 다윗을 죽이라고 살인 명령을 내린 바 있다(19:1). 이를 알아챈 요나단은 사울의 살인 계획을 단념시키기 위해 사울과 다윗의 관계를 중재하였다(2-6절). 그 결과 다윗은 즉시 궁으로 돌아왔다. 그런데 다윗이 궁에서 사울

---

8) 스톨쯔, 『사무엘 상 · 하』, p. 205.

을 위해 수금을 연주할 때, 사울이 창으로 다윗을 공격한 것이다 (7–10절).[9] 여기서 세 사람 사이에 조성된 긴장감이 사울의 '창' 을 중심으로 고조된다.

ⓒ에서도 사울의 창은 다윗과 관련되어 있다. 요나단이 다윗을 숨겨준 것을 알게 된 사울은 요나단을 심하게 질책하였다. 요나단이 다윗이 잘못한 게 무엇이냐고 아버지에게 도전하자(20:31–32), 이에 격분한 사울은 요나단을 죽이려고 그에게 창을 던졌다. 사울은 요나단을 다윗과 동일시 한 것이다. 이 문맥은 요나단의 '활' 모티프와 연결된다. 아버지의 공격을 받은 요나단은 다윗과 약속한 바에 따라 '활' 을 쏘아 다윗을 탈출시킨 것이다. 이 장면은 '활' 모티프에서 좀더 다루겠다.

ⓓ에서 '창' 모티프 역시 다윗과 관련되어 있다. 사울은 사울의 본거지인 기브아에서 그를 추종하는 부하들로부터 보고를 받고 있었다. 이때 "사울의 손에 단창을 들고 있었다"(22:6)는 보도가 나온다. 이 보도는 18장 10절과 19장 9절 그리고 20장 33절에 이어 나온 표현이다. 아마 기자는 사울이 늘 남을 의심하고 닥치는 대로 심술을 부리며 언제 발광할지 모른다는 것을 의도적으로 말하기 위해 사울의 창을 언급한 것으로 보인다.[10] 이를 증명하듯이 사울은 다윗을 베냐민 사람들에게 다윗을 찾으라고 하면서 창으로 위협했다. 그는 자신의 지파인 베냐민지파 사람들을 다윗과 동일시 한 것이다.

ⓜ에서도 사울의 창은 다윗을 쫓을 때 가지고 다닌 무기였다. 이 문맥은 어떤 사람이 다윗이 하길라 산에 숨어 있다고 사울에게 알

9) J. David Pleins, "Son-Slayers and Theirs Sons," *CBQ* 54(1992): 29-38, p. 34.
10) 스톨쯔, 『사무엘 상 · 하』, p. 243.

려주었다는 보도로 시작된다. 사울은 곧 쫓아가 하길라 산길에 진을 치고 머물고 있었다. 그리고 밤이 되자 사울 진영은 모두 깊은 잠에 빠져 들었다(12절). 여호와께서 아담을 잠들게 하셨듯이(창 2:21) 사울과 그의 부하들을 '깊은 잠'(〈타르데마트〉)에 빠지게 하신 것이다.[11] 아비새는 다윗에게 '사울의 창'으로 '사울을 땅에 박아버리자'라고 제안하였다. 이것은 18장 11절과 19장 10절을 회상하게 한다. 사울이 다윗을 박아버리겠다고 던진 창이 부메랑이 되어 자기를 향한 것이다. 하지만 다윗은 여호와께서 사울을 병으로 치시든지(25:38), 정상적으로 죽을 날에 죽게 하든지, 아니면 전쟁터에서 죽게 하실 것(31:4)이라고 생각하였다. 그리고 그는 사울의 진영을 습격하여 사울의 '창'과 '물병'만 수거해 왔다(26:1-12). 마침내 잠에서 깬 사울에게 다윗은 "왜 나를 쫓느냐"고 항변하고 '창'을 돌려주겠다고 제안하였다(22). 여기서 '물병'에 대한 언급이 없다. 다만 다윗이 사울에게 돌려주겠다고 한 '창'에 대한 언급만 있다. 이 제안에 대한 사울의 반응도 없다. 창은 아직 사울의 손에 들려진 것이다. 여기서도 사울의 창은 다윗을 공격하는 무기로 나오고 있다.

결론적으로 다윗은 그의 조가 제 Ⅳ연에서 사울의 창에 대해서 한 마디 말을 하지 않고, 이스라엘을 구원하는 전쟁 무기로서 사울의 칼만 회상하고 있다. 그에게 '사울의 칼'은 사울이 오용하였음에도 불구하고 아말렉인이나 블레셋인으로부터 이스라엘을 구원하는데 사용해야 하는 거룩한 전쟁의 무기였다면, '사울의 창'은 반드시 다윗과 관련된 사람들과 다윗을 살해하는데 사용된 두렵고 무

---

11) Klein, *1 Samuel*, p. 258.

서운 악몽 같은 무기였다.[12)] 그래서 다윗은 그의 조가에서 사울의 창을 언급할 수 없었을 것이다.

(2) 요나단의 활

요나단의 활은 두 번, 즉 사무엘상 18장 4절과 사무엘상 20장 17 이하에서 나온다. 18장 4절에서는 활을 사용했다는 언급은 없고, 20장 17절에서는 '활'(〈케세트〉)이란 단어가 없지만 활을 사용한 근거로서 '화살'(〈헤츠〉)이 나온다.

> ㉠ 요나단이 자기가 입었던 겉옷을 벗어 다윗에게 주었고 자기의 군복과 칼과 '활'과 띠도 그리하였도다(18:4).

> ㉡ 내가 과녁을 쏘려함 같이 '화살' 셋을 그 바위 곁에 쏘고 (20:20, cf. 36ff)

사무엘상 18장 1–4절에서 다윗은 골리앗을 물리치고 돌아와서 사울의 집안과 관계를 맺는다. 1절에서 "요나단의 마음이 다윗의 마음과 하나가 되어 요나단이 그를 자기 생명 같이 사랑하였다고 한다. 여기에 다윗의 반응은 묘사되어 있지 않는다. 3절에서 요나단은 다윗을 자기 생명 같이 사랑하였고 더불어 언약을 맺었다고

---

12) 사울과 다윗의 이야기에서 왕권을 지키는 홀로서 사울의 창이 고통과 분열과 살해와 권력을 상징한다면, 다윗의 수금은 찬양과 조화와 생명과 기쁨과 평화를 상징한다. 창은 다윗 자신의 목숨을 노린 사울의 왕권을 환유한다면, 수금은 사울의 생명을 살리고 치료하는 다윗의 능력을 환유한다. 다윗의 수금이 사울에게서 악령을 쫓아내었다면 사울의 창이 끊임없이 그의 목숨을 노린 것은 아이러니이다. cf. Edelman, *King Saul in the Historiography of Judah*, pp. 137-138.

한다. 여기서 계약을 주도하는 자도 요나단이다. 다윗의 행위는 언급되어 있지 않는다. 4절에서 요나단은 다윗에게 겉옷과 군복과 칼과 '활'과 띠도 주었다고 한다. 요나단은 다윗에게 자신의 모든 것을 넘겨주는 적극적인 행동을 보여주지만, 여기서도 다윗의 반응은 나타나지 않는다. 많은 비평가들이 주목한 대로, 4절에 묘사된 요나단의 행동은 권력의 상속자로서 그가 자신의 왕위 상속권을 다윗에게 넘긴 것[13]으로 이해한다. 권력 양도의 상징적 물건 가운데 그의 '활'도 포함된 것이다.

다윗이 기억하고 있을 요나단의 활은 사무엘상 20장에도 나온다. 20장에 나오는 요나단의 활 이야기는 요나단과 다윗 사이의 우정과 관련되어 있다. 여기서 대화와 행동의 주도자는 요나단이 아니라 다윗이다.

다윗은 라마 나욧의 사무엘에게 도망가 있다가 사울이 그곳까지 쫓아오자 다시 요나단을 찾아왔다(19:18-20:1). 돌아온 다윗은 요나단에게 사울이 자신을 추격하는 이유가 무엇이냐고 따졌다. 요나단은 다윗을 안심시키려 하지만 다윗은 자신에게 죽음의 그림자가 따라다닌다고 하면서 요나단에게 대책을 요구하였다. 다윗은 초하루 축제기간에 다윗이 문중 기일 때문에 베들레헴에 내려갔다고 둘러대라고 요나단에게 요구하고 두 사람은 그렇게 하기로 하였다. 당시 초하루 축제와 기일이 겹치는 일은 흔한 일이었다. 기일 때문에 다윗이 궁중의 일을 쉬는 것은 부족 집단의 구속력이 강한 이스라엘에서는 다윗의 권리이기도 하였다.[14] 왕이라 해도 다윗의 불참

13) Klein, *1 Samuel*, p. 182.
14) 스톨쯔, 『사무엘 상 · 하』, p. 226.

에 대하여 분노할 상황은 될 수 없었다. 그런데도 사울이 화를 낸다면 자신을 살해하려 한다고 주장한 다윗의 추측이 맞는 셈이 된다. 따라서 요나단은 아버지 사울이 다윗을 해칠 의향이 있으면 반드시 알려주겠다고 약속하였다.

요나단이 다윗을 자기 생명처럼 사랑하였다는 보도(20:17)가 있는 다음 두 사람의 이야기는 계속된다. 계속되는 이야기에서 대화를 이끌어가는 이는 요나단이다. 그는 앞에서 말한 다윗의 제안을 더욱 자세하게 언급하고, 아버지 사울의 의향을 화살의 위치로 알려주기로 하였다.

이야기는 사울과 요나단의 초하루 축제로 옮겨간다. 예상한 대로 사울은 다윗의 불참에 대해서 요나단에게 질문하고 요나단은 다윗이 문중의 기일 때문에 베들레헴에 내려갔다고 답하였다. 이 때 사울은 대노하고 아들 요나단에게 다음과 같이 말하였다.

> 패역무도한 계집의 소생아 네가 이새의 아들을 택한 것이 네 수치와 네 어미의 발가벗은 수치됨을 내가 어찌 알지 못하랴? 이새의 아들이 땅에 사는 동안은 너와 네 나라가 든든히 서지 못하리라. 그런즉 이제 사람을 보내어 그를 내게로 끌어오라 그는 죽어야 할 자이니라(삼상 20:30-31).

사울이 요나단의 이름을 말하지 않고 아들에 대한 경멸적인 '패역무도한 계집의 소생' 이라고 부른다. 이 표현에 이어 사울은 이 언설에서 다윗의 장래와 요나단의 장래를 예견하고 있다. 다윗이 존재하는 한 요나단의 왕위 계승이 불안하다는 것이다. 그런데 사울은 요나단을 '패역무도한 계집의 소생' 이라고 부른 것처럼 다윗을 '이새의 아들' 이라고 불렀다. 이 호칭은 다윗이 자기의 아들이 아니라는 것을 암시한다. 그리고 그는 다윗을 '죽어야 할 자' 라고 말하였다. 이 말은 히브리어로 〈벤 마웨트〉 즉 '죽음의 아들' 이다. 사울이 다윗에게 '죽음의 아들' 이란 새로운 호칭을 부여한 것이다. 이 호칭은 앞에서 부른 다윗의 다른 호칭인 〈벤 이새〉 즉 '이새의 아들' 과 대조된다. 〈벤 마웨드〉란 호칭은 이새가 이미 죽었기 때문에 '죽은 (이새)의 아들' 이라고 읽을 수도 있다. 하지만 영어표준개역판(RSV) 처럼 '죽음' 의 의미상 주어를 다윗으로 본다면, '그는 확실히 죽을 것이다' ('for he shall surely die')라는 의미가 된다. 히브리어 구문의 문학적 애매성이 풍부한 다의적 의미를 함축한 것이다.

요나단은 예상치 않는 사울의 분노 앞에서 아버지 사울에게 "그가 죽을 일이 무엇이니이까? 무엇을 행하였나이까?"(삼상 20:32) 라고 물었다. 이것은 고소의 근거가 없으면 판결을 내릴 수 없다는 말이다. 그리고 지금까지의 사울에 대한 다윗의 충성을 입증하는 말일 수도 있다. 요나단의 반박에 대하여 사울은 다윗을 향했던 창을 들어 아들 요나단에게 던져 반응하였다(삼상 20:33). 사울이 요나단을 죽이려 한 것은 다윗의 왕위 계승에 대한 두려움 때문이다. 그런데 사울이 아들 요나단을 죽이려한 것이다. 이것은 요나단을 다윗의 품에 안겨주는 결과를 가져오게 된다.[15] 다윗에 대한 아버지 사울의 태도를 확인한 요나단은 다음날 아침에 들로 나가 화살을 쏘았다. 그리고 수행원에게 "화살이 네 앞쪽에 있다"고 외침으로서 다윗으로 하여금 망명을 떠나도록 하였다. 요나단의 우정을 확인한 다윗은 "요나단을 향해 땅에 엎드려 세 번 절한 후에 서로

15) Pleins, "Son-Slayers and Theirs Sons," p. 32.

입 맞추고 같이 울되 다윗이 더욱 심하게"(20:41–42) 울고 떠났다. 그 후 다윗은 놉의 제사장 아히멜렉에게로 도피한 것이다.

결론적으로 18장 4절과 20장 20절에서 요나단의 활은 다윗을 향한 요나단의 사랑의 상징이었다. 이는 본문에서 확인 된다.

> 1. 첫 번째
> "요나단의 마음이 다윗의 마음과 하나가 되어 그를 자기 생명과 같이 사랑하니라… → 요나단이 다윗을 자기 생명과 같이 사랑하여"(18:1) "요나단이 자기가 입었던 겉옷을 벗어 다윗에게 주었고 …칼과 활도 그리하였더라"(18:4)
>
> 2. 두 번째
> "다윗에 대한 요나단의 사랑이 그를 다시 맹세하게 하였으니 이는 자기 생명을 사랑함 같이 그를 사랑하였더라"(20:17) → "내가 과녁을 쏘려 함같이 화살 셋을 그 바위 곁에 쏘고"(20:20)

두 본문에서 요나단의 '활' 은 그가 다윗을 '사랑하였다' 고 보도한 문맥에서 나온다. 이 문맥에서 요나단의 '활' 은 다윗에게 권력을 넘겨주는 상징물로 아니면 다윗의 생명을 보존하는데 결정적 도움을 주는 도구로서 나온다. 기자가 보도하지 않았지만 요나단이 활을 가지고 전공을 세운 역사적 사실이 있을 수 있겠지만, 최소한 사무엘상에서 요나단의 '활' 은 사울과 관련된 상황이나 전쟁과 관련된 문맥에서는 묘사되어 있지 않는다. 이것은 다윗이 그의 조가에서 두 고인의 죽음을 영웅적인 죽음으로 진술하고 찬양하려는 의도와 무관하지 않다. 다윗은 역사적 사실의 정확성을 덮어주는 만가의 형식을 빌려, 요나단이 과거의 승리한 전쟁에서 용감하게 싸웠던 일을 회고하면서, 최후의 순간에도 용감하게 싸우다가 서서 순교자처럼 죽었다[16)]고 찬양하고자 한 것이다.

(3) 둘이었던 아버지와 아들

제 IV연의 후반부(23절)에서 다윗은 사울과 요나단이 생전에 사랑스럽고 아름다운 자였다고 진술하고, 그들이 죽을 때에서 함께 있었다는 점을 강조하며, 독수리보다 빠르고 사자 보다 용맹하였다고 회상하고 있다. 다윗은 긍정적인 묘사를 통해 고인들을 추모한 것이다.

다윗이 두 사람의 관계를 회고하며 사용한 용어는 '사랑스러운 자들' 과 '아름다운 자들' 이다. 전자는 〈아하브〉의 〈니팔〉어간의 복수 능동분사 〈한네에하빔〉이며, 후자는 〈나임〉의 형용사 복수 〈웨한네이밈〉이다. 이들이 복수인 점에서 이 술어의 주어는 사울과 다윗이다. 하지만 사무엘상에 나오는 '사랑스럽고 아름다운 자' 는 사울보다 요나단에게 더 적합해 보이지만, 사울도 그의 통치 초기에는 '사랑스럽고 아름다운 자' 였다. 그는 초기에는 다음과 같이 매우 겸손하여 백성의 사랑을 받은 자였던 것이다.

사무엘이 사울에게 기름을 붓기 전, '온 이스라엘이 사모하는 자' 라고 칭찬하자, 사울은 사무엘에게 이스라엘 지파 중 가장 작은 베냐민 사람이며, 베냐민 지파 가족 중 가장 미약한 집안이라고 겸양을 보였다(9:20-21). 사무엘이 왕을 선출할 때 그가 뽑혔으나 그 때 그는 '짐 보따리들' 사이에 숨어 있었다. 사울은 겸손하고 단순한 사람이었다. 그가 다른 사람 보다 어깨 위만큼 더 컸다(10:20-

16) Barrick, "Saul's Demise, David's Lament, and Custer's Last Stand," p. 34.

23)는 표현은 사울의 내면의 탁월성을 강조한 히브리 식 표현이다. 그래서 '여호와의 영'이 그에게 크게 임하여 그로 하여금 '새 사람'이 되게 하셨으며, '새 마음'을 주셨다. 그는 카리스마적 지도자로 기름부음 받았을 뿐 아니라 하나님의 영에 감동되어 새 사람이 되어 선지자들처럼 예언도 했던 것이다(10:6-12).

하지만 사무엘상 13장과 15장에서 사울은 여호와로부터 거절된 왕으로 선언된다. 13장 1절에 진술된 사울의 통치에 관한 고지는 왕권에로 부상한 이후 사울의 새로운 시작을 알리고 있다. 16장 1-3절에서 다윗이 기름부음 받은 장면이 묘사되어 있다. 이 사이에 이른바 사울에 대한 거절 모티프가 들어 있다. 13장에서 사울이 블레셋과의 믹마스 전쟁을 앞두고 사무엘을 기다리지 않고 번제를 드림으로, 여호와께서 마음에 맞는 사람을 구하여 지도자로 삼을 것이라는 신탁을 받는다. 그리고 15장에서 사울은 아말렉을 치고 진멸하라는 명령을 시행하지 않음으로, 여호와께서 왕을 버려 이스라엘 왕이 되지 못하게 하셨다(26절)는 신탁을 받는다. 사울의 머리위에 갑자기 먹구름이 드리워진 것이다. 그리고 두 거절 모티프(13, 15장) 한 가운데 14장의 블레셋과의 전쟁에서 전공을 세운 요나단의 이야기가 들어 있다. 14장은 '하루는'(《바이예히 하욤》)이라는 상투적 어구로 시작된다. 이 부분을 구조화하여 보면 다음과 같다.

A. 13:1 사울의 시대 개막
  B. 13:2-23 거절 모티프
    C. 14:1-51 사울과 요나단
  B'. 15:1-33 거절 모티프
A'. 16:1 다윗의 시대 개막

이 구조는 수미쌍관법으로 구성되어 있다. 다윗이 기름부음 받기 이전 사울의 이야기는 두 번의 거절 모티프로 구성되어 있고, 두 번의 거절 모티프 사이 사울과 요나단의 이야기가 들어 있다. 14장의 사울과 요나단의 이야기가 핵심인 것이다.

이 이야기는 블레셋과 전쟁을 보도한 이야기이다. 하루 동안에[17] 있었던 블레셋과의 전쟁에서 사울은 효과적으로 대항하지 못하고 있었다. 그래서 요나단은 그의 부하와 함께 블레셋의 수비대에 침투해 들어갔다. 이때 그는 그의 부하에게 거룩한 전쟁의 어투를 빌려 "나를 따라 올라오라. 여호와께서 그들을 이스라엘의 손에 넘기셨느니라"(12절)라고 말하였다. 그는 수비대 20여명을 물리치고 쳐들어갔을 때, 그 땅에 거룩한 전쟁의 요소인 큰 '진동'이 있었다(15절).[18] 두려워한 블레셋 군인들은 이리저리 무너지고 흩어지기 시작했다. 요나단은 사울은 즉각 점호 하였다. 그는 요나단과 그의 부하가 없어진 것을 알았다(17절). 사울이 무엇보다 먼저 찾아야 할 그의 아들이었다. 그런데 무슨 일인지 그는 요나단을 찾지 않았다. 그리고 그는 하나님의 뜻을 묻기 위해 하나님의 궤를 가져오도록 명령하였다(18-19절). 하지만 블레셋에 진동이 더 심하므로 사울은 하나님의 뜻을 묻기를 미루고 블레셋 진영으로 올라가 그들을 몰아내었다(22절). 매사에 미온적인 사울은 단호한 지휘관의 역할을 하지 못한 것이다. 그런데 요나단이 없어진 것을 알고 있던 그는 '그 날에' (〈바이욤 하후〉), "내가 내 원수에게 보복하는 때까지 아

17) 사무엘상 14장은 블레셋과 이스라엘의 전쟁 이야기이다. 이 전쟁은 단 하루에 있었던 이야기이다. 이는 '하루는' (1, <바이예히 하욤>), '이 날에' (24, <바이욤 하후>), '그 날에' (31, <바이욤 하후>), '밤에' (36, <라일라>) 등 부사구를 통해서 알 수 있다.

18) von. Rad, *Holy War in Ancient Israel*, p. 48.

무 음식물을 먹는 사람은 저주를 받을지어다"(24절)라고 맹세를 하였다. 이 맹세는 거룩한 전쟁 이념을 따른 요나단의 언설(12절)과 대조된다. 아버지의 맹세를 알지 못한 요나단은 들에서 꿀을 찍어 먹었다. 그가 기력을 되찾았다. 어느 누군가 요나단에게 사울의 맹세를 전해주고 먹지 못한 군인들이 '싸울 기력이 없다' 고 하소연하였다(28절). 이때 요나단은 군인들과 일치한 의견을 말하였다. "내가 이 꿀 조금을 맛보고도 내 눈이 이렇게 밝아졌거늘 하물며 백성이 오늘 그 대적에게서 탈취한 것을 임의로 먹었더라면 블레셋 사람을 살육할 함이 더욱 많지 않겠느냐?"(30절) 이는 맹목적인 금욕을 맹세한 사울과 대조된 의견이도 하다.

사울은 정작 배고픈 군인들이 먹고 있을 때 제단을 쌓았다(35절). 그리고 제사장과 함께 블레셋을 추격할 것인지를 여호와께 물었다. 그러나 여호와께서 대답하지 않으셨다(37절). 사울은 누구에게 죄가 있는지를 군인들에게 물었다. 그러나 백성들은 한 마디도 대답하지 않았다(39절). 사울이 금욕을 맹세하고 제단을 쌓았지만, 여호와도 그에게 대답하지 않으시고 백성들도 그에게 대답하지 않는 것이다. 사울은 제비를 뽑기로 했다. 그리고 요나단이 뽑혔다. 사울이 그의 연설에서 상투적으로 '내 아들' 이라는 말을 여러 번 사용했지만,[19] 지금까지 사울과 요나단 사이에 한 번도 없던[20] 대화가 여기서 시작된다. 이 대화에서 요나단은 "내가 다만 내 손에

19) 14:39, 40, 42절

20) 사울과 요나단의 대화의 결여는 요나단에 대한 사울의 감정이 결핍을 드러낸다. 기자가 아들을 사랑한 아버지를 묘사하려 했다면, 요나단이 블레셋 수비대를 치러 가기 전에(14:1), 아들이 없어진 것을 알았던 때(17절), 요나단이 꿀을 먹고 난 이후(29절)에 대화가 있었을 것이다. cf. Robert B. Lawton, "Saul, Jonathan, and the 'Son of Jesse'," *JSOT* 58(1993): 35-46, p. 38.

가진 지팡이 끝으로 꿀을 조금 맛보았을 뿐이오나 내가 죽을 수밖에 없나이다"라고 자백하였다. 이는 히브리어로 〈힌네 아모트〉이다. 즉 '보십시오. 내가 죽겠습니다' 라는 이 말은 단호하다. 사울은 길게 사설을 단 다음 "요나단아 네가 반드시 죽으리라. 그렇지 않으면 하나님이 내게 벌을 내리시고 또 내리시기를 원하노라"라고 말하였다. 사울이 이같이 냉소석으로 요나단이 죽어야 한다고 말힌 것은 다윗이 압살롬의 안전에 대하여 질문한 것과 상반되고(삼하 18:29, 32), 입다가 춤추며 영접하는 딸을 보고 자기 옷을 찢으며 '어찌 할꼬' 라고 탄식한 것과 대조된다(삿 11:35). 여기서 요나단에 대한 사울의 감정이 결립되어 있는 것을 보게 된다.[21] 사울과 요나단은 비록 아버지와 아들 관계라고 해도 서로 중요하게 여기지 않는 것으로 보인다.

그러므로 사울은 그의 의도가 악하지 않고 선했다고 하더라도, 어리석고 분별력이 없었으며 아들에 대한 애정이 결핍되어 있었다. 그리고 그가 한편으로 영웅이요 군왕이라 하더라도, 다른 한편으로 종교적 의무에 대한 잘못된 생각을 가진 고집불통이었다.

반면에 요나단은 이 때 이스라엘의 지휘관으로 부상하였다. 사실 요나단은 이미 13장 2-3절에서 이스라엘의 군대 지휘관으로 암시되어 있었다. 여기서 그는 블레셋의 수비대를 괴멸시킨 적이 있었다. 하지만 '온 이스라엘' 은 사울이 블레셋을 쳤다고 믿고 그를 따르고 있었다. 사울이 요나단의 공적을 가로챈 것이다. 이제 14장에서는 다르다. 백성들은 '그 날' 의 진정한 영웅이 누구인지 알고 있었다(45절). 백성은 요나단의 동역자가 하나님이시란 것도 알고

21) Lawton, "Saul, Jonathan, and the 'Son of Jesse'," p. 40.

있었다. 이것을 백성이 알고 있는 것을 아버지요 왕이었던 사울은 모르고 있었던 것이다. 이것은 아이러니이다. 그리고 백성은 요나단의 머리털이 하나라도 땅에 떨어지지 않을 것이라고 단언하였다. 이처럼 요나단은 여호와에 의해 승인되고 백성들이 인정한 카리스마적 지도자였던 것이다. 사울이 요나단으로 대체된 것이다.

결론적으로 다윗은 이 독백에서 자신을 살해하려고 집요하게 추적하였던 사울을 용서하고, 그와 요나단의 사랑스럽고 유쾌한 측면만 회상하고 있다. 그러나 다윗이 회고한 바와 같이 사울과 요나단이 항상 행복한 관계는 아니었다. 아버지가 아들을 처형하려고 했었고(14:44), 아들이 아버지를 속일 때도 있었으며(20:28-28), 아버지가 아들에게 창을 던진 일도 있었고(20:33), 두 사람 사이에 의견 충돌도 있었던 적도 있었다(20:34). 하지만 이제 다윗에게 그것들은 문제가 되지 않았다. "죽음이란 누구에게나 사소한 상처와 모욕을 초월하게 하며 슬픔은 참과 최선만 기억하게 하는 표현 방식"[22]이기 때문에, 두 사람이 한 장소에서 같은 시간에 전사한 후 다윗은 두 사람이 살아있을 때 두 사람 사이가 사랑스럽고 아름다운 것처럼, 죽을 때에도 떠나지 않았다고 애도하고 있는 것이다. 이것이 죽음이란 실존 앞에서 부르던 조가의 특징이다.

(4) 하나 된 아버지와 아들

이 연에서 다윗은 길보아 산 전투에서 죽은 사울과 요나단을 독수리와 사자로 은유한다. '독수리' 는 아주 높은 곳에서부터 날개를 치며 내려와 사냥감을 덮쳐 낚아채는 강하고 날카로운 발톱을 가진

---

22) Brueggemann, *First and Second Samuel,* p. 216.

검은 독수리를 염두에 둔 것 같다. 그리고 '사자'는 매우 용맹한 들짐승의 제왕이다. 여기서 '독수리'와 '사자'는 남성복수 '사자들과 독수리들'로 말하고 있다. 또한 동사 '빠르다'(《칼랄》)와 '강하다'(《가바르》)의 접미사도 3인칭 남성복수이다. 따라서 이들의 주어는 사울과 요나단이다. 요나단과 사울이 '독수리들보다 빠르고 사자들보다 강하다'는 것이다. 사자보다 강하다는 것은 사자를 찢은 삼손(삿 14:5이하)과 사자를 죽인 다윗 자신(삼상 17:34-36)을 연상하게 한다.

그런데 '칼'은 땅에서 적을 공격하는 무기인 반면, '활'은 화살을 하늘로 날려 적을 공격하는 무기이다. 나아가 '칼'은 땅의 제왕을 상상하게 하고, 요나단의 '활'은 하늘의 왕자를 상상하게 한다. 그렇다면 '칼'은 동물왕국에서 땅의 강자인 '사자'를 연상하게 하고 '활'은 하늘의 강자인 '독수리'를 연상하게 한다. 따라서 앞에서 보았듯이 '칼'이 사울을 환유하고 '활'이 요나단을 환유한다면, 독수리의 민첩성은 요나단에게 귀속되고 사자의 용맹성은 사울에게 귀속된다고 말할 수 있다. 사울은 '사자'의 용맹성을 가지고 있고, 요나단은 독수리의 민첩성을 가지고 있다는 것이다. 이같이 다윗은 '칼'과 '활' 그리고 '독수리'와 '사자'라는 은유를 통해서 사울과 요나단을 추모한 것이다.

다윗에 의하면, '칼'과 '활' 그리고 '독수리'와 '사자'로 은유된 요나단과 사울은 물러서거나 헛되이 돌아서는 일이 없는 한 쌍의 무적의 용사였다. 하늘과 땅을 제압하는 용사들로서 요나단과 사울을 당할 자는 없었다. 그리고 그들은 살아서 함께 있었듯이 길보아산에서 죽을 때에도 함께 있었다. 다윗이 보기에 그들은 하늘과 땅이 나누일 수 없듯이 하나였다.

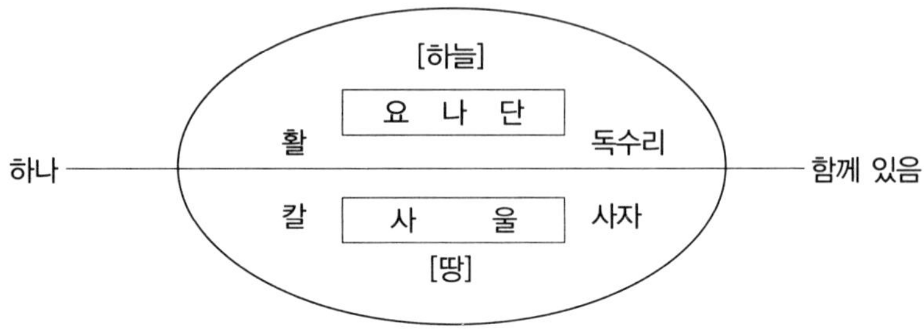

그러므로 사울과 요나단의 성격 차이와 다윗에 대한 다른 태도에도 불구하고, 요나단은 아버지 사울을 포기하지 않았다. 요나단은 그가 그의 영혼으로 사랑하였던 그의 친구 다윗에 대하여 사울이 증오했음에도 불구하고, 아버지에 대한 애정을 바꾸지 않았다.[23] 이것이 왕과 신하의 관계요, 아버지와 아들의 관계로서 그들은 성격이 다르고 관점이 다르다 할지라도, 국가와 혈육이라는 큰 틀 안에서 공동운명체였던 것이다. 마치 하늘과 땅이 질량에 있어서 다를 수밖에 없으나 서로 분리될 수 없듯이 그들은 떨어질 수 없는 관계였다.

4. 결론

필자는 제 Ⅳ연(22-23절)에 대한 연구에서 사울과 요나단의 관계를 집중적으로 조명하였다. 이를 위해 문학적 틀과 신학적 의미를 살펴보았다. 먼저 문학적 측면에서 이 연은 매우 아름답고 정교한

---

23) Keil-Delitzch, *The Books of Samuel,* p. 291.

히브리 시로 구성된 것을 볼 수 있다. 운율에 있어서 육행연구(sestet)로 구성된 이 연에 두운이나 각운이 없는 것처럼 보인다. 하지만 23절의 〈솨울 위호나탄〉을 주제어로 떼어 놓고, 두 절을 각각 네 개의 행으로 나누어 보면 두운과 각운이 살아 있을 뿐 아니라, 부분적으로 자음 운까지 살아 있는 것을 보게 된다. 이 연에 나오는 어휘들은 하나도 외톨이로 있지 않고 모든 어휘들이 평행이나 대조된 짝을 이루며, 씨줄과 날줄로 섬세하게 연결되어 연 전체를 구성하고 있다. 또한 불변화사들은 이 연의 구조에서 매우 중요한 역할을 한다. 첫머리와 끝머리에 나오는 네 개의 〈민〉은 머릿돌이 되고, 각각 세 개씩 나오는 〈로〉와 〈웨〉는 연의 내부를 엮는 서까래 구실을 하고 있다. 또한 네 개의 〈민〉은 첫머리와 끝머리에서 각각 두 개씩 나오므로 시 전체를 감싸고 있으며, 사울과 요나단의 공적 관계와 사적 관계가 전반부와 후반부를 연결하는 대들보 역할을 하고 있다.

필자는 신학적 측면에서 사울의 칼 모티프와 창 모티프, 요나단의 활 모티프, 둘로 갈라져 항상 의견충돌을 보였던 사울과 요나단, 그리고 함께 죽어 마침내 하나가 된 고인들을 순서대로 연구하였다.

사울의 '칼' 은 반드시 '진멸' 하는 무기로 나타난다. 사울은 그의 칼로 아각과 좋은 양과 소는 진멸하지 않고, 놉의 제사장들과 그 가족과 가축들을 진멸하는 충격적 사건을 일으켰지만, 사울의 '칼' 은 본디 아말렉과 블레셋을 전멸시키고 이스라엘을 구원해야 하는 전쟁무기였다. 그래서 다윗은 사울의 칼을 이스라엘을 구원한 전쟁무기로 찬양하고 있다. 사울의 무기에는 '창' 도 나온다. 그의 '창' 모티프는 철저하게 다윗을 제거하려한 문맥에서만 나타난다. 이 점에서 '창' 은 다윗에게 좋지 않는 무기였다. '창' 은 다윗의 목숨을 노리고 요나단의 목숨을 노린 살인 무기였던 것이다. 그는 조가에서 사울의 창에 대해서 언급하고 있지 않는 이유가 그것이다.

'활' 은 요나단의 전쟁무기이다. 요나단이 활을 사용했다는 근거는 그가 활을 다윗에게 넘겨주고, 다윗을 구출하기 위해 사용한 것이 전부이지만, 활은 요나단에게 귀속된다. 요나단은 그의 활을 권력이양의 상징으로 넘겨주었으며 그의 화살의 방향으로 다윗을 피신하도록 도왔다. 하지만 다윗은 그를 도운 요나단의 활을 전쟁에서 적군을 물리치는 전쟁무기로서 찬양한다. 그는 그 자신을 구출한 활을 이스라엘을 구출한 무기라고 보고 찬양하고 있는 것이다. 요나단의 활은 다윗에 대한 사랑의 징표였으므로 그에게 좋은 이미지만 있었다.

다윗은 사울과 요나단이 서로 사랑하며 아름다운 자라고 찬양한다. 하지만 실제로 그들은 하나가 되지 못했다. 그들은 부자간임에도 불구하고 대화가 없었으며 서로 중요하게 여기지 않았고, 심지어 아버지가 아들을 죽게 하려고 했고 직접 죽이려 한 일도 있었다. 그들의 충돌은 다윗 문제에 있어서 더욱 심화되기도 했다.

그들은 죽어서 하나가 되었다. 그들은 길보아 전쟁이 비극적 결말로 끝나리라는 것을 예상했음에도 불구하고 참전하여 장열하게 최후를 마치게 된다. 전쟁 수행과 권력계승 문제에서 둘이 될 수밖에 없었지만, 국가적 운명과 혈육이라는 틀에서 결코 둘이 될 수 없었다. 그래서 다윗은 사울과 요나단이 생전에 아름다운 자들이었고 사랑받는 자들이었으며, 죽을 때도 함께 있었다는 것을 추모한 것이다. 그는 그것을 민첩성과 용맹성을 보여주는 독수리와 사자 은유를 통해 보여준다. 요컨대, 독수리와 사자를 히브리어 복수를 사용하여 두 은유적 표현이 사울과 요나단 모두에게 적용된다는 것을 보여주고, 따라서 두 사람은 불가분리의 관계라는 것을 암시하고 있는 것이다.

VIII.
이스라엘 딸들아(24-25a절)

1. 서론

고대 국가에서 전쟁은 부족의 경제적 부를 위한 약탈과 관련이 있다. 다윗의 조가에 의하면, 사울 역시 살아생전에 수행한 전쟁을 통하여 전리품들을 군인들(백성들)에게 나누어 주었던 것 같다. 그런데 사울이 블레셋과 싸운 길보아 전투에서 전사하였다. 그래서 다윗은 그동안 백성들에게 안락과 화려한 생활을 가져다주었던 왕이 죽었다는 것을 알리고, 그들에게 슬퍼하며 울라고 명령하고 있다. 이 명령은 다윗이 24절 첫머리에서 '이스라엘 딸들'을 부름으로 시작된다. 이 명령에 대한 반응이 25a절 첫머리에 나오는 후렴구이다. 따라서 24절의 '이스라엘의 여인들아'로 시작된 이 단락은 25a절의 〈키이나〉로 끝난다. 이 단락이 조가의 다섯 번째 연(stanza) 즉 제 V연이다. 이 연을 읽어보면 다음과 같다.

24 '이스라엘 딸들아' 사울을 슬퍼하여 울지어다.
저가 붉은 옷으로 너희에게 화려하게 입혔고
금 노리개로 너희 옷에 채웠도다.
25 오호라 두 용사가 전쟁 중에 엎드러졌도다.

이 연에서 다윗은 사울의 죽음에 대하여 이스라엘 딸들이 울어야 하는 이유를 밝히고 있다. 그 이유는 사울이 이스라엘 여인들에게 '붉은 옷을 화려하게 입혔고,' '금 노리개를 옷에 채워주었기' 때문이다. 여기에 이스라엘 여인들이 치장한 붉은 옷과 금 노리개 등 사치 모티프가 나온다. 문제는 실제로 사울이 이런 사치품들을 이스라엘 여인들에게 주었는지 의심스럽다. 그런 일이 있었다면, 그것은 왕으로서 사울의 역할과 관련이 있을 것이다. 그가 전리품들을 수거하여 이스라엘 여인들에게 준 것이 거룩한 전쟁에서 진멸(〈헤렘〉)을 시행해야 하는 이스라엘의 왕으로서 합당한 일인지도 의문스럽다. 그럼에도 불구하고 그런 일이 있었다면, 그것은 결국 여호와의 거절에 의한 사울의 비참한 죽음과도 관련이 있을 것이다. 따라서 필자는 이 연구에서 사울이 백성들에게 주었던 경제적 이익이 무엇이며, 그것이 사울의 신분과 어떤 관계가 있는지 추적하고자 한다.

이를 위해 운율과 어휘 그리고 구조적 측면에서 이 연의 문학적 틀은 살펴보고, 이를 토대로 신학적 의미를 도출해 낼 것이다. 먼저, 맛소라 본문에 나오는 이 연의 운율을 살펴보겠다. 그리고 불변화사가 짜임새에 어떤 역할을 하는지, 어떤 어휘들이 어떻게 얽혀 있는지, 문장의 어순은 어떤 방식으로 형성되어 있는지 살펴보겠다. 여기서 사용된 운율과 불변화사 그리고 어휘들은 히브리 시의 아름다움을 엿보게 할 것이다. 마지막으로 이 연의 심층적 의미를 도출하기 위하여 표면적 구조를 분석하겠다.

이같이 문학적 틀을 분석한 후 신학적 의미를 추적하겠다. 이 연구에서 필자는 먼저, 다윗이 이스라엘 여인들의 사치스런 생활이 사울을 위해 울어야 하는 이유라고 밝혔으므로, 실제로 이스라엘의 역사에서 사울이 수여한 사치스런 옷치장이 있었는지를 보겠다. 다음에, 이런 일은 사울의 신분과 밀접한 관련이 있으므로, 지도자로서 사울과 왕으로서 사울 그리고 거절된 왕의 주제들을 통해 사울의 신분을 연구하겠다. 그리고 결론에서 이 연구의 결과를 요약한 후 마치도록 하겠다.

2. 문학적 틀

(1) 운율

제 V 연(24-25a)	베노트 이스라엘	엘 솨울 베케나
	함말비쉐켐 솨니	임 아다님
	함마알레 아디 자합	알 레부쉬켄
	에이크 나펠루 깁보림	베토크 함밀하마

사행연구(quatrain)로 구성된 이 연(24-25a절)은 〈베드〉(/b/), 〈헤〉(/h/), 〈헤〉(/h/), 그리고 〈알렙〉(/'/)으로 시작되고, 〈헤〉(/h/), 〈맴〉(/m/), 〈눈〉(/n/), 그리고 〈헤〉(/h/)로 끝난다. 즉 두운은 'abbc' 형이고, 각운은 'abca' 형인 셈이다. 그리고 각 행은 중간에서 〈알렙〉(/'/), 〈아인〉(/ʿ/), 〈아인〉(/ʿ/), 〈벧〉(/b/)으로 시작된다. 이같이 이 연은 두운과 각운 뿐 아니라 각 행의 중간에서 시작하는 자음운도 살아있다.

그런데 두운의 첫 번째 행의 자음 〈벧〉(/b/)이 마지막 행의 중간에서 시작되고, 두운의 네 번째 행의 자음 〈알렙〉(/'/)이 첫 번째 행의 중간에서 시작된다. 두 자음이 첫 번째 행과 네 번째 행의 처음과 중간의 위치에서 교차 배열된 셈이다. 그리고 두운의 두 번째 행이 〈헤〉(/h/)로 시작되듯이 두운의 세 번째 행도 〈헤〉(/h/)로 시작되고, 두 번째 행이 중간에서 〈아인〉(/ʿ/)으로 시작되듯이 세 번째 행도 중간에서 〈아인〉(/ʿ/)으로 시작된다. 두 번째 행과 세 번째 행에서 두운이 동일한 자음으로 시작되듯이, 중간 자음운 역시 동일한 자음으로 시작된 것이다. 이같이 두운이 'abbc' 형인 것처럼 자음운 역시 'abbc' 형으로 구성된 이 연은 앞 연들과 다른 선율로 형성되어 있다.

(2) 어휘

우리말 '울라' 란 의미의 〈베케나〉는 〈바카〉 동사의 〈칼〉 어간의 2인칭 여성 복수 명령형으로 되어 있다. 이를 우리말로 읽으면, '너희는 울어라' 가 된다. 이 어휘는 기쁨을 표현하기 위한 울음에도 사용되지만, 주로 가족 친지의 죽음에 대한 비탄을 표현하기 위한 울음에 사용된다. 비탄에 사용될 때 이 어휘는 애도, 불평, 후회, 그리고 회개를 포함하며, 무엇보다 울음소리와 관련되어 있다. 일반적으로 셈족 사람들은 장례식 때 큰 소리를 내어 울었다. 그리고 더 큰 소리를 내며 울기 위해 전문적으로 애곡하는 사람들을 초청하기도 하였다(렘 49:3, 시 78:64, 욥 27:15). 다윗이 〈바카〉 동사를 사용하여 애곡하는 여인들에게 울라고 명령한 것은 장례식 때 애곡하는 사람들을 불러 큰 소리로 울었던 당시의 관습을 반영한 것이다.

우리말 '붉은 옷'이란 뜻의 히브리어 〈샤니〉는 참나무(kermes oak)에 기생하는 연지벌레의 암컷의 알에서 채취한 염료로부터 착색한 실을 가리킨다. 이 주홍색 실은 구약에서 성막의 앙장(출 26:1), 휘장(출 26:31), 에봇(출 28:5-8), 그리고 제사장의 겉옷(출 28:33)을 만들 때 사용되었다. 이같이 가장 좋은 실로 만든 '붉은 옷' 은 값비싼 것이며, 입은 사람의 호사스러움을 나타낸다. 다윗은 이 용어를 사용하여 사울이 이스라엘의 여인들을 안락하고 행복하게 해 주었다는 것을 묘사한 것이다.

우리말 '화려함' 이란 뜻의 〈아다님〉은 〈에덴〉의 복수 명사이다. 〈에덴〉은 〈아단〉에서 유래했으며, 이는 '사치, 화려, 진미(맛좋음), 즐거움, 기쁨' 을 의미한다. 다윗은 이 용어를 사용하여 사울이 화려한 옷을 입혔다고 묘사하고 있다.

우리말 '노리개' 란 뜻의 〈아디〉는 〈아다〉에서 유래했으며, '장식, 장식품, 장신구' 를 의미한다. 이 용어는 여인의 장식품(삼하 1:24, 렘 2:32)이나, 여인에 비유된 이스라엘의 장식품(렘 4:30, 겔 16:11; 23:40, 사 49:18), 그리고 남자의 장식품(출 33:4, 5, 6)을 가리킬 때 사용된다. 다윗은 이 단어를 〈자하브〉('금')와 결합시켜 사울이 이스라엘의 여인들에게 금 노리개를 옷에 채워 주었다고 말한다.

다윗은 각종 어휘들을 사용하여 사울이 이스라엘 여인들에게 가장 아름답고 화려한 옷과 값비싼 노리개와 장식품을 채워주었다는 것을 회상시키고 있다. 그리고 그는 이스라엘의 여인들에게 혜택을 준 사울 왕이 죽었으므로, 여인들에게 울라고 명령한 것이다.

(3) 구조

첫 번째 행은 다윗이 이스라엘 여인들을 불러 사울의 죽음을 슬퍼하며 울라고 말한 명령이다. 두 번째 행과 세 번째 행은 다윗이 제시한 이스라엘 여인들이 울어야 하는 두 가지 이유이다. 첫 번째 이유는 사울이 이스라엘 딸들에게 붉은 옷을 화려하게 입혀주었기 때문이다. 두 번째 이유는 사울이 이스라엘 딸들에게 금 노리개를 옷에 채워주었기 때문이다. 네 번째 행은 울라고 한 다윗의 명령에 대하여 애곡하는 여인들의 반응이다. 따라서 첫 번째 행이 다윗의 명령이라면, 두 번째 행과 세 번째 행은 명령에 대하여 다윗이 제시한 이유이고, 네 번째 행은 다윗의 명령을 여인들이 시행한 우는 소리이다. 이 우는 소리는 이 시의 제 Ⅰa연(19절)과 Ⅰb연(27절)에도 나오는 후렴구로서 〈키이나〉에 속한다.

이 연의 두 번째 행의 동사 〈함말비쉐켐〉(‘옷 입히다’)과 세 번째 행의 명사 〈레부쉬켄〉(‘옷’)의 어근은 〈라베쉬〉(‘옷 입다’)로서 동일하다. 각각 동사와 명사로서 두 단어는 동일한 어근으로서 평행을 이루고 있다. 두 번째 행의 〈샤니〉(‘붉은 옷’)와 세 번째 행의 〈야디〉(‘노리개’)는 사치스럽고 화려한 모양의 의상이란 점에서 평행을 이룬다. 두 번째 행의 〈히필〉 어간의 능동 분사 〈함말비쉐켐〉(‘옷을 입혀준 자’)과 세 번째 행의 〈함마알레〉(‘[노리개]를 달아준 자’)가 평행을 이룬다. 즉 두 번째 행의 첫 번째 이유는 세 번째 행의 두 번째 이유와 평행구를 이루고 셈이다.

네 번째 행의 ‘두 용사’는 첫 번째 행의 ‘이스라엘 딸들’과 대조되고, 네 번째 행의 ‘엎드러졌다’는 첫 번째 행의 ‘슬퍼 울라’는 것과 대조된다. 또한 이 연은 사울이 여인들에게 안락함과 화려함을 주었던 ‘그때’와 죽은 사울에 대하여 울어야 하는 ‘지금’이 대조되고 있다. 첫 번째 행 또는 네 번째 행이 두 번째 행 또는 세 번째 행과 대조되는 것이다.

이 연의 첫 번째 행의 ‘이스라엘의 딸들’은 제 Ⅱ연(20절)의 ‘블레셋 사람들의 딸들’ 또는 ‘할례 받지 못한 자의 딸들’과 대조된다. 그리고 첫 번째 행의 ‘슬퍼하여 울라’는 역시 제 Ⅱ연의 ‘즐거워하다’ 또는 ‘개가를 부르다’와 대조를 이룬다. 뿐만 아니라 네 번째 행의 '전쟁'은 제 I b연(27절)의 '싸우는'이란 단어와 동일한 히브리어 명사 〈밀레하마〉로서 평행을 이룬다. 이 같은 어휘들이 연과 연을 이어주는 역할을 하고 있는 것이다. 이러한 구조 분석을 도식화하면 다음과 같다.

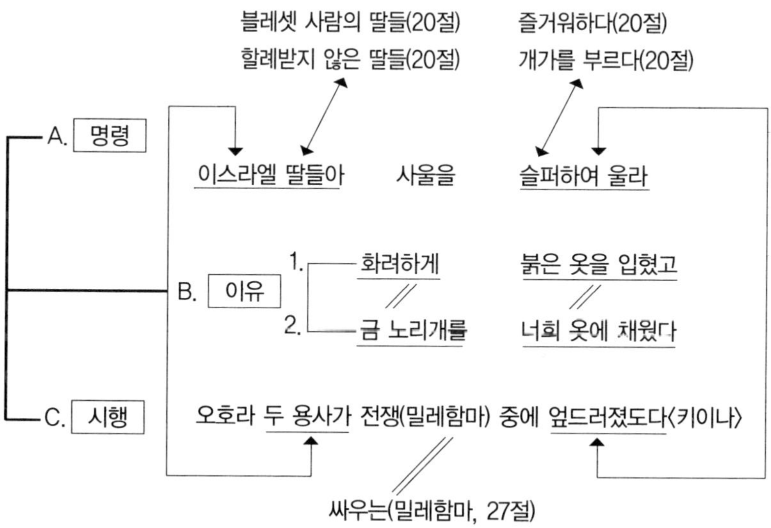

3. 신학적 의미

다윗은 이 연에서 여인들에게 사울을 위해 울라고 요구한다. 사울이 여인들에게 화려하게 옷을 입혔고, 옷에 금 노리개를 채워주었는데 사울이 전쟁에서 쓰러졌기 때문이다.

우리는 사울이 실제로 여인들에게 화려한 옷을 입혀주었고, 안락한 삶을 주었는지는 알 수 없다. 사울이 이스라엘 백성들에게 특히 여인들에게 어떤 혜택을 주었다는 성경의 근거도 발견할 수 없다. 하지만 초대 왕을 호칭하는 용어에서 백성과 사울의 관계를 엿볼 수는 있다. 군왕제도가 도입되기 이전의 왕에 대한 호칭들은 백성들이 이스라엘의 왕을 요구하는 바로 8장과 사울을 소개하는 9장에 나온다. 즉 "너희가 택한 왕"(삼상 8:18), "그들을 위한 왕"(8:22), 그리고 "내 백성 이스라엘의 지도자"(9:16) 등이 그것이다. 이 호칭들은 백성이 바라는 제도와 여호와께서 바라시는 제도가 암시되어 있다. 백성이 바라는 제도는 이웃 나라들과 같은 인간 군왕제도라면 여호와께서 바라시는 제도는 하나님께서 직접 통치하시는 신정체제이다.

(1) 백성의 요구

사울은 9장에서 소개되지만, 이스라엘의 첫 번째 왕으로서 그의 이야기는 8장에서 시작된다. 사울 이야기의 도입부분인 8장에서 백성들은 사무엘에게 군왕제도를 요구하고 있다. 그 이유는 사무엘은 이미 늙었고, 그의 아들들은 그의 길을 따르지 않으므로, 이스라엘도 '다른 나라들과 같이,' '우리에게 왕을 세워,' '우리를 다스리게 하라' (5-6절)는 것이다. 세 구문은 의미상 동격이다. '다른 나라들과 같이' 되는 것은 '왕을 세우는 일이고,' 그것은 곧 '왕이 백성을 다스리게 하는 일' 이다.

이 요구에 대하여 여호와는 기뻐하지 않으셨다. 그 이유는 여호와의 말씀에 명시되어 있다. 첫째, 백성의 요구는 '여호와로 하여금 그들의 왕이 되지 못하게 한 것' 이며(7-8절), 둘째, 군왕제도는 백성들을 위해 바람직하지 않는 제도(11-18절)이기 때문이다. 그래서 여호와는 군왕제도의 폐해를 백성들에게 가르치도록 사무엘에게 명령하셨다(9절). 그 내용은 징병제도(11절), 각종 노역(12-13절), 토지 점유(14절), 징세제도(15절), 노예제도(16절), 그리고 가축 상납(17절)이다. 이러한 제도들은 백성들의 생각처럼 왕이 백성을 위해 존재하는 것이 아니라, 모든 사람이 왕을 위해 존재해야 되는 전제군주제의 특징이다. 따라서 사무엘은 "그 날에 너희가 택한 왕으로 말미암아 부르짖을 것"(18절)이라고 그의 연설을 맺고 있다. 강제적인 징병, 조세, 노예, 땅 점유, 그리고 부역 등으로 백성을 억압하는 왕은 다름 아닌 '너희가 택한 왕' (18절)이라는 것은 아이러니이다.

여기서 우리는 히브리어 성경을 주목할 필요가 있다. 우리말 성경의 '너희가 택한 왕' 이란 표현은 히브리어 성경에 "'너희를 위해', 너희가 택한, 너희의 왕"(〈말케켐 아쉐르 베하르트렘 라켐〉, 18절)으로 진술되어 있다. 즉 '너희를 위해' 를 뜻하는 히브리어 〈레켐〉과 '왕' 앞에 있는 2인칭 소유격 '너희의' 라는 히브리어 접미사는 우리말 성경에 없다. 이같이 히브리어 성경은 군왕제도의 '왕' 이란 하나님을 위해 하나님이 택하신 하나님의 왕이 아니라 '너희를 위해' '너희가 택한' '너희의 왕' 인 점을 강조하고 있다.[1)]

그러나 백성은 "우리도 다른 나라와 같이 되어 우리의 왕이 '우리를 다스리며' '우리 앞에 나가서' '우리의 싸움을 싸워야 할 것' 이니이다"(20절)라고 우격다짐으로 반응한다. 백성의 반응에서 '우리' 라는 히브리어 접미사가 여섯 번 나온다. 이같이 이 구절에서

---

1) cf. Howard Cooper, "Too Tall by Half - King Saul and Tragedy in Hebrew Bible," *Journal of Progressive Judaism* 9(1997): 5-22, p. 7.

히브리어 성경은 군왕제도의 '왕'이란 백성을 위한 백성의 왕이라는 점을 강조하고 있다.

따라서 여호와는 사무엘에게 "그들의 말을 들어 왕을 세우라"고 다시 명령하셨다(22절). 이 구문은 히브리어 성경에 "너는 그들의 소리를 듣고, 그들을 위한(〈라헴〉), 그들의 왕을 세우라"라고 되어 있다. 즉 '그들을 위한'을 뜻하는 히브리어 〈라헴〉은 우리말 성경에 없다. 여기서도 히브리어 성경은 군왕제도의 왕이란, 하나님을 위해 하나님이 택하신 하나님의 왕이 아니라, '그들을 위한 그들의 왕'이란 점을 강조하고 있다.

그러므로 '너희를 위한 너희의 왕'(18절), '우리의 왕'(20절), 그리고 '그들을 위한 그들의 왕'(22절)은 화자에 따라 다르게 사용된 호칭이지만, 모두 동격이다. 이같이 인간 왕을 언급한 이러한 수사적 표현들은 문자 그 이상의 의미가 있다. 이는 사무엘이 11-17절에서 가르치고 있는 군왕제도의 폐해와 함께 읽을 때 알 수 있다. 군왕제도의 폐해와 함께 '너희를 위한'(18절) 그리고 '그들을 위한'(22절)이란 구절을 읽어보면, 여기에 엄청난 아이러니가 있다. 백성을 강제로 노역을 부리고 노예로 삼으며 왕을 위한 전쟁에 징집하고 왕궁을 위해 세금을 부과하며 땅을 점유하는 왕은 바로 '너희를 위하여' 그리고 '그들을 위하여' 너희가 선택한 왕이라는 것이다. 이것은 역설적 표현으로 읽을 수밖에 없다.

역설적 표현으로 가득한 8장은 사울이 무대에 등장하는 9장의 서문이다.[2] 8장에 나오는 왕에 관한 수사적 표현들은 다분히 사울을 염두에 두고 있다. 아직 지파연맹 체제의 의식이 지배하고 있던

---

2) Cooper, "Too Tall by Half," p. 8.

시대에 사울이 왕실을 짓고 관리들을 임명하며 세금을 거두고 백성들을 노예로 부리며 땅을 점유하지 않았다 하더라도, 그리고 그가 '백성을 위하여 백성이 택한 왕' 이라고 하더라도, 권위적인 전제군주제도의 속성상 '왕' 으로서 사울은 여인들에게 화려하게 옷을 입히고 옷에 금 노리개를 채워줄 수 없으며 백성들에게 안락한 삶을 부여한 왕은 될 수 없다는 것이다.

(2) 신정체제

① 〈나기드〉의 의미

앞에서 본대로, 백성은 이웃 나라와 같이 일사불란한 통치체제를 통하여 이웃의 침략에 효과적으로 대항하기 위해 왕을 세워달라고 요구하였지만, 여호와는 지파연맹의 사사들과 같은 카리스마적 지도자들을 통하여 직접 이스라엘을 다스리시기를 바라셨다(cf. 8:7-8). 그리하여 이스라엘 왕국의 초기에, 어설픈 군왕제도의 도입과 동시에 하나님의 영에 감동된 지도자에 의한 지배가 동시에 이루어졌다. 여기서 '왕' 과 함께 나란히 사용된 용어가 〈나기드〉이다.

일반적으로 〈나기드〉는 신적 카리스마를 가진 지도자를 가리킨다. 리히테르(W. Richter)와 슈미트(Schmidt)에 따르면, 〈나기드〉는 이스라엘의 군왕제도 이전에 북 왕국에서 유래했다. 요컨대, 〈나기드〉는 지파동맹 시대 말기에 블레셋이나 아말렉 등 이방 민족들로부터 이스라엘 백성을 구원하는 두령으로서, 여호와께서 직접 기름부어 임명한 카리스마적 지도자를 가리킨다.[3)]

---

3) 이것은 W. Richter와 Schmidt 등이 주장한 바 있다. Klein, *1 Samuel*, p. 88.

그러나 슈미트의 이 가설은 〈나기드〉란 단어가 사사기에 한 번도 나오지 않는 약점이 있다. 따라서 이 용어는 학자들에 의해 많은 연구가 되었다. 그뤽(J. J. Glück)은 '목자'를 뜻하는 히브리어 〈노케드〉와 〈나기드〉가 어원적으로 관련되어 있다고 본다. 그에 따르면, 초기 메소포타미아 언어에서 이 단어는 일상적으로 사용되었는데, 앗수르바니팔의 문헌 중 하나에서 왕에 대한 명칭 뿐 아니라 성의 장로들을 가리켰고, 히브리어와 우가릿어 등 셈어족에서 자음 〈김멜〉과 〈고프〉가 번갈아 나온다. 그래서 이 용어는 일차적으로 목자나 목축업을 지칭하다가 다음에 목축업의 모든 기능을 포괄하는 독자적 단어로 발전하게 되었다고 한다.[4] 이 가설은 〈나기드〉가 목자와 같은 이스라엘의 지도자를 가리킨다는 점에서 긍정적 의미가 있다. 리핀스키(E. Lipimski)는 사무엘상 9장 16절 이후에 나오는 〈나기드〉의 용례와 문맥을 탐구한 후, 왕국을 열어갈 왕자(Kronprinz)라고 규정하였다.[5] 이 가설은 성경의 용례들을 통하여 탐구한 가설이라는 점에 있어서 의미가 있다. 하지만 이 가설은 언어가 생성되고 발전되며 변화된다는 점을 간과하였다. 따라서 샤비브(Sh. Shaviv)는 〈나기드〉가 그뤽이 주장한 대로 세속적 용법에서 유래한 것이 아니라, 신학적 용법에서 유래했다고 본다. 그에 따르면, 〈나기드〉는 우리말 '말하다'를 뜻하는 히브리어 〈힉기드〉와 관련되어 있으며, 그 의미는 '여호와에 의해 알려진 자,' '선언된 자,' '지배된 자'를 의미한다.[6] 이 가설은 〈나기드〉에 대한 여호와의 주권이 강

---

4) J. J. Glück, "Nagid-Shepherd," *VT* 13(1963): 144-150, p. 144.

5) Edward Lipinski, "NÃGÎD, Der Kronprinz," *VT* 24(1974): 497-499.

6) Shemuel Shaviv, "Nãbî and Nãgbîd in 1 Samuel 9,1-10,16," *VT* 34(1984): 108-113. p. 112.

조되었다는 점에서 긍정적 의미가 있다. 실제로 사울과 다윗에게 적용된 〈나기드〉는 기름부음 받고 하나님의 영에 감동된 자였다. 그렇다면 〈나기드〉로서 사울은 하나님에 의해 지명되고 선포된 통치자가 된다.

그러므로 이스라엘의 초기에 나타난 〈나기드〉는 하나님께서 직접 기름 부어 세운 카리스마적 지도자라고 정의할 수 있다. 이 용어가 사사기에서 언급되지 않았다 하더라도, 〈나기드〉는 지파연맹체제의 사사들과 같은 카리스마적 지도자로서 이스라엘을 블레셋으로부터 이스라엘을 구원할 구원자를 가리킨다. 이 점에서 〈나기드〉로서 사울은 여호와에 의해 기름부음 받아 지명되고 선포된 자이며, 양을 치는 목자와 같이 백성을 적으로부터 구출하고 왕국을 열어갈 왕자였다고 할 수 있다.

② 선택된 〈나기드〉

〈나기드〉라는 용어는 사울과 관련해서, 그가 기름부음 받기 이전(9:16)과 기름부음 받을 때(10:1) 그리고 왕으로 선출되고 취임한 이후(13:14)에 각각 한 번씩 나온다. 이중에 사울에게 직접 적용된 〈나기드〉는 사울이 본격적으로 역사의 무대에 등장하는 장면(9:16; 10:1)에 나온다.

처음 사울은 '준수한 젊은이'이고, 이스라엘에서 그보다 '더 준수한 자는 없으며,' '백성보다 어깨 위만큼 큰' 자로 소개 되었다(9:2). 이 소개가 끝나자마자 그가 그의 아버지의 잃어버린 암나귀를 찾는 장면이 나온다. 그는 이리저리 돌아다녔지만 결국 암나귀를 찾지 못해 곤경에 처하게 되었다. 이때 사환이 하나님의 사람을 만나자고 제안함으로 사울의 곤경은 해결된다(6절). 하지만 사울에게 하나님의 사람을 만날만한 예물이 준비되어 있지 않았다. 그가 예물 문제로 곤경에 처하게 되자 또 다시 사환이 세겔을 그에게 주어 그의 곤경은 해결된다(8절). 준수한 젊은이 사울은 항상 곤경에 처하게 되고 그가 곤경에 처할 때마다 무명의 사환은 이를 해결한 것이다. 뿐만 아니라 비탈길에서 만난 일단의 여인들이 지시한 대로(11절), 사울은 성으로 들어갔으나 마주친 사무엘을 알아보지 못했다. 오히려 그는 사무엘에게 하나님의 사람(사무엘)의 집을 묻기도 하였다(12-13, 14, 18절).

이처럼 무대에 등장한 사울은 이스라엘에서 가장 '준수한 청년'이며 '키가 어깨 위에 있는' 용모와 다른 어수룩한 모습이다. 그는 곤경에 처할 때마다 문제를 해결할 능력이 없고, 사무엘을 만나러 갔을 때 사무엘을 알아보지 못했다. 그는 소개될 때마다 대중들의 시선에서 사라지게 되고, 이름도 기억되지 않은 자이며, 무기력한 인물[7]로 그려져 있다. 그는 그의 이야기에서 이야기를 주도적으로 끌고 가지 못한 주인공이다.

하지만 사무엘은 이미 여호와의 지시를 받고 사울을 이스라엘의 '지도자'(〈나기드〉)로 삼기 위해 기다리고 있었다(15-17). 사무엘에게 하신 여호와의 명령은 다음과 같다.

> 내일 이맘때에 내가 베냐민 땅에서 한 사람을 네게 보내리니 너는 그에게 기름을 부어 내 백성 이스라엘의 지도자(〈나기드〉)로 삼으라. 그가 내 백성을 블레셋 사람들의 손에서 구원하리라. 내 백서의 부르짖음이 내게 상달되었으므로 내가 그들을 돌아보았노라(9:16).

---

7) Cooper, "Too Tall by Half," p. 9.

때 야베스의 소식을 들은 백성은 소리 높여 울고 있었다. 그는 백성에게 무슨 일이냐고 묻자 그들은 그에게 야베스의 소식을 전해주었다(5절). 그가 그 소식을 들었을 때에 그는 ‘하나님의 영’ 에게 크게 감동되었다(6절). 그는 한 겨리의 소를 각을 떠서 이스라엘 전 지역에 보냈다. 그는 이스라엘 사람들에게 자신을 따를 것을 요구하였다. 이때 ‘여호와의 두려움’ 이 백성에게 임하였고, 모든 백성이 사울을 따랐다(7절). 사울이 베섹으로 그들을 데리고 가서 야베스에게 전령을 보내 ‘너희가 구원을 받으리라’ 라고 말했다. 이것은 3절에서 야베스가 구원자를 찾았던 일에 대한 응답이었다. 사울 자신이 〈나기드〉로서 ‘구원자’[9]라는 것이다(8-9절).

길르앗 야베스를 구원한 이 전쟁에서 거룩한 전쟁의 요소들이 등장한다. 그리고 그 요소들은 사울과 관련되어 있다. 야베스의 장로들은 옷니엘과 에훗 등과 같은 ‘구원자’ 를 찾고(삿 3:9, 15), 사울은 야베스의 소식을 들었을 때 ‘하나님의 영에 감동되며(cf .삿 14:6, 19; 15:14), 백성들은 사울이 보낸 각 뜬 소를 받았을 때 ‘여호와의 공포’ (cf. 삼상 14:15)를 체험한 것이다. 이것은 길르앗 야베스를 구원한 암몬 전쟁에서 사울이 카리스마적 지도자로서 〈나기드〉이었다는 것을 뜻한다. 또한 이 전쟁에서 사울에게 〈멜렉〉의 모습은 없다. 그는 농부의 한 사람으로 일상적인 밭갈이 하고 있는 모습으로 묘사되어 있다. 이것 또한 〈나기드〉의 전형으로서 사사들을 연상하게 한 모습이다. 그는 “이 놈이 어찌 우리를 구원하겠는가?” (10:27b)라는 불량배의 조롱을 덮어버리고, 백성을 구원하는 〈나기

9) 구원자는 지파연맹에서 억압받는 자들을 구원하는 구원자는 항상 여호와이시거나 아니면 하나님에 의해 구원자로 행동하도록 지명된 사람이었다.

드〉로서 그의 역할을 한 것이다.

③ 폐위된 〈나기드〉

〈나기드〉로서 사울이 수행한 두 번째 전쟁이 믹마스 전쟁이다(13장). 이 전쟁은 야베스를 암몬으로부터 구원한 사울이 길갈에서 왕으로 추대(11:12-15)된 이후에 있었던 전쟁이었다. 이 전쟁은 사울이 통치한 제 2년에 일어난 일이라고 명시되어 있다(13:1). 이 전쟁에서 이스라엘의 군대는 믹마스의 사울에게 2천명, 게바의 요나단에게 1천명이 배속되었다. 먼저 요나단이 전공을 세웠다. 요나단 부대는 블레셋의 수비대를 쳐서 무너뜨렸다(13:3). 이것은 블레셋의 증오를 사게 되었다. 하지만 사울이 블레셋을 물리친 것으로 알고 있던 '온 이스라엘'은 길갈에서 사울을 따르고 있었다(4절). 그리고 블레셋은 믹마스에 병거 3만 명과 마병 6천명을 주둔시켰다. 믹마스는 대규모의 병거가 전투하기에는 적합하지 않는 지형이다.

하지만 이스라엘 사람들은 블레셋의 대규모의 병거를 보고 겁을 먹어 "굴과 수풀과 바위틈과 은밀한 곳과 웅덩이에 숨어" 들었다(5-6절). 이 위급한 상황에도 불구하고 사울은 희생 제사를 드리기 위해 길갈에서 사무엘을 기다리고 있었다. 그가 이레 동안 기다렸으나 사무엘이 오지 않자, 그는 번제를 드려 버렸다(9절). 번제가 끝나자마자 나타난 사무엘은 사울에게 "왕이 행한 일이 무엇이냐?"라고 추궁하였다. 사무엘은 사울의 변명에도 아랑곳 하지 않고 "왕이 망령되이 행하였도다. 왕이 왕의 하나님 여호와께서 왕에게 내리신 명령을 지키지 아니하였도다"(13절)라고 책망한 것이다.

그리고 사무엘은 이른바 사울에 대한 여호와의 거절을 다음과 같이 선포한다.

> 지금은 왕의 나라가 길지 못할 것이라. 여호와께서 왕에게 명령하신 바를 왕이 지키지 아니하였으므로 여호와께서 그의 마음에 맞는 사람을 구하여 여호와께서 그를 그의 백성의 지도자(〈나기드〉)로 삼으셨느니라(13:14).

사울이 이스라엘을 다스린 지 2년에 믹마스 전쟁이 있었다는 것과 이 전쟁에서 이렇다할 전공을 세우지 못하고 요나단의 전공을 가로챘다는 점에서 사울은 전형적인 군주제도의 군왕의 이미지를 보여주고 있다. 그러나 이 본문에 나오는 여호와의 거절은 왕에 대한 거절이 아니다. 이 거절 모티프는 〈나기드〉에 걸려 있다. 그런데 이 신탁에서 〈나기드〉는 사울이 아니고 여호와의 마음에 맞는 사람이다. 이것은 사울의 〈나기드〉 신분에 대한 거절을 의미한다. 사울은 〈나기드〉로서 여호와의 명령에 복종해야 함에도 불구하고 명령을 지키지 아니하였으므로, 그의 〈나기드〉의 정체는 거절되고, 여호와의 마음에 맞는 사람이 마침내 〈나기드〉가 된다는 것이다. 우리는 이 사람을 다윗이라고 생각한다. 다윗이 16장에서 기름부음 받게 되고[10] 나중에 그가 백성을 구원하고 〈나기드〉로 불리게 되기 때문이다(삼상 25:30; 삼하 6:21). 이 전쟁의 결과 사울은 〈나기드〉에서 거절되고 다윗이 〈나기드〉로 예고된 것이다.

그러므로 〈나기드〉에서 거절된 사울은 '그들을 위한(〈라헴〉) 그들의 왕' (8:22, cf. 18, 20)이었으며, 〈나기드〉로 승인된 다윗은 '나를 위한(〈리〉) 왕' (16:1)이라고 요약할 수 있다. 승인된 〈나기드〉는 필연적으로 하나님을 위한 왕이지만, 거절된 〈나기드〉는 본질적으로 백성을 위한 왕일 수밖에 없었다는 것이다. 그래서 한 사람에게

10) Klein, *1 Samuel*, p. 127.

거절되고 다른 사람에게 승인되는 〈나기드〉가 나오는 사무엘상 13장 14절이 사울의 몰락과 다윗의 상승이 교차한 시점이다.

(3) 군왕제도

① 선출된 왕

사무엘은 왕을 세워달라고 요구한 백성에게 군왕제도의 문제점과 폐해를 가르치고(8:10-17), "'너희를 위해 너희가 택한 왕'으로 말미암아 너희가 부르짖게 될 것"(8:18)이라고 경고한 바 있다. 그러나 백성은 여전히 "우리를 다스리며, 우리 앞에 나가서, 우리의 싸움을 싸워야 할"(8:5, 20) 왕을 요구하였다. 따라서 사무엘은, "그들을 위한 그들의 왕을 세우라"(8:22)는 여호와의 명령에 따라, 사울을 '백성의 왕'으로 선출한 것이다.

사무엘이 사울을 왕으로 선출한 본문은 사무엘상 10장 17-27절이다. 이 본문의 구조는 서문(17-19절)과 제비뽑기(20-24절) 그리고 발문(25-27절)으로 되어 있다.

서문(17-19절)에서 사무엘은 마치 예언자들처럼 백성을 미스바로 불러 모았다. 그리고 그는 여호와의 1인칭 담화로 하나님의 말씀을 대언하였다. 그 내용은 하나님의 위대하신 구원 행동에 관한 회상과 배은망덕한 백성에 대한 책망이다. 즉 여호와께서 이스라엘을 애굽에서 인도하여 내고 압제하는 모든 나라의 손에서 건져내셨지만, 백성은 구원의 하나님을 버리고 그들을 위한 그들의 왕을 요구한다는 것이다. 그래서 사무엘은 백성에게 각 지파대로 천 명씩 여호와 앞으로 나오라고 선포하였다. 이 서문은 다음과 같은 짜임새로 되어 있다.

1. 회중소집(17절): "여호와 앞에 모으고"는 제의적 집회를 뜻한다.
2. 사자전언어투(18a절): "이스라엘 하나님 여호와께서 이같이 말씀하시기를" (〈코 아마르 야훼 엘로헤이 이스라엘〉)
3. 구원사건회고(18b절): 출애굽 사건에 대한 회고
4. 비난(19a절): "하나님을 버리고 왕을 세우라 하는 도다."
5. 선포(19b절): "이제 각 지파대로 천 명씩 여호와 앞에 나오라."

브루스(B. Bruce)는 이 서문을 예언자적 심판신탁 구조라고 본다. 그에 따르면, 예언자의 신탁은 심판선고로 끝맺지만, 이 서문은 왕을 선출하는 하나님의 은혜로운 행동으로 끝난다. 여기서 하나님의 은혜는 여호와께서 지명하신(10:1) 사울을 사무엘이 왕으로 선출한 것(10:17-27)을 두고 한 말이다.[11] 브루스는 사무엘상 10장 1절의 '사울에게 기름 부은' 사건과 10장 17-27절의 '사울을 왕으로 선출한' 사건을 연결한 것이다. 하지만 사무엘상 10장 1절에 나오는 기름 부은 사건의 문맥에 〈멜렉〉이란 단어가 없다. 이 문맥에서 기름부음 받은 사울의 정체는 〈나기드〉이었다. 10장 1절에서 사무엘이 사울을 기름 부은 것은 그를 왕으로 지명한 것이 아니라 목자 같은 카리스마적 지도자(〈나기드〉)로 세운다는 것을 의미한다. 따라서 10장 1절의 기름 부은 사건과 10장 17-24절에서 왕을 선출하는 의식은 문맥상 직접적 관계가 없다. 또한 군왕제도는 여호와께서 기뻐하신 제도가 아니기 때문에, 그들이 사울을 왕으로 선출

11) Bruce Birch, "Choosing of Saul at Mizpah," *CBQ* 37(1975): 447-457, pp. 442-454.

한 것을 하나님의 은혜라고 보기 어렵다.

왕을 선출하는 제비뽑기(20–24절)는 서문(17–19절) 다음에 이어져 있다. 비르흐(B. Birch)는 이 제비뽑기가 여호와의 주도아래 이루어지고 있다는 점에서 하나님의 은혜로운 행동으로 본다.[12] 그러나 이 주장에 쉽게 동의하기는 어렵다. 그 이유는 다음과 같다. 첫째, 마지못해 하나님께서 왕을 세우라고 허락하셨다고 하더라도, '그들을 위한 그들의 왕'은 결코 하나님의 뜻이 아니었다. 둘째, 일반적으로 예언자적 심판신탁 다음에 심판선고가 뒤따른 것처럼, 심판신탁의 구조의 서문 다음에 이어진 제비뽑기가 심판선고의 위치에 있다. 셋째, 여호수아 7장 14–18절에서처럼, 지파나 개인이나 가족을 나오라고 할 때는 〈카라브〉 동사가 사용되고, 그 중 하나가 뽑힐 때는 〈라카드〉 동사가 사용되며, 지명되지 않는 자에게는 〈야차아〉 동사가 사용되고 있다. 이와 같이 아간을 심판하기 위한 문맥과 동일한 어휘와 문체로 구성되어 있다. 따라서 사울을 왕으로 뽑는 의식은 하나님의 은혜로운 행동이기 보다 하나님의 탄식 가운데 진행된 심판선고를 함의한 것으로 보인다.

제비뽑기에서 사울이 왕으로 뽑혔으나 그는 그곳에 없었다(21절). 그를 찾을 수 없었던 사무엘은 여호와께 "그 사람이 여기 왔나이까?"라고 여쭈었다. 여호와께서는 사무엘에게 사울이 짐짝 뒤에 숨어 있다고 가르쳐 주셨다. 그래서 사람들이 그를 데리고 왔다. 사무엘의 제비뽑기는 실제로 실패한 것이다. 왕으로 사울이 지명된 것은 그가 짐짝 뒤에 숨어 있다고 폭로한 여호와에 의해서 되었다(22절).

본문은 사람들이 짐짝 뒤에서 그를 데려왔다고 보도된 다음, "그

---

12) Birch, "Choosing of Saul at Mizpah," p. 456.

가 백성 중에 서니 다른 사람보다 어깨 위만큼 더 컸다"는 진술되고 있다. 이 진술은 이미 9장 2절에 묘사되어 있다. 이 진술이 사울을 왕으로 선출한 후 다시 반복된 것이다. 이것은 사울이 왕위에 오른 것과 직접적 관련이 있다. 왕을 선출한 문맥에서 사울의 큰 신장이 보도된 것은 백성들이 볼 때 '우리 앞에 나가서 우리의 싸움을 싸워야 할 왕'(8:20)의 자격을 암시한다는 것이다.[13] 그렇다면 이는 다윗의 경우와 대조된다. 사울이 왕으로 선출될 때 묘사된 그의 큰 신장은 다윗이 왕으로 선택될 때 여호와께서 "외모가 아니라 중심을 보신다"(16:7)고 하신 말씀과 대조되며, 여호와께서 사울이 선출되기 전 백성이 요구한 군왕을 가리켜 '그들을 위한(〈라헴〉) 그들의 왕'(8:22)이라고 표현하신 것은 다윗을 선택하실 때 다윗을 가리켜 '나를 위한'(〈리〉) 왕(16:1)이라고 표현하신 것과 대조된다.

사울이 왕으로 선택된 것이 그의 외모에 따라 되었다는 것은 24절에서 다시 확인된다. 사울의 외모에 대하여 "모든 백성 중에 짝할 이가 없다"(24절)고 한 사무엘의 논평이 그것이다. 이 논평에서 우리말 성경의 '~이가 없다'라는 표현은 히브리어 성경에서 '~같은 자가 없다'(〈에인〉)라는 말이다. 사무엘은 이 어구를 통해 사울을 나무랄 데 없는 사람이라고 평가한 것이다. 사무엘의 평가 직후에 모든 백성은 하나 같이 '왕의 만세'를 외치며 환호하였다. 그러므로 백성은 사울의 큰 신장을 보고 사울을 '그들을 위한 그들의 왕'이라고 판단하였을 것이다.

발문(25-27절)에서 사무엘은 나라의 제도를 백성에게 말하고 책에 기록하여 성소에 두었다고 한다. 이것은 군왕제도에 대한 백성

---

13) Klein, *1 Samuel*, p. 99.

의 의무로서 8장 9–17절을 가리킨 것이라고 이해할 수 있고, "왕위에 오르면 율법서를 등사하여 옆에 두고 지켜 행하라"는 신명기 17장 18절에 근거한 신명기 법전으로 볼 수 있다. 어느 것이든 그것을 책에 기록하여 보관했다는 것은 군왕제도의 부작용을 최소화하기 위한 배려였고, 왕이 율법을 지키면서 직무를 수행하도록 하기 위한 장치였을 것이다. 사무엘이 그가 경고했던 군왕제도(8:9ff)의 폐해에 대하여 생각하고 있었던 것은 분명하다.

② 백성을 위한 왕

사울은 요나단과 함께 믹마스에서 블레셋을 몰아내기 위한 싸움을 계속했다(13:16, 23; 14장). 그 결과 블레셋 사람들은 믹마스에서 쫓겨났고, 그들의 용병 노릇을 하던 히브리인들은 탈주하여 넘어왔으며, 에브라임 산 중에 은신하던 이스라엘 사람들이 사울의 주위로 집결하게 되었다(14:21–23). 그들은 사울에게 적극 협력하였다. 사울은 그들과 함께 동거 동락했다. 그는 그들을 지배하기 위한 관료들을 임명하지 않았고 그들로부터 세금을 징수하지 않았으며 후궁을 두기 위해 그들의 딸들을 강제하지 않았고 자신을 위한 호화로운 궁궐을 건축하기 위해 그들을 대규모 토목공사에 동원하지도 않았다. 그는 시골인 그의 고향 기브아에 기거하면서, 이웃 나라들과 지속적으로 전쟁을 수행하였다. 그는 "이스라엘의 왕위에 오른 후에" 모압과 암몬과 에돔과 소바와 블레셋을 물리쳤고, "향하는 곳마다 이긴 것이다"(14:47).

이 전쟁 목록에서 사울은 "그가 향하는 곳마다 이겼고"(47절), "이스라엘을 약탈하는 자들의 손에서 건져 내었다"(48절). 블레셋과의 전쟁을 묘사한 13장이나 아말렉과의 전쟁을 묘사한 15장과는 달리 14장 47절의 전쟁에서는 사울에 대한 부정적 논평이 없다. 그것은 사울이 전쟁을 수행할 때마다 여호와의 명령에 순종하여 거룩한 전쟁의 이념인 '진멸'(《헤렘》)을 이행했기 때문이라고 보는 것이 타당하다. 말하자면 사울은 최소한 14장 47절의 각종 전쟁에서 승리하고 이스라엘을 구출하였으며 전쟁에서는 얻은 전리품을 하나님께 바치기 위해 전멸시켰을 것이다. 그는 폭군이 아니라 오히려 백성을 구출한 왕으로서 주어진 임무에 충실한 왕이었다. 따라서 그는 왕의 직무 지침(10:25)에 따라 하나님의 뜻에 부합된 직무를 수행한 군왕이었을 것이다.

그런데 15장에 보도된 아말렉과의 전쟁은 다르다. 이 전쟁은 여러 번의 전쟁이 단 한 절에 보도된 14장 47절과 달리 서른 세 절에 걸쳐 기록되어 있다. 이 전쟁 보도는 A. 사무엘의 명령(1-3절), B. 전쟁 과정과 결과(4-9절), C. 여호와의 거절(10-31절), 그리고 D. 사무엘의 아각 처형(32-33절)으로 되어 있다.

사무엘은 전쟁에 앞서 사울에게 "지금 가서 아말렉을 쳐서 그들의 모든 소유를 남기지 말고 진멸하되 남녀와 소아와 젖 먹는 아이와 우양과 낙타와 나귀를 죽이라"고 명령하였다. 그는 이 명령을 "만군의 여호와께서 이같이 말씀 하시기를"(2절, 〈코 아마르 야훼 체바옷〉)이라는 예언자의 사자전언어투를 사용하여 사울에게 전하였다(1-3절). 사울은 그 전쟁에서 하윌라에서 술까지 쫓아가 아말렉을 치고 승리하였다. 그러나 그는 이 전쟁에서 아말렉 백성을 진멸하였으나 왕 아각은 사로잡고, 양과 소와 가장 좋은 것 또는 기름진 것과 어린 것과 모든 좋은 것을 남겨두었다. 아간처럼 거룩한 전쟁에서 아말렉 사람들과 각종 전리품들을 '진멸' 하지 않고 감추어 둔 것이다(4-9절).

이에 대한 사무엘의 책망과 왕에 대한 여호와의 거절이 길게 언급되어 있다(10–31). 여호와께서 사울을 왕으로 세운 것을 후회하신다는 것이다. 사무엘의 책망과 사울의 변명을 함께 읽으면 문제의 핵심이 드러난다.

> 사무엘: "어찌하여 왕이 여호와의 목소리를 청종하지 아니하고…"(15:19)
> 사울: "내가 백성을 두려워하여 그 말을 청종하였음이니이다"(15:24).

이 대화에서 사무엘은 여호와의 명령을 청종하지 않은 사울을 책망하고, 사울은 이를 부인하지 않는다. 그는 오히려 백성의 말을 청종했다고 대답한다. 그가 백성에게 청종한 것은 "백성이 두려워" 그랬다는 것이다. 그의 변명에 따르면 그는 여호와는 두려워하지 않고 백성을 두려워하였다.

사울의 대답은 사울 편에서 맞는 공식이다. 그는 기본적으로 백성의 요구에 따른 군왕제도의 왕이었고 이 제도에 따라 선출된 백성을 위한 백성의 왕(cf. 8:18, 20, 22, 〈멜렉〉)이었다. 그래서 그는 백성을 의식하지 않을 수 없었을 것이다. 그는 백성이 진멸하지 않은 전리품을 진멸할 수 없었을 것이다. 그래서 그는 전리품을 전쟁에 참전한 군인들에게 나눈 것이다. 그리고 전리품을 받은 군인들은 환영 나온 여인들(부인들)에게 아름답고 화려한 천과 장신구들로 보답하였을 것이다. 여인들은 그것으로 의복을 만들어 입었을 것이고, 화려한 장신구들로 그들의 몸을 치장하였을 것이다. 마침내 〈멜렉〉으로서 사울은 백성들의 환심을 사게 되었을 것이다. 하지만 사울은 전리품을 진멸하여 하나님께 바쳐야 한다는 거룩한 전쟁의 이념을 어긴 것이다.

따라서 사무엘은 사울에게 다음과 같이 왕권 폐위를 선언하였다.

> 왕이 여호와의 말씀을 버렸으므로
> 여호와께서 왕을 버려 이스라엘의 왕이 되지 못하게 하셨다(15:26)

이것이 사울이 백성의 편에 선 결과였다. 그는 백성의 말을 듣기 위해 여호와의 말씀을 거역한 것이다. 그리고 '백성을 위한 백성의 왕' 이었던 그는 이스라엘의 군왕의 자리에서 폐위를 선고받았다. 그리고 마침내 이 폐위 선고는 그가 블레셋과의 길보아전쟁(삼상 31장)에서 세 아들들과 함께 전사함으로 집행된다.

③ 버림받은 왕

이미 본대로, 왕으로서 사울은 15장에서 폐위가 선언되었고, 31장에서 폐위가 집행 된 것이다. 그가 버림받은 왕이라는 사실은 그의 폐위가 집행되기 전 두 가지 사건에 의해 확인된다. 하나는 놉의 제사장들을 학살한 사건이고, 다른 하나는 엔돌의 무당을 찾아간 행동이다. 두 사건 가운데 백성과 관련해서, 사울이 놉의 제사장들과 주민들을 학살한 것은 너무나 충격적인 사건이었다.

이 사건은 다윗이 아히멜렉에게 도피한 것이 발단이 된다. 다윗은 놉의 제사장 아히멜렉에게 먹을 것과 창이나 칼 등 무기를 요구하였다. 아히멜렉은 진설병과 과거 소년 시절 다윗의 전리품이었던 골리앗의 칼을 다윗에게 주었다. 이제 다윗은 궁중에서 수금을 타는 소년이 아니라 칼을 차고 자신을 지키는 용사가 된 것이다. 다윗이 수

금대신 칼을 찬 것은 사울에게 큰 위협이 되었다. 이를 알고 있던 에돔 사람 도엑이 다윗과 아히멜렉의 대화를 우연히 엿듣게 되었다. 그리고 도엑은 다음의 세 가지를 사울에게 재빠르게 밀고하였다.

① 아히멜렉이 그를 위하여 여호와께 묻고,
② 그에게 식물도 주고,
③ 블레셋 사람 골리앗의 칼도 주더이다.(삼상 22:10)

이것은 사무엘상 21장 1–9절에 있었던 사실에 하나가 첨가된 것이다. 이 보고에서 도엑이 첨가한 것은 ①번의 '아히멜렉이 여호와께 물었다' 는 항목이다. 아히멜렉이 다윗을 위해 여호와께 물었다면, 이는 사울이 보기에 그가 다윗의 편에 가담하여 반역자가 되었다는 것을 의미하고, 제사장 집단이 '이새의 아들' 편이 되었다는 증거가 된다. 따라서 도엑의 보고는 사울로 하여금 이성을 잃도록 하기에 충분하였다.

사울은 아히멜렉과 제사장들을 모두 소환하였다. 그리고 아히멜렉에게 "너 아히둡의 아들아 들으라. 네가 어찌하여 이새의 아들과 공모하여 나를 대적하여 그에게 떡과 칼을 주고, 하나님께 물어서, 그로 오늘이라도 매복하였다가 나를 치게 하려 하였느뇨"(22:12–13)라고 신문하였다. 사울의 이 심문에 3 가지 특징이 있다.

① 사울은 아히멜렉과 다윗의 이름을 말하지 않았고,
② '공모하였다' 는 표현은 사울이 베냐민인들에게 사용한 것이며(삼상 22:8),
③ 도엑의 보고를 그대로 반복하고 있다.[14]

14) Brueggemann, *First and Second Samuel Interpretation,* p. 159.

이 특징은 사울이 이성적 판단을 하지 못하고 있다는 증거이다. 즉 그는 다윗의 이름 대신 '누구의 아들'이라고 부르고, '공모하다'라는 말을 함으로 혐의를 아히멜렉에게 모두 덮어씌우고, 도엑의 말을 되풀이함으로 자신의 정체성을 상실하고 있다. 이에 반해 아히멜렉은 그의 대답에서 사울로 하여금 이성적 판단을 하도록 돕고 있다.

① 다윗은 충실한 자요('믿을만한 자,' 표준새번역),
② 왕의 사위요,
③ 왕의 호위대장이며,
④ 왕실에서 존귀한 자이다(삼상 22:14).

아히멜렉의 이 대답은 다윗이 사울에게 어떤 사람인가를 보여준다. 그는 이 대답을 통해 사울로 하여금 이성적 판단을 하도록 도와주고 있다. 그러나 사울은 과거의 다윗의 정체에 대해 합리적 판단을 할 수 없었다. 그는 아히멜렉의 충고를 받을 만큼 이성적이지 못했다. 그는 다윗을 도와준 아히멜렉과 제사장들을 증오하고 있었다. 그래서 그는 아히멜렉과 놉의 제사장들을 학살하도록 수행원들에게 명령하였다. 하지만 수행원들은 제사장들을 죽이기를 두려워하고 거절하였다. 수행원들조차 제사장들을 학살하려고 한 사울의 행동에 동의하지 않는 것이다. 미침내 그는 에돔 사람 도엑에게 명령하여 에봇 입은 제사장 85명과 놉의 남자, 여자, 어린이, 젖먹이, 그리고 가축까지 모두 칼로 진멸(〈헤렘〉)하는 무서운 일을 저지르게 된다. 아멜렉의 아각을 살려주고 좋은 양과 소 떼 등 전리품을 진멸하지 않은 사울이 여호와의 제사장들과 놉의 주민들을 진멸한 것이다. 다음 구조는 이 진멸 관계를 잘 보여 준다.

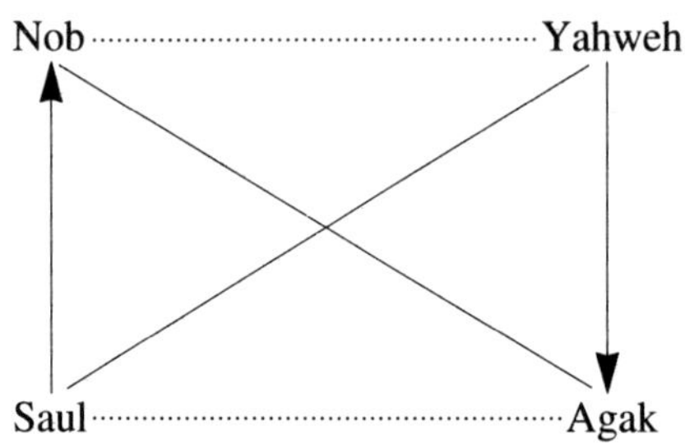

이 도식에서 '→' 표시는 '진멸'(〈헤렘〉)관계를 나타낸다면, '……' 표시는 'not 진멸'(〈헤렘〉)관계를 나타내고, '×' 표시는 대립관계를 나타낸다. 이 도식에서 볼 때, 버림받은 왕 사울은 여호와와 대립관계에 있다. 그래서 그는 여호와의 제사장들을 진멸하였다. 아각은 제사장들과 대립관계에 있다. 그래서 여호와께서 사무엘을 통해 아각을 진멸하신다. 사울이 아각을 진멸하지 않고 제사장들을 진멸한 것은 여호와께서 사무엘을 통해 아각을 처형한 것과 상관관계에 있다는 것이다.

문제는 제사장들을 진멸한 사울의 행위가 "전통적인 부족동맹 질서와 유대를 끊어버리고, 블레셋과 싸워야 하는 전투력을 다윗을 추격하는데 소모하는 결과를 가져와서",[15] 마침내 길보아 전투에서 자멸하게 되는 결과를 가져온 것이다.

15) John Bright, *A History of Israel,* 3rd ed., (Philadelphia: The Westminster Press, 1981), p. 193.

4. 결론

필자는 제 V연(24-25a절)에 대한 연구에서 사울과 백성의 관계를 집중적으로 연구하였다. 이를 위해 이 연에 표현된 문학적 틀과 함의된 신학적 의미를 살펴보았다. 먼저 문학적 측면에서 이 연 역시 아름다운 율동적인 히브리 시로 구성되어 있다. 사행연구(quatrain)로 구성된 이 연은 두운과 각운 그리고 자음운도 엿보인다. 두운은 'abbc' 형이며, 각운은 'abca' 형으로 되어 있고, 각 행의 중간에 나타난 자음운은 'abbc' 형으로 구성되어 있다. 이 연의 어휘들은 소리 내서 우는 것을 의미하는 〈바카〉 동사와 대조적으로, 울어야 하는 이유를 말할 때는 백성의 안락함과 화려함 그리고 사치스러움을 엿보게 하는 단어들로 구성되어 있다. 우는 것은 '지금' 즉 현재의 상황이라면, 화려함은 '그때' 즉 과거의 상황을 언급한 것으로 단어의 의미와 시제에 있어서 대조된 어휘들로 짜여 있다. 이 연의 구조도 매우 정교하게 구성되어 있다. 각 단어들은 대조와 평행을 이루며 씨줄과 날줄로 엮어져 있고, 각 행들은 명령(1행)과 이유(2-3행) 그리고 명령에 대한 이행(4행)으로 구성되어 있다. 특히 '이스라엘의 딸들이 우는 것' 은 20절의 '블레셋의 딸들이 개가를 부르는 것' 과 대조될 뿐 아니라 제 II연과 제 V연을 엮어주는 역할을 하고, 후렴구의 '전쟁' (〈밀레하마〉)은 27절의 '싸우는' (〈밀레하마〉)과 동일한 어휘로서 제 Ia연과 제 V연을 연결하는 역할을 하고 있다.

신학적 의미에 있어서 필자는 여인들이 사울을 위해 울어야 하는 당위성을 세 가지 항목으로 논증하였다. 첫째, 백성이 사무엘에게 왕을 세워달라고 요구한 '백성의 요구' 는 사무엘상 8장 18절과

20절 그리고 22절을 통해 분석하였다. 18절에서 여호와는 백성에게 '너희를 위하여 너희가 택한 왕' 이라는 수사적 표현을 하고, 20절에서 백성은 사무엘에게 '우리 앞에 나가서 우리의 싸움을 싸울' 왕이라 하였으며, 다시 여호와는 사무엘에게 '그들을 위한 그들의 왕' 이라는 표현을 통해 사울 '왕' (〈멜렉〉)은 이스라엘에서 여호와와 관계없는 직무라는 것을 보여주고 있다. 둘째 여호와께서 바라시는 체제는 '신정체제' 라는 것을 논증하였다. 신정체제는 〈나기드〉라는 직무에 있다고 보았다. 이 직무의 의미는 학자들의 견해들이 포괄되어야 하지만, 가장 중요한 핵심이 지파연맹 시대에 있었을 카리스마적 지도자를 의미한다고 본다. 여호와는 백성들이 인간왕을 요구하였음에도 불구하고 사무엘을 통하여 사사기의 사사들과 유사한 신분의 〈나기드〉로서 사울을 기름 부은 것이다. 〈나기드〉로서 사울은 사사들과 같은 신분과 방법으로 11장의 암몬을 물리쳤다. 하지만 13장의 블레셋과의 전쟁을 앞둔 사울은 〈나기드〉로서 신분을 망각하고 여호와의 명령을 거절하고 제사를 드린 결과 〈나기드〉에서 폐위된 결과를 가져 온 것이다. 이는 거절된 사울 대신 다윗이 선택되었다(14절)는 데서 확인된다.

이와 달리 백성들이 요구한 군왕제도는 '왕' (〈멜렉〉)이라는 직무에 있었다. 그래서 필자는 여호와께서 10장 17-27절에서 사울을 왕으로 선출한 사실을 주목하고 연구하였다. 여기서 사울을 선택하게 된 기준은 사울의 큰 신장이라는 외모에 있었다. 즉 사울이 백성을 위한(〈라헴〉) 백성의 왕으로서 자격이 그의 '외모' 에 있었다면 (8:22; 10:23-24) 여호와를 위한 왕(〈리〉)으로서 다윗이 선택된 기준은 '중심' 에 있었다(16:1). 이 기준의 차이는 백성의 왕과 여호와의 왕의 차이라 하겠다. 따라서 백성을 위한 왕으로서 사울은 15장의 아말렉과의 전쟁 결과 백성이 요구한대로 아각과 각종 좋은 짐승을 진멸(<헤렘>)할 수 없었던 반면에, 놉의 제사장들과 주민들을 학살(<진멸>)하였다. 따라서 사울은 필연적으로 여호와의 적이 될 수밖에 없었고, 왕(<멜렉>)으로서 그의 폐위가 선언되었다(15:26). 15장에서 선고된 그의 폐위는 31장에서 집행된 것이다.

그러므로 백성을 위한 백성의 왕이었던 사울의 죽음은 여인들에게 충격적인 소식이 된다. 사울이 백성에게 "화려하고 붉은 옷을 입혀주고 금 노리개를 달아주었다"는 다윗의 말이 사실이든 과장이든 역설이든 백성을 위한 왕으로 살다가 여호와로부터 버림받은 사울의 죽음에 대하여 여인들은 애곡해야 한다. 더욱이 사울의 전리품을 챙겨 경제적 혜택을 입은 이들은 더 울어야 한다. 각종 혜택에 따라 길보아 전쟁에 나가지 않고 고통으로부터 그들 자신이 제외되었다고 생각하는 이들, 부요하고 풍요롭고 살기 좋은 환경에 있는 이들은 울어야 한다. 그들은 나들이옷을 그만 두고 위대한 왕의 종말을 자신의 몸에 구현시켜야 한다. 그들은 이스라엘의 상실의 현실에 적합하도록 자신들의 공적인 생활 모습을 바꾸어야 한다. 파티 복은 견디기 어려운 상실을 부인하며, 허용하지 않는 행위라는 것을 알아야 한다.[16] 그들은 사울의 죽음을 슬퍼하며 울어야 한다. 그것이 다윗의 생각이다.

16) Brueggemann, *First and Second Samuel Interpretation*, p. 216.

IX.
내형 요나단이여(25b-26절)

1. 서론

마지막 제 VI연은 25b-26절로 되어 있다. 그 이유는 이렇다. 첫째, 25a절은 다윗의 명령에 따라 여인들이 애곡하는 〈키이나〉로서, 앞의 연(제 V연, 24-25a)에 속한다. 그리고 27a절은 19절의 〈키이나〉와 수미쌍관법을 이루며 이 조가를 마감하는 〈키이나〉로서, 제 I연에 속한다. 따라서 25b-26절은 하나의 단락이 된다. 둘째, 이 단락에서 '요나단'이 청중이며 '다윗'은 화자이다. 화자는 1인칭 단수로 쓰였고, 청중은 2인칭 단수로 쓰여 있다. 이것은 앞 연에서 '사울'이 3인칭으로 기술되어 있는 것과 비교되며 다른 연들에서 볼 수 없는 구문이다. 셋째, 화자와 청중인 다윗과 요나단은 인칭대명사를 사용하여 '나-너'의 관계로 묘사되어 있다. 이것 역시 다른 연에서 볼 수 없는 특징으로서, 다윗과 요나단의 개인적인 친밀감을 보여준다. 넷째, 앞의 연(V연)의 주제어가 '사울'인 반면 이 단락의 주제어는 '요나단'이다. '요나단'이란 개인의 이름이 25b절의 첫머리와 26절 두 번째 행에 나오고 있다. 따라서 앞의 연이 '사울' 의 연이라면 이 단락은 '요나단' 의 연이다. 그러므로 이 단락(25b-26절)을 제 VI연으로 구분 지을 수 있다.

이 연의 호격은 '요나단' 이다. 우리말 성경에서 호격은 '내 형 요나단이여' 라고 되어 있다. 이는 히브리어 성경에서 26절의 첫 행의 끝에 위치한 어구인데, 이를 우리말 성경에서 26절 첫 행의 첫머리에 배열한 것이다. 하지만, 필자가 이 연의 첫 행으로 보았던 25b절의 첫 단어인 '요나단' 을 호격으로 읽을 수 있다. 이를 첫 번째 호격으로 읽고, '내 형 요나단' 을 두 번째 호격으로 읽는 것이 자연스럽다. 조가에서 화자가 고인의 이름을 반복하여 부르는 것은 흔한 일이다. 또한 요나단에 대한 다윗의 깊은 우정과 요나단의 죽음에 대한 다윗의 슬픔의 강도가 두 번의 호격에 암시되어 있다. 뿐만 아니라 25a절과 27a절에 나오는 두 개의 〈키이나〉에 의해 둘러싸여 있는 이 연은 다윗의 슬픔이 절정에 도달하고 있음을 보여준다. 이 연을 사행연구(quatrain)로 읽으면 다음과 같다.

25 b '요나단이여' 너의 산 위에서 죽임을 당하였도다.
26 '내 형 요나단이여' 내가 그대를 애통함은
그대는 내게 심히 아름다움이라.
그대가 나를 사랑함이 기이하여 여인의 사랑보다 더 하였도다.

이 연은 다윗이 요나단과의 개인적인 관계를 회상하고 요나단의 죽음을 슬퍼한 내용이다. 다윗의 슬픔은 요나단과의 깊은 우정과 관련이 있다. 따라서 필자는 이 연에 나타난 다윗과 요나단의 우정을 운율과 어휘 그리고 구조적 측면의 문학적 틀을 통해 살펴보고자 한다. 먼저, 맛소라 본문에 나오는 이 연의 운율을 살펴볼 것이다. 여기서 우리는 아름다운 히브리 시의 선율을 맛보게 된다. 그리고 불변화사가 이 연의 구조에 어떤 역할을 하는지, 어떤 어휘들이 다윗과 요나단의 관계를 묘사하고 있는지, 문장의 어순은 어떻게 구성되어 있는지 살펴보겠다. 마지막으로 신학적 의미를 도출하기 위하여 이 연의 문학적 짜임새를 분석할 것이다.

이 연구에서 필자는 이 연의 문학적 틀을 통하여 신학적 의미를 추적할 것이다. 신학적 의미는 다윗과 요나단의 특별한 관계에 비추어 볼 때, 왕권의 계승문제와 관련되어 있다. 그래서 이스라엘의 군왕제도가 도입되어 정착하기 전 사울 시대에 있었던 것으로 보이는 고대근동의 왕위계승 문제를 탐구하겠다. 그리고 사울과 요나단, 사울과 다윗, 그리고 요나단과 다윗의 관계에서 후계자 구도가 어떻게 전개되고 있는지 사무엘상을 중심으로 살펴보겠다. 여기서 논쟁점은 사울 왕권의 이양에 관한 과정이다. 왕권이 다윗에게 넘어가는 과정에서 요나단은 어떤 역할을 했는지 연구할 것이다. 이는 옷 모티프를 통해 논증된다. 이 모티프는 다윗을 자신의 생명처럼 사랑하는 요나단의 사랑이 왕위 계승의 토대가 되었다는 것을 보여줄 것이다. 따라서 필자는 다윗에 대한 요나단의 사랑을 정리하므로 이 연구를 마칠 것이다.

2. 문학적 틀

(1) 운율

이 연을 감상하기 위해 맛소라 본문에 따라 읽으면 다음과 같다.

제 VI연(25b-26)　예호나탄 알 바모데카 할랄
차르-리 알레카 아히 예호나탄
나아므타 리 메오드
니플레아타 아하바데카 리 메아하바트 나쉼

사행연구(quatrain)로 구성된 이 연의 각 행은 〈요드〉(/y/), 〈차데〉(/Ṣ/), 〈눈〉(/n/), 그리고 〈눈〉(/n/)으로 시작된다. 이같이 두운은 'abcc' 형이다. 또한 처음 두 행은 히브리어 전치사 〈알〉('~위에')로 시작되고, 다음 두 행은 히브리어 자음 〈멤〉(/m/)으로 시작된다. 이같이 자음운은 'aabb' 형으로 살아 있다. 그러나 각운은 여기서 발견되지 않는다.

〈예호나탄〉이 첫 번째 행의 첫 번째 위치와 두 번째 행의 마지막 위치에서 운율을 맞추고 있다. 또한 첫 번째, 두 번째, 네 번째 행은 각각 두 번째 단어가 모두 유사한 음가를 시니고 있다. 즉 첫 번째 행의 〈알 바모데카〉와 두 번째 행의 〈알레카〉와 네 번째 행의 〈아하바데카〉가 그것이다. 이들은 시작의 〈아인〉이나 〈아렙〉(/ʿ/ 혹은 /'/)로 되어 있고, 끝의 〈카프〉(/k/)로 되어 있어 시작과 끝소리가 소리가 유사한 어휘들이다. 이는 듣는 이로 하여금 장단을 맞추도록 해준다.

무엇보다 이 연의 운율은 히브리어 1인칭 접미사 〈이/i/〉를 포함한 불변화사 〈리〉에서 두드러진다. 이 어휘는 두 번째 행의 첫 번째 위치에 나오고 세 번째 행의 두 번째 위치에 나오며 그리고 네 번째 행의 세 번째 위치에 나온다. 각 행의 중간에서 세 번 반복되고 있는 이 어휘는 중간 리듬을 같은 소리로 구성하고 있다. 이는 듣는 이로 하여금 장단을 맞추도록 하기에 적합한 소리이다.

(2) 어휘

'애통' 이란 뜻의 형용사 〈차르〉는 동사 〈차라르〉에서 유래했다. 이 단어는 기본적으로 '좁음' 을 의미한다. 예컨대, 길이 '좁다' (민 22:26), 집이 '좁다' (왕하 6:1), 함정이 '좁다' (잠 23:27) 등으로 쓰이고, '고통, 재난, 곤란' (삼상 2:32, 삼하 22:7, 시 18:6; 32:7; 107:6, 19 등)을 나타내며, 사무엘의 영에게 말한 사울의 '다급함' (삼상 28:15)이나 블레셋 군인들을 본 이스라엘 백성의 '위급함' (삼상 13:6)을 뜻한다. 우리말 개역성경은 이 단어를 '애통함' 이라고 읽고 있다. 다윗은 이 단어를 사용하여 요나단의 죽음을 대하는 자신의 슬프고 고통스러우며 곤궁한 심리상태를 표현한 것이다.

'그대는 아름답다' 란 뜻의 〈나아므타〉는 〈나엠〉의 〈칼〉 어간의 2인칭 완료태이다. 이는 '기뻐하다' (창 49:15), '아름답다' (겔 32:19), '사랑스럽다' (아 7:6), '유쾌하다' (시 141:6), '즐겁다' (잠 2:10; 24:25), '맛있다' (잠 9:17)를 의미한다. 특히 '맛있다' 는 음녀의 육체적 쾌락을 뜻한다. 우리말 개역성경은 이 단어를 '아름답다' 라고 읽고 있다. 하지만 이 단어는 외형적인 육체적 아름다움보다 내면적인 즐겁고 유쾌한 마음 상태를 나타낼 때 사용된 것으로 보인다. 다윗은 이 단어를 사용하여 요나단이 생전에 자신에게 보여준 그의 '즐거움' 과 요나단이 죽음으로 자신을 억압한 '애통함' 을 대조하고 있다.

'기이하다' 란 뜻의 〈니플레아타〉는 〈팔라〉동사의 단순 수동태인 〈니팔〉 어간의 3인칭 완료태이다. 이 동사가 인간에 적용된 경우, 판결이 '어렵다' (신 17:8), 백성에게 '기이하다' (슥 8:6, 잠 30:18), 명령이 '어렵다' (신 30:11) 등 '인간의 능력을 초월하다' 란 뜻한다. 그래서 이 동사는 하나님의 행위에 적용되는 경우가 압도적으로 많다. 이 경우 우주적 이적 또는 이스라엘을 위한 역사적 위업을 가리킨다. 따라서 이 동사는 인간의 능력을 초월한 이례적 일들을 말한다. 따라서 그것은 인간에게 놀라움(〈팔라〉)을 심어 주는 용어이다. 다윗은 인간의 능력을 초월하는 요나단의 사랑을 여인의 사랑과 견주어 이 단어로 표현하고 있다.

(3) 구조

이 연의 구조 역시 매우 정교하게 짜여져 있다. 이 연은 어휘의 반복, 어구의 평행, 구문의 도치와 교차배열 등을 통하여 섬세하게 짜여져 있을 뿐 아니라, 다른 연에 표현된 용어와 구문이 반복되어 전제 조가와 밀접하게 연결되어 있다. 먼저 반복을 보면, '요나단' 이란 고유명사가 첫 번째 행의 첫머리와 두 번째 행의 끝머리에서 반복되어 나온다. 또한 '사랑함' 이란 명사도 네 번째 행에서 두 번 나온다. 이같이 '요나단' 과 '사랑함' 이란 단어의 반복은 다윗에 대한 요나단의 사랑과 요나단의 죽음에 대한 다윗의 슬픔의 강도를 보여주고 있다.

뿐만 아니라 이 연에는 불변화사 〈리〉가 세 번 반복되어 있다. 이 불변화사는 두 번째 행의 첫 번째 위치에 나오고, 세 번째 행의 두 번째 위치에 나오며, 네 번째 행의 세 번째 위치에 나온다. 히브리어로는 모두 동일한 단어지만 현대어 성경은 일인칭 대명사가 포함된 이 불변화사를 각각 다르게 읽고 있다. 예컨대, 우리말 개역성경은 첫 번째 〈리〉를 주격으로, 두 번째 〈리〉를 여격으로, 그리고 세 번째 〈리〉를 대격으로 다르게 읽는다.[1] 이것은 이 어휘가 다의

1) 영어성경은 사무엘하 1장 26절에 나오는 세 개의 히브리어 <리>를 'I' -' to me' - 'for me' (NIV)와 'I' -' to me' - 'to me' (RSV)로 읽는다.

적 성격을 지니고 있으며, 주격과 여격 그리고 대격으로 바뀌는 등 구문론적 변용도 함축된 것을 보여준다. 또한 다윗은 1인칭 대명사를 반복하여 사용함으로 이 조가가 개인적 동기에서 비롯된 것이라는 사실도 밝히고 있다.

이 연에 나타난 평행구는 세 번째 행의 '아름다움'과 네 번째 행의 '사랑함'에 있다. 이 평행구는 생전에 다윗에게 보여준 요나단의 우정을 잘 표현해 준다. 또한 세 번째 행의 '아름답다'라는 단어 앞에 있는 최상급 '심히'(〈메아드〉)와, 네 번째 행의 두 번에 걸친 '사랑함' 가운데 있는 비교급 '~보다 더'(〈민〉) 역시 다윗에 대한 요나단의 우정의 강도를 보여주는 수사적 표현이다.

구문론적 측면에서 두 번째 행의 주어는 1인칭 '나'이며 목적어는 2인칭 '너'이다. 여기서 어순은 '나' + '너'로 되어 있다. 그러나 세 번째 행과 네 번째 행의 주어는 2인칭 '너'이며 목적어는 1인칭 '나'로 바뀌어 있다. 주어와 목적어가 바뀐 것처럼 어순도 '너' + '나'로 도치되어 있다. 두 번째 행의 어순이 세 번째 네 번째 행에서 교차 배열된 것이다.

나아가 네 번째 행의 '아름다움'과 '사랑함'은 23절에서도 요나단에게 적용된 어휘들이다. 다시 한번 요나단에게 적용된 이 어휘들은 이 연을 제 Ⅳ연과 연결하는 역할을 한다. 또한 첫 번째 행(25b절)은 19a절에 나온 구문이다. 말하자면, 이 연의 첫 번째 행(25b절)은 19a절의 〈하츠비 이스라엘 알 바모데카 할랄〉("이스라엘아! 네 영광이 죽임을 당하였도다")에 나오는 〈하츠비 이스라엘〉 대신 〈예호나탄〉을 넣은 〈예호나탄 알 바모데카 할랄〉("요나단이여! 네가 죽임을 당하였도다")이다. 이 연의 첫 번째 행이 제 Ⅰ연의 첫 번째 행을 응용하여 요나단에게 적용하고 있는 것이다. 따라서 이 연은 제 I 연과 연결되어 있다.

그러나 첫 번째 행(25b절)의 '네가 죽임을 당하였도다' 가 19a절에 이미 나왔다고 하더라도, 특정인 즉 '요나단' 의 이름을 넣어 "아무 개가 죽임을 당하였다" 또는 "아무개여! 네가 죽임을 당하였다" 라고 한 표현은 이 구문이 유일하다. 따라서 이것은 이 연이 요나단을 추모한 연이라는 것을 보여주고, 이 행이 이 연의 표제라는 것을 보여준다. 말하자면, 다윗은 "요나단이여! 네가 죽임을 당하였다" 라고 요나단의 죽음을 선언하고 탄식한 다음, 두 번째 행에서 다시 한번 "내 형 요나단이여!"라고 고인을 불러 그의 슬픔을 나타내고 있다. 여기서 그는 '다급함,' '위급함,' '곤경,' '고통,' 또는 '환란' 으로 번역되는 '애통' (〈차르〉)이란 단어를 통하여 그의 위급하고 고통스러운 심리적 상태를 표현한 것이다. 이같이 다윗은 '지금' 의 애통하는 이유를 '그때' 의 추억을 통해 구체적으로 밝히고 있다.

요약하면, 다윗은 첫 번째 행에서 요나단이 죽었다고 선언하고, 그래서 두 번째 행에서 그가 애통한다고 탄식한다. 다윗이 요나단의 죽음을 탄식하는 이유는 생전의 요나단의 '가장 아름다운 마음씨' 와 '여인의 사랑에 비교될 수 없는 사랑' 에 있다. 다윗은 그에게 보여준 요나단의 사랑 때문에 그의 죽음에 대하여 애통하고 있는 것이다. 이것을 도식화하면 다음과 같다.

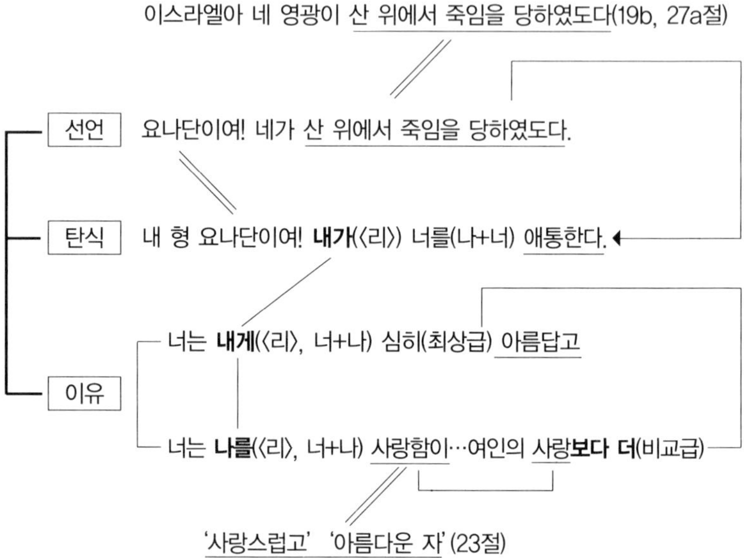

3. 신학적 의미

(1) 요나단의 사랑

다윗은 그의 조가의 마지막 연에서 요나단의 이름을 두 번이나 부르며 그의 죽음을 슬퍼하고 있다. 그가 요나단의 죽음에 대하여 특별히 슬퍼하는 이유는 자신에 대한 그의 사랑에 있다. 그는 이렇게 고백한다. "내 형 요나단이여! 내가 그대를 애통함은 그대는 내게 심히 아름다움이라. 그대가 나를 사랑함이 기이하여 여인의 사랑보다 더하였도다." 그는 자신에 대한 요나단의 사랑을 여인의 사랑에 견주어 회상한 것이다.

전통적으로 학자들은 요나단과 다윗의 관계를 우정과 신의의 모델로서 이해하였다. 예컨대, 중세의 아브라함 코울리(Abraham Cowely)는 우정과 사랑에 관한 고전적 이론으로서 요나단과 다윗의 긴 연가를 개작하여 구성한 바 있다.[2] 그 이후 주석가들은 요나단과 다윗의 관계를 성경이 우리에게 제공한 가장 아름다운 친구간의 우정관계로 보거나, 의형제 관계로 이해한다.[3] 그들은 요나단과 다윗에게서 순수한 충성, 상호 헌신, 그리고 죽음을 초월한 신의를 보려고 한 것이다. 이에 반하여 최근에 몇몇 학자들은 요나단과 다윗을 동성애적 성적 관계로 이해하려고 시도하고 있다. 예컨대, 페웰과 데이빗 건, 그리고 마르티 니시넨 등이 그들이다.[4] 그들은 요나단과 다윗이 이른바 '게이' 들로서 성적 관계를 즐겼다고 주장한다. 하지만 고대 희랍 세계에서 동성연애가 널리 통용되었다 하더라도, 이스라엘에서는 이를 엄금하였고 이를 어길 경우 처형당한 것은 당연하였으므로, 요나단과 다윗을 동성애자들로 보는 것은 지나친 상상이다(cf. 레 18:22).

그래서 페렉(Yaron Peleg)은 사무엘기의 편집자가 의도적으로 요나단과 다윗을 '게이' 가 아니라 '남자' 와 '여자' 의 관계로 묘사하였다고 주장한다. 그에 따르면, 편집자는 사울의 정치적 종교적 배경을 신용하지 않았고, 성적 역할을 조작하여 왕위 계승자로서 요나단의 적격성을 깎아 내려 기스 왕조의 종결을 확정하였다. 이를테면, 그는 요나단과 다윗에게 성적 특징을 부여하고, 성적 관계

2) Patricia K. Tull, "Jonathan' s Gift of Friendship," *Interpretation* 58(2004): 130-143, p. 131.

3) Hertzberg, *I&II Samuel*, p. 154; 스톨쯔, 『사무엘상 · 하』, p. 203.

4) Danna N. Fewell & David M. Gunn, *Gender, Power, and Promise: The Subject of the Bible' s First Story*, (Nashivlle: Abingdon Press, 1993); Martti Nissinen, *Homoeroticism in the Biblical World*, (Mineapolis: Fortress Press, 1998).

를 확립시키며, 드디어 요나단을 다윗의 여성 '신부' 로서 묘사하였다.[5] 그리하여 요나단이 수동적이며 사내답지 못한 '여성' 으로 다음과 같이 바뀌었다는 것이다. 첫째, 요나단은 다윗에게 갑자기 심취하여 구애하였으며, 그는 "여인의 사랑보다 더 다윗을 사랑하였다." 둘째, 요나단은 다윗에 대한 미갈의 사랑에 비교되는 열정적인 사랑을 다윗에게 보여주었다. 셋째, 이와 같은 요나단의 여성성에 견주어 전쟁과 종교, 외교, 전쟁 등을 통해 다윗의 남성성이 강조되었다.[6] 따라서 남성성이 강조된 다윗은 권력에로의 상승이 정당화 되었고, 여성성이 강조된 요나단은 권력으로부터 실격이 정당화 되었다고 페렉은 주장한다. 하지만, 이 주장 역시 책임을 편집자에게 돌릴 뿐, 두 사람의 관계를 동성연애 관계로 보는 견해와 다를 바 없다. 또한 편집자가 성을 조작하였다는 것은 남녀의 구분을 율법에 명시한 이스라엘 관념에 전혀 어울리지 않는다. 그러므로 우리는 요나단과 다윗의 관계를 해명하기 위해 성경 본문으로 돌아가야 한다. 문제의 열쇠는 다윗과 관련하여 '사랑하였다' 는 〈아하브〉 동사가 성경의 문맥에서 어떤 의미로 쓰였느냐에 달려있기 때문이다.

다윗과 관련해서 〈아하브〉 어근은 사무엘상 16장 21절, 18장 1절과 3절, 16절, 22절, 28절, 그리고 20장 17절 등에 나온다.

사무엘상 16장 21절에 "사울이 다윗을 사랑하였다"는 구절이 나온다. 이 구절의 문맥은 사울과 다윗이 처음 만나는 장면이다. 이 장면에서 사울은 여호와의 영이 떠난 후 악령에게 시달리게 되어

---

5) Yaron Peleg, "Love at First Sight? David, Jonathan, and the Biblical Politics of Gender," *JSOT* 30(2005): 171-189, p. 172.

6) Peleg, "Love at First Sight? p. 176.

이를 치유하기 위해 수금 타는 자를 불러 오라고 명령하였다. 그리하여 다윗이 불려왔다. 여기서 다윗은 "용기와 무용과 구변이 있는 준수한 자"로 소개된다(14-18절). 그는 겁 많은 소년이 아니라 용감한 무사나 지도자 같은 어조들로 묘사되어 있다. 이 인물묘사는 21절에서 "사울이 다윗을 자기의 '무기를 드는 자로 삼았다'"(21절)라는 구절에서 좀더 분명해진다. 그런데 이 구절은 "사울이 다윗을 '크게 사랑하였다'"(〈바예에하베후 메오드〉)와 한 쌍으로 된 평행구이다. 그리고 다음 장면에서 사울은 자기의 군복과 놋 투구와 갑옷을 벗어 다윗에게 입혀주고(17:38), 다윗은 갑옷을 벗고 무기를 내려놓지만 골리앗을 쓰러뜨렸다. 이를 토대로 다윗은 카리스마적 지도자로 부상하게 된다(41-54절). 전쟁에서 적장을 물리치는 것은 왕의 역할이기 때문이다. 그러므로 이 문맥에서 〈아하브〉 동사는 톰슨에 따라 "남편과 아내, 부모와 자녀, 그리고 친구와 친구 사이 같은 인간적인 애정을 뜻한다고 보기 어렵고,"[7] 오히려 권력과 관련되어 있다.

사무엘상 18장 1절과 4절에 "요나단이 다윗을 사랑하였다"는 구절이 나온다. 즉 요나단이 다윗을 "자기 생명 같이 사랑하였고"(〈바예에하보〉, 1절), "자기 생명같이 사랑하여(〈베아하바토〉, 3절) 언약을 맺었다(〈베리트〉)"는 것이다. 두 절에서 '사랑'은 '생명'과 연결되어 있다. 이는 다윗을 향한 요나단의 충성된 측면이 함축되어 있다. 3절에서 '사랑하다'(〈아하브〉)는 '언약'(〈베리트〉)과 결합되어 있다. 이는 해석상의 문제가 있다. 이를 주목한 페렉(Peleg)은

7) J. A. Thompson, "Significance of the Verb Love in the David - Jonathan Narrative in 1 Samuel," *VT* 24(1974): 334-338, p. 335.

이 구절에서 요나단과 다윗이 부부관계로 묘사되었다고 본다. 그에 따르면, 2절의 '머무르게 하다'의 〈라카흐〉 동사는 아내를 취하는데 사용된 어휘(창 38:11; 레 22:13; 삿 19:1)이고, 3절의 〈베리트〉는 남편과 아내의 결혼서약(말 2:14; 잠 2:17)을 가리키므로, 1절과 3절의 〈아하브〉는 다윗의 신부로서 요나단의 사랑을 뜻한다는 것이다.[8] 하지만 이것은 지나친 해석이다. 〈라카흐〉 동사가 아내를 '취하다'로 사용되기도 하지만 기본적으로 영어의 'take'와 같이 그 의미가 매우 폭넓은 어휘이며, 〈베리트〉도 결혼 계약을 뜻하기도 하지만 기본적으로 정치적 관계의 용어이기 때문이다. 뿐만 아니라 1-4절 다음에 이어지는 구절들은 정치적 맥락에 있다. 즉 5절에서 사울이 다윗을 군대의 장으로 삼고 백성들과 신하들은 이를 합당하게 여겼다고 하고, 6-7절에서 여인들이 소고와 경쇠를 가지고 나와 춤추며 "사울이 죽인 자는 천천이요 다윗은 만만이로다"라고 노래하였다고 보도되어 있다. 이는 다윗에 대한 백성의 폭넓은 지지가 확산되었다는 것을 뜻한다. 그래서 사울은 "그가 나라 말고 더 얻을 것이 무엇이냐?"(18:8)라고 다윗을 두려워하였다(18:12). 그러므로 다윗에 대한 요나단의 '사랑'(〈아하브〉)은 블레셋의 골리앗을 물리친 이후 사울의 신하들과 이스라엘의 여인들의 칭송을 받을 정도로 대중적 인기를 누리며 다윗이 승승장구하는 정치적 맥락에서 이해되어야 한다. 말하자면 요나단은 정치적 측면에서 다윗과 계약을 맺고 자기의 생명처럼 다윗을 사랑하여 충성을 보였다는 것이다.

〈아하브〉 동사의 정치적 의미는 사무엘상 18장 15-16절에서 확

---

8) Peleg, "Love at First Sight?" pp. 179, 181.

인된다. 이 구절은 이렇다. "사울이 그를 두려워하였으나 온 이스라엘과 유다가 다윗을 '사랑하였다.' 그가 자기들 앞에서 출입하였기 때문이었더라." 여기서 "그가 출입하였다"라는 구절은 전쟁에서 군대를 이끄는 왕에게 적용되는 구문이다.[9] 다윗이 전쟁에서 왕에게 주어진 총사령관의 역할을 이행하여 온 이스라엘과 유다가 다윗을 '사랑하였다'는 것이다. 따라서 〈아하브〉 동사는 남녀의 애정 같은 인간적 감정을 언급하는 것이 아니라 대중적 인기에 따른 정치적 의미를 내포하고 있다. 이것은 18장 22절과 28절에도 나온다. 22절에서 사울은 다윗의 대중적 인기를 빌미로 다윗을 제거할 지령을 내린다. 그는 다윗에게 "왕과 신하들이 너를 '사랑한다'"라고 말하게 하고 블레셋 군인들의 양피 일백 개를 베어오면 왕의 신하가 되게 한다고 제안하여 전사하도록 유도한 것이다. 하지만 다윗이 양피 이백 개를 베어 왕에게 바치자, 28절에서 사울은 여호와께서 다윗과 함께 계시는 것을 알았고 미갈도 다윗을 '사랑하였다.' 여기서 미갈의 사랑과 여호와의 함께 하심이 평행구이며, 〈아하브〉 동사는 정치적 음모와 군사적 행동 그리고 여호와의 함께 하심으로 승승장구한 다윗에게 적용된 문맥에서 사용되어 있다.

〈아하브〉 어근의 정치적 의미를 보여주는 가장 중요한 구절은 사무엘상 20장 17절이다. "다윗에 대한 요나단의 '사랑'이 그를 다시 맹세하게 하였으니 이는 자기 생명을 '사랑'함 같이 그를 사랑함이었더라." 이 구절은 라마나욧에서 돌아온 다윗이 요나단을 만나는 장면에 나온다. 여기서 다윗은 요나단에게 자신을 '종'이라고 칭하면서 최근에 체결한 '계약'(〈베리트〉)에로 요나단의 관심을 돌

---

9) Thompson, "Significance of the Verb Love," p. 337.

리고 요나단에게 '인자'(〈헤세드〉)를 요구하였다(20:8). 그러자 요나단은 여호와를 증인으로 삼고(12절) 다윗에게 아버지 사울의 계획을 살펴서 알려 주겠다고 약속하고(13a절) "여호와께서 내 아버지와 함께 하신 것 같이 너와 함께 하시기를 원하노라"(13b절)라고 축복하였다. 이것은 다윗이 지금은 '종'이지만 곧 '사울'과 대등한 왕이 되리라는 것을 요나단이 알고 있었다는 것을 뜻한다. 그래서 요나단은 다윗에게 자기와 자기의 집에 '인자'(〈헤세드〉)를 베풀라고 요구하고(15절) 다윗과 '언약'(〈베리트〉)을 맺었다(16절). 한편 요나단과 조약을 체결한 다윗은 요나단에게 '사랑'을 맹세하게 하였다. 그리고 요나단은 다윗을 자기 생명처럼 '사랑하였다'(〈아하브〉, 17절). 이와 같이 다윗을 향한 요나단의 '사랑'은 정치적 맥락에서 이루어진 정치적 행위였던 것이다.

그러므로 〈아하브〉 어근은 남편과 아내, 부모와 자녀, 친구와 친구간의 감정적 의미를 뜻하지만, 다윗에 대한 요나단에게 있어서 그것은 정치적 의미로 사용된 것이다.[10] 이것은 다윗과 히람의 관계에서 확인된다. 이웃나라의 통치자로서 두로 왕 히람은 이스라엘의 왕 다윗과 외교와 상업협정을 체결하고 다윗 궁을 건축하도록 사절과 백향목과 목수와 석수를 다윗에게 보냈다(삼하 5:11). 또한 그는 다윗이 죽은 후 솔로몬의 대관식에 사절단을 보내(왕상 5:1[15]a) 다윗의 후계자인 솔로몬과 '조약'을 맺었다(〈베리트〉, 왕

10) Peter R. Ackroyd, "The Verb Love-'ĀHĒB in the David-Jonathan Narratives-A Footnote," *VT* 25(1975): 213-214, p. 213; J. A. Thompson, "Israel' s Lovers," *VT* 27(1974): 475-481, p. 475. 톰슨은 구약에서 여호와께서 이스라엘을 '사랑하시고' 이스라엘이 여호와를 '사랑하는' 관계에서 사용된 이 어휘가 종주와 봉신의 관계로 확장되었다고 본다. 이는 파라오가 봉신을 '사랑하고' 봉신이 파라오를 '사랑한다'는 아마르나 편지에서 확인된다는 것이다.

상 5:12[26]). 이 같은 히람의 우호적 행위는 그가 다윗을 '평생에 사랑하였기'(〈오헤브〉, 왕상 5:1[15]b) 때문이다. 다윗에 대한 히람의 '사랑'이 솔로몬과 '조약'을 맺게 한 것이다. 그러므로 다윗에 대한 사울의 사랑, 온 이스라엘 또는 유다의 사랑, 그리고 미갈의 사랑처럼, 다윗에 대한 요나단의 사랑에는 정치적 행위와 연결되어 있고 정치적 의미가 내포되어 있다고 하겠다.

(2) 왕권 승계 문제

앞에서 본대로 다윗에 대한 요나단의 '사랑'에 감정적 의미 그 이상의 정치적 의미가 있다면, 정치적 의미가 담긴 요나단의 사랑의 근거가 무엇인지 의문시 된다. 그가 다윗을 사랑할 수밖에 없었던 정치적 이유가 무엇인지 해명할 필요가 있다. 이것은 왕위 승계에 대한 요나단의 생각을 읽도록 할 것이다.

사울은 아들 요나단이 그의 왕위를 승계하기를 바랐던 것 같다. 이것은 그가 요나단에게 "이새의 아들이 살아 있는 동안은 네 나라가 든든히 서지 못하리라"(삼상 20:31)라고 한 말에서 알 수 있다. 이는 다윗이 요나단의 정적이라는 뜻이다. 그러나 사무엘상 20장에 나오는 요나단의 언행을 보면, 그는 왕위 승계에 관심이 없는 것처럼 보인다. 그는 다윗에게 호의적이었다(20:1-11). 그는 아버지 사울을 속이면서 다윗의 탈출을 도와주기로 다짐하고(12절) "여호와께서 내 아버지와 함께 하신 것 같이 너와 함께 하시기를 원하노라"(13절)라고 다윗을 축복하였다. 그리고 그는 다윗에게 '인자'(〈헤세드〉)를 요구하고, 다윗과 '계약'(〈베리트〉)을 맺었다(16절). 그는 왕이 될 자는 자신이 아니라 다윗이라는 것을 이미 알고 있었던 것이다. 그래서 요나단이 자기 생명을 '사랑함' 같이 다윗을 '사랑하였다' (〈아하브〉, 17절)고 기자는 논평한다.

그렇다면 요나단은 무엇에 근거하여 다윗의 왕위 승계를 당연시한 것일까? 이에 대한 해답을 얻기 위해 주목할 만한 본문이 있다. 그것은 사울시대 이전의 것으로 보이는 에돔 왕들의 족보가 기술된 창세기 36장 31–39절이다. 이 족보를 분석하면 왕권승계를 경험하지 못한 사울 시대의 왕위계승에 대한 관념을 추론할 수 있을 것이다. 창세기 36장 31–39절은 다음과 같다.

> 브올의 아들 벨라가 에돔의 왕이 되었으니 그 도성의 이름은 딘하바며,
> 벨라가 죽고 보스라 사람 세라의 아들 요밥이 그를 대신하여 왕이 되었고,
> 요밥이 죽고 데만 족속의 땅의 후삼이 그를 대신하여 왕이 되었고,
> 후삼이 죽고 브닷의 아들 곧 모압에서… 하닷이 그를 대신하여 왕이 되었고,
> 하닷이 죽고 마스레가의 삼라가 그를 대신하여 왕이 되었고,
> 삼라가 죽고 유브라데 강변 르호봇의 사울이 그를 대신하여 왕이 되었고,
> 사울이 죽고 악볼의 아들 바알하난이 그를 대신하여 왕이 되었고
> 악볼의 아들 바알하난이 죽고 하달이 그를 대신하여 왕이 되었으니…바우며,

이 에돔 왕의 목록에 몇 가지 특이한 점이 있다. 첫째, 이 목록에는 왕의 아들들의 이름이 나오지 않는다. 당시 에돔의 왕위가 부자상속으로 계승되었다면 왕의 이름과 더불어 왕자들의 이름이 기술되었을 텐데, 왕자들이 소개되어 있지 않다. 둘째, 이 목록에는 왕

의 아버지의 이름이 모두 네 번, 즉 브올, 세라, 브닷, 그리고 악볼이 나온다. 당시 왕위가 부자상속으로 계승되었다면 이들은 당연히 왕으로 언급되었을 텐데, 왕을 '누구의 아들'이라고 소개하는 구문에서 단지 왕의 아버지로 소개되어 있다. 셋째, 이 목록에는 왕의 출생지가 모두 다르게 기록되어 있다. 왕위가 부자상속으로 계승되었다면 출생지가 동일하게 기술되었을 텐데, 여덟 명의 왕들의 출생지가 딘하바, 보스라, 데만, 모압, 마스레가, 유브라테스 강가의 르호봇, 그리고 바우 등으로 모두 다르게 기록되어 있다. 넷째, 이 목록에는 가부장제도에서 볼 수 없는 왕비의 모계에 대한 소개가 나온다. 왕위가 부자상속으로 계승되었다면 부계혈족이 기록되었을 텐데 "그의 아내 이름은 므헤다벨이니 마드렛의 딸이요 메사합의 손녀더라"(39b절)라고 왕비의 모계혈족에 관한 족보가 기술되어 있다.

이를 근거로 줄리앙 모르겐스턴(Julian Morgenstern)은 1959년 발표한 논문("David and Jonathan")에서, 사울 이전에 에돔의 왕위 승계가 모계상속을 따랐을 것으로 추론한다. 그에 따르면, 에돔의 왕권은 어머니에게서 딸에게로 계승되었다. 하지만 고대 사회에서 가장 중요했던 전쟁 수행과 어려운 국사를 여성이 담당하기가 어려웠을 것이므로, 왕들은 자기의 군대에서 가장 유능한 전사를 구별하여 공주와 결혼시켜 부마도위(駙馬都尉)로 삼았다. 그가 실질적 권한을 갖은 왕으로서 왕위를 승계하였다는 것이다.[11] 모르겐스턴은 이것을 사울의 왕권계승과 관련짓고 있다.

사울이 초대 왕이었던 당시 이스라엘에 왕위의 계승을 위한 규

11) Julian Morgenstern, "David and Jonathan," *JBL* 78/4 (1959): 322-325, p. 323.

칙이나 관습이 없었을 것이며, 큰아들이 왕위를 계승하여야 한다는 당위성이 제기되지도 않았을 것이다. 이때 자연스럽게 에돔의 왕위 계승의 관습처럼, 선임 왕 시대에 전쟁에서 두드러진 전공을 세운 전사를 왕의 부마도위로 삼고 왕권계승자로 인정하고자 했을 것이다. 이것은 다윗이 사울 왕권을 계승한 과정과 일치한 면이 있다. 사울이 골리앗을 물리친 자에게 왕의 사위가 되도록 하겠다고 말한 공언(삼상 17:25), 그가 골리앗을 물리친 다윗을 살해하려고 한 사건(18:11), 그가 다윗에게 블렛세인 100명을 죽이고 양피를 가져오면 미갈을 주겠다고 한 약속(18:25), 다윗이 이 요구를 성취하기 전에 사울이 블레셋에 의해 다윗을 전선에서 살해하려 한 의도(18:17) 등이 그것이다. 특히 다윗을 블레셋과의 전투를 통해 제거하려한 사울의 계획은 공주와 결혼한 전사가 왕자 대우를 받으며 강력한 후계자가 되고 법적으로 왕이 된다는 것을 암시하고 있다.[12)]

그러므로 요나단에게는 왕권의 후계자가 다윗이라는 점이 결코 생소한 일이 아니었다. 오히려 그는 다윗이 후계자가 되는 일을 당연하게 여겼을 것이다. 다윗은 왕의 사위였을 뿐 아니라 이스라엘의 가장 훌륭한 전사였으므로 법적 후계자가 되기에 충분하였다. 따라서 우리는 "요나단이 다윗을 사랑하였기 때문에 왕권을 포기하였다"는 것 보다 "그가 왕권을 포기하였기 때문에 요나단을 사랑할 수 있었다"라고 보아야 할 것이다. 정치적 의미에서 다윗을 사랑하였던 요나단은 부자상속을 바라고 있던 사울의 왕권이 다윗에게 넘어가도록 모종의 역할을 수행하였는지 문제가 제기될 수 있

---

12) Morgenstern, "David and Jonathan," p. 323.

다. 이를 추적하기 위해 후계구도와 요나단의 역할에 대해서 살펴보겠다.

(3) 후계구도와 요나단

왕권이 사울로부터 다윗에게 넘어간 과정은 사무엘상 13장과 15장에 나오는 사울 왕에 대한 사무엘의 거절로부터 시작된다. 13장에서 전쟁을 수행하기 전에 사무엘이 정한 기일에 오지 않자 사울이 대신 번제를 드린 일에 대하여, 사무엘은 사울을 책망하고 그의 폐위를 예언하였다. 15장에서 사울이 아말렉과 전쟁을 승리로 이끈 이후 아각 왕과 좋은 양과 소를 진멸하지 않는 사실에 대하여, 사무엘은 여호와께서 사울 왕을 버리셨다고 노골적으로 선언하였다. 두 구절을 다음과 같다.

> 지금은 왕의 나라가 ㉠ 길지 못할 것이라. …여호와께서 ㉡ 그의 마음에 맞는 사람을 구하여 여호와께서 그를 그의 백성의 지도자로 삼으셨느니라(13:14).

> 왕이 여호와의 말씀을 버렸으므로 여호와께서 ㉠′ 왕을 버려 왕이 되지 못하게 하셨나이다. …여호와께서 오늘 이스라엘나라를 왕에게서 떼어 ㉡′ 왕보다 나은 왕의 이웃에게 주셨나이다(15:23b, 27-28).

위에서 본대로 ㉠과 ㉠′는 사울 왕이 폐위되리라는 예언이고, ㉡과 ㉡′는 다윗이 왕이 되리라는 예언이다. 이 예언으로부터 사울의 몰락과 다윗의 상승의 대조는 시작된다. 이 점에서 두 사건은 왕권이 사울로부터 다윗에게 넘어가는 배경이 된다. 이 후 16장에서 사무엘이 소년 다윗에게 기름을 붓는다. 다윗은 이 날 이 후로부터 여호와의 영에게 크게 감동되었다(16:13). 사울의 폐위가 선언되자마자(13장, 15장) 다윗이 기름부음 받은 것이다(16장). 따라서 이 구절은 앞으로 사울의 왕권이 어떻게 될 것인가를 보여주는 중요한 기능을 한다.

그리고 이 후에 전개되는 네 번에 걸친 사울과 다윗의 만남이 지속될 때마다 사울의 일은 모두 실패로 돌아가고 다윗의 일은 모두 승승장구하게 된다. 사울이 실패를 거듭하고 다윗이 승승장구하는데 있어서, 중요한 역할을 한 이가 요나단이다. 이것은 사울과 다윗의 만남 사이사이에 기술된 요나단에 관한 이야기에서 알 수 있다. 사울과 다윗의 만남 사이에 배열된 요나단의 이야기에 왕권이 사울로부터 다윗에게 넘어가는 과정에서 기여한 요나단의 역할이 암시되어 있다.

첫 번째 사울과 다윗의 만남은 사무엘상 16장 14절부터 17장 58절에 나온다. 이 단원의 첫머리에서 사울에게서 여호와의 영이 떠나고 악령이 그를 번뇌케 하였다(16:14)라고 기술되어 있다. 이것은 다윗이 기름부음 받고 여호와의 영에 감동되었다(16:13)고 한 바로 앞 절의 내용과 대조된다. 여호와의 영과 악령에 의해 대조적으로 지배되는 두 사람의 만남은 다윗이 사울을 위하여 수금을 타기 위해 사울 궁에 들어가므로 이루어진다. 그러나 다윗은 수금을 타는 소년으로 머물지 않는다. 그는 골리앗을 물리쳤다. 그 후 그는 사울 궁으로 들어갔다. 이때 요나단과 다윗이 조우하였다. 이 첫 번째 요나단의 장면은 사무엘상 18장 1-5절이다. 이 장면에서 다윗을 자기 생명과 같이 사랑한 요나단은 자기가 입었던 겉옷을 벗어 다윗에게 주었고 자기의 군복과 칼과 활과 띠도 주었다(18:1, 4).

그는 첫 번째 만남에서부터 지도자로서 다윗의 성품과 덕목을 알고 옷을 벗어주었다는 것이다. 프루서(Prouser)에 따르면 "성경과 고대 세계에서 옷은 소유자의 권위와 가치를 상징한다."[13] 요나단의 옷을 받은 다윗은 여호와께서 함께 하시므로 모든 일이 잘 되어 갔다(18:5).

두 번째 사울과 다윗의 만남은 사무엘상 18장 6-30절에 나온다. 사울과 다윗이 블레셋과의 전쟁에서 승리를 장식하고 돌아왔을 때, 여인들이 노래하고 춤추며 "사울이 죽인 자는 천천이요 다우시은 만만이로다"라고 노래 부르며 그들을 환영하였다(18:6-7). 이 노래를 들은 사울은 불쾌하게 여기며 다윗을 주목하였다(8절). 그리고 그는 악령에 사로잡혀 떠들다가 수금을 타는 다윗을 향해 두 번이나 창을 던져 살해하려 하였다. 하지만 여호와께서 함께 한 다윗은 모든 일이 잘 되어 갔다(14절). 그 후 사울은 큰딸 메랍을 아내로 주겠다고 약속하고 블레셋과의 전쟁에 나가도록 독려하였고, 또한 미갈을 주겠다고 약속하며 양피 백 개를 요구하였다. 다윗은 블레셋 군인의 양피 이백 개를 가져다주고 왕의 사위가 되었다. 여호와께서 함께 하신 다윗은 모든 일이 잘 되어 갔다(30절). 여기서 두 번째 요나단의 장면이 19장 1-7절에 나온다. 여기서 요나단은 다윗을 심히 좋아하였고(1절), 아버지 사울을 피해 다윗을 숨겨주었다. 그는 다윗에 대하여 아버지 사울에게 항의하고 다윗을 죽이지 않겠다는 약속을 받았다(6절). "이는 요나단이 아버지 사울에게보다 다윗에게 헌신하고 있다는 것을 보여주고 아버지와 거리가 있

---

13) Ora Horn Prouser, "Suited to the Throne: The Symbolic Use of Clothing in the David and Saul Narratives," *JSOT* 71(1996): 27-37, p. 27.

다"[14]는 것을 보여준다.

세 번째 사울과 다윗의 만남은 사무엘상 19장 8-24절에 나온다. 여기서도 사울은 수금을 타는 다윗에게 창을 던진다. 두 번째 만남에서 다윗은 사울이 자신에게 던진 창을 피하기만 하였지만(18:10-11), 세 번째 만남에서는 사울이 창을 던지자 밤에 미갈에게 도망하였다(19:10). 그러자 사울은 암살자를 보내 다윗을 살해하려고 하였으나 다윗은 다시 미갈의 도움으로 창문을 통해 탈출하는데 성공하여 라마의 사무엘에게 도피하였다. 세 구절에 나오는 다윗의 탈출 모티프는 다음과 같다.

㉠ 18:10-11 ▷ 다윗은 사울의 면전에서 두 번 피하였으나(《사바브》)
㉡ 19:10,12 ▷ 다윗은 사울을 피하고(《파타르》) 도망하여(《누우스》)… 창문을 통해 탈출하였다(《마라트》)
㉢ 19:18 ▷ 다윗은 도망하여(《바라흐》) 탈출하였다(《마라트》)[15]

여기서 처음부터 '탈출'이라는 의미의 〈마라트〉는 사용되지 않았다. 다윗이 사울의 면전에서 두 번이나 '피한'(《사바브》) 후에 미갈의 도움으로 생명을 보전하기 위하여 '도망하여'(《바라흐》) 탈출한(《마라트》) 것이다. 이것은 다윗이 궁중에서 탈출하여 사울왕권을 전복하기 위한 망명정부를 세우려고 한 것이 아니라는 것을 보여준다. 따라서 다윗은 수금으로 악령을 쫓아내어 사울을 도왔으

---

14) Lawton, "Saul, Jonathan and the 'son of Jesse'," p. 42.

15) Gunn, *The Fate of King Saul*, p. 83. 세 구절에 대한 RSV의 독법은 이렇다.
But David evaded him twice(삼상 18:11);
but he eluded Saul. And David fled, and escaped(19:10,12);
Now David fled and escaped(19:18).

나, 악령이 사로잡힌 사울은 다윗에게 창을 던지자, 마침내 다윗은 미갈의 도움으로 창문을 통해 사무엘에게 구원을 요청하였다는 것이다.

[다윗의 탈출이전]

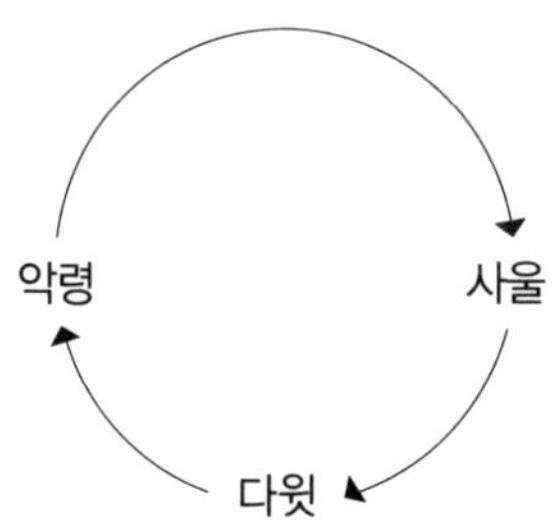

[다윗의 탈출]

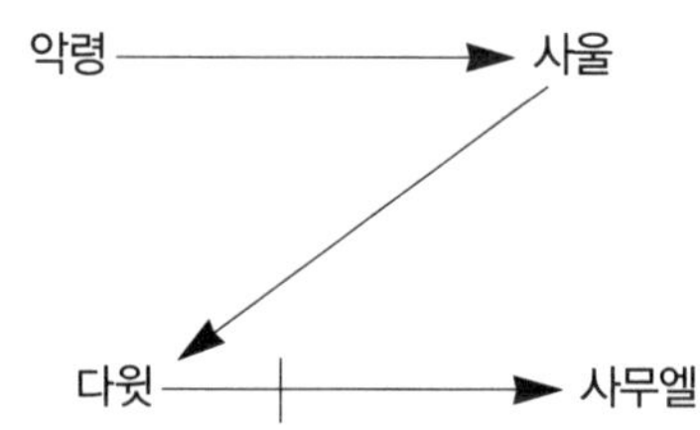

* '→' 표는 공격을 나타내고, 표 4-b의 '+ →' 표는 구원을 위한 탈출을 나타낸다.

사무엘상 20장 1절에서 시작되는 세 번째 요나단의 장면은 다윗이 라마의 사무엘에게 도피해 있다가 돌아와 요나단을 만남으로 시작된다. 요나단은 다윗을 숨겨놓은 후 연회에 불참한 다윗에 대한 아버지 사울의 의중을 살폈다. 사울은 다윗이 불참한 일과 다윗을 변호하는 요나단에 대해 분노하였다. 이 분노는 요나단과 다윗에 대한 호칭에 나온다. 이 장면에서 그는 아들 요나단을 '패역무도한 계집의 소생' 이라고 부르고, 다윗을 세 번이나 '이새의 아들' 이라고 불렀다. " '이새의 아들' 이란 말은 다윗이 그의 아들이 아니라는 뒤틀린 그의 마음을 보여준다."[16] 나아가 그는 다윗을 '죽음의 아

16) Lawton, "Saul, Jonathan and the ' son of Jesse'," p. 42.

들'(〈벤 마웨트〉)이라고 불렀다. 그리고 그는 " '이새의 아들' 이 땅에 사는 동안 너와 네 나라가 든든히 서지 못하리라"(20:31)고 악담하였다. 그러자 요나단은 "그가 죽을 일이 무엇이냐?"고 항변하였다. 다윗의 무죄를 주장한 것이다. 사울은 아들 요나단이 왕권을 이어 받기 위하여 노력해야 함에도 불구하고, 오히려 정적인 다윗에 대한 변호를 늘어놓자 요나단에게 창을 던졌다. 사울은 요나단을 다윗과 동일시(identification)한 것이다. 아버지 사울에게 항변하며 창을 피한 요나단 역시 왕권 승계에 대한 관심을 버리고 아버지 사울이 '죽음의 아들' 로 규정한 다윗과 자신을 동일시 한 것이다. 이 동일시에서 다윗을 향한 요나단의 사랑이 깊게 베어 있다. 그는 다윗을 사랑하되 자신의 생명을 사랑하듯 온 몸으로 사랑한 것이다.

네 번째 사울과 다윗의 만남은 사무엘상 21장 2절부터 23장 15절에 나온다. 사울이 다윗을 추격하고 다윗은 도피하는 이 단원에서 사울은 다윗을 도와 준 아히멜렉과 놉의 제사장 85명을 학살하였다. 그리고 그는 에돔사람 도엑의 도움으로 놉의 남녀와 아이들과 젖 먹는 자들과 소와 나귀와 양들까지 진멸시켰다(22:18-19). 반면 다윗은 블레셋을 치고 그일라를 구원하였다. 그러나 사울이 다시 그일라를 포위하자 다윗은 십 광야에 들어가 도피하였다. 여기서 사울의 추격과 다윗의 도피가 이어진다. 이때 네 번째 요나단의 장면이 사무엘상 23장 16-18절에 나온다. 기자에 의하면, 다윗이 사울을 피해 십 광야의 수풀에 숨어 있을 때, 요나단이 수풀에 들어가서 다윗에게 이르러 하나님을 힘 있게 의지하도록 하였다. 이것은 요나단이 다윗의 왕위 승계를 하나님의 확고한 뜻으로 믿었다는 것을 의미한다. 그래서 그는 하나님을 힘 있게 의지하라고 한 다음 다윗에게 이와 같이 권면하고 있다.

> 두려워하지 말라. 내 아버지 사울의 손이 네게 미치지 못할 것이요 너는 이스라엘의 왕이 되고 나는 네 다음이 될 것을 내 아버지 사울도 안다(23:17).

여기서 요나단이 말한 "두려워하지 말라"라는 표현은 전형적인 예언자 구원신탁 어투이다. 요나단은 이 어투를 사용하여 다윗으로 하여금 구원에 대한 확신을 갖게 하며, 나아가 다윗이 이스라엘의 왕이 되리라는 표현을 함으로서, 다윗이 왕이 된다는 것은 여호와의 섭리요 필연이라는 것을 보여주고 있다.

마지막 사울과 다윗의 만남은 엔게디 굴에서 조우하는 장면이다. 도망하던 다윗이 굴에 숨어 있을 때, 추격하던 사울이 용변을 보러 굴에 들어갔다. 다윗은 "여호와의 기름부음 받은 왕을 치는 것은 여호와의 금하시는 것"이라고 말하고 사울의 겉 옷자락만 베어 흔적만 남겼다. 사울이 굴에서 나가자 뒤따라 나간 다윗은 "내 아버지여 보소서. 내 손에 있는 왕의 옷자락을 보소서… 이스라엘 왕이 누구를 따라 나왔으며 누구의 뒤를 쫓나이까? 죽은 개나 벼룩을 쫓음이니이다…"(24:8-15)라고 길게 연설을 하였다. '아버지'라는 표현은 군신 간에도 사용되었다. 하지만, 다윗이 "내 아버지여"라고 부른 칭호는 "사울에 대한 다윗의 감정을 폭로하고 그의 삶 가운데 사울의 위치에 관한 의미를 전해준다."[17] 이때 사울은 다윗을 향한 감정이 복받쳐 올랐다. 그는 "내 아들 다윗아 이것이 네 목소리냐 하고 … '나는 너를 학대하되 너는 나를 선대하니 너는 나보다 의롭도다"라고 소리 높여 울었다(24:16-21). 그는 이어

17) Lawton, "Saul, Jonathan and the ' son of Jesse'," p. 45.

서 "보라 나는 네가 반드시 왕이 될 것을 알고 이스라엘 나라가 네 손에서 견고히 설 것을 안다"(24:20)고 고백하였다. 사울은 네 번째 요나단의 장면에서 요나단이 한 말을 반복하였다. 요나단처럼 사울도 다윗이 왕이 되리라는 것을 기정사실화한 것이다.

결론적으로, 사울과 다윗의 만남 사이사이에 들어있는 요나단의 이야기가 역사적으로 사울 왕권이 어떻게 다윗에게 넘어갔는지를 보여주는 것은 아니다. 다만 본문 자체의 구조를 통해서 볼 때, 사울과 다윗의 만남에서 갈등구조의 문제가 해결되지 않지만, 다음에 이어지는 요나단의 장면에서 요나단의 중재 역할이 강조되고 반복되면서 다윗의 왕위 승계가 기정사실화되고 있다는 것이다. 한 마디로 요나단은 자신의 왕위 승계를 포기하고 나아가 사울의 왕위가 다윗에게 승계되도록 다윗의 상승을 북돋아주는 역할을 하였다.

(4) 왕권 승계자 다윗

앞에서 보았듯이, 사울은 끝까지 왕권에 대한 집착을 버리지 않았고 왕위의 부자상속을 위해 처절하게 몸부림쳤다. 그는 사울가문에 대한 여호와의 거절을 수용하지 못한 것이다. 그러나 요나단은 아버지 사울과 달리 여호와의 거절을 수용한 것으로 보인다. 물론 모르겐스턴이 주장한 바와 같이 근동에서 사울 시대 이전에 모계혈통을 통한 부마도위에게 왕위 승계가 이루어졌다면, 요나단은 국가적 전쟁 영웅이었고 왕의 사위였던 다윗의 왕위 승계에 이의가 없었을 것이다. 하지만 이는 어설픈 측면이 있다. 미갈은 다윗의 탈출 이후 사울에 의해 발디엘에게 재혼하고 그 후에도 다윗과 관계가 원만하지 않았기 때문이다. 따라서 고대 근동에 부마도위의 왕위 승계에 관한 관습이 있었고 요나단이 그것을 알고 있었다고 하더라도, 결정적인 것은 요나단이 사울 가문에 대한 여호와의 거절을 수용한데 있었다고 보는 것이 보다 타당하다. 즉 왕위가 미갈을 통해서가 아니라 요나단을 통해 다윗에게 중재되었다는 것이다. 이는 사울과 다윗 그리고 요나단과 다윗의 이야기에 나타난 몇 차례 계속되는 옷 모티프를 통해서 확인된다.

첫 번째 옷 모티프는 사무엘상 15장에 나온다. 15장에는 사울이 아말렉을 물리치고 아각왕과 좋은 양과 소를 '진멸'(《헤렘》)하지 않은 결과 여호와께서 사울을 버려 왕이 되지 못하게 하셨다는 소위 거절 모티프가 나온다. 사무엘이 사울에게 "왕이 여호와의 말씀을 버렸으므로 여호와께서도 왕을 버려 왕이 되지 못하게 하셨다"(15:23)고 선언하자, 사울은 돌아서는 사무엘의 옷자락을 붙잡고 용서를 구한다. 이때 사무엘의 옷자락(《메일》)이 찢어지는데, 사무엘은 "여호와께서 오늘 이스라엘 나라를 왕에게서 떼어 왕보다 나은 왕의 이웃에게 주셨다"(15:28)라고 예언한다.[18] 사무엘이 찢어진 옷자락을 빗대어 왕국이 다른 사람에게 넘어갔다고 해석한 것이다. 이때부터 '옷'은 단순한 의복이 아니라 왕권을 상징하여 왕권이 다윗에게 넘어간 것을 뜻한다. 따라서 계속되는 사울과 다윗의 이야기에서 "옷은 다윗이 권력에로의 상승하는 것과 사울이 은총으로부터 몰락하는 것을 조명하는 문학적 장치"[19]로 기여한다.

두 번째 옷 모티프는 사무엘상 17장에 나온다. 17장에서 사울은 골리앗과 싸우기 위해 나가는 소년 다윗에게 자기 군복(《마다이우》)을 입히고 놋 투구를 머리에 씌우고 갑옷까지 입혀주었다. 이는 사

---

18) cf. 예언자 아히야는 자기의 옷을 열두 조각으로 찢고, 그중 여로보암에게 열 조각을 주면서 왕국의 분열을 예언한 바 있다(왕상 11:30-31).

19) Prouser, "Suited to the Throne," p. 29.

울이 옷을 벗어 주었다는 것은 왕의 자리를 넘겨주고 왕으로서 적장을 물리쳐야 할 의무를 져버렸다는 것을 상징한다. 그러나 다윗은 군복을 입고 칼을 찬 모습이 익숙하지 못하여 벗어버리고(삼상 17:38–39), 물매로 골리앗을 물리친다. 그는 사울의 '옷'을 거절한 것이다. 이는 전쟁에 임하는 사울의 방법과 다윗의 방법이 다르고, 다윗의 승리가 사울의 도움에 의해서가 아니라 하나님의 도움에 의해서였다는 것을 말한 것이라고 하더라도, 다윗이 받은 왕권은 사울로부터가 아니라는 것을 상징한다.

세 번째 옷 모티프는 사무엘상 18장에 나온다. 18장에서 다윗이 물매로 골리앗을 물리친후 블레셋과의 전쟁을 승리로 이끌고 돌아왔을 때, 요나단은 다윗에게 자기가 입었던 겉옷(《메일》)을 벗어주었고 군복(《마다이우》)과 칼과 활과 허리띠까지 주었다. 요나단의 수여의 행동은 단념을 전제된다. 요나단은 그의 왕자에 대한 권리와 주장을 모두 포기한 것이다. 그리고 그의 권리와 주장을 다윗에게 주었다.[20] 그리하여 다윗은 사울이 입혀준 옷을 벗고 요나단이 벗어준 옷을 입었다. 그리고 그는 사울이 보내는 곳마다 지혜롭게 행하여 승리하였고 군대의 장으로 승진하였다(삼상 18:4–5). 여기서 요나단의 옷과 갑옷과 활과 허리띠가 왕권을 상징할 뿐 아니라, "다윗의 전쟁 승리의 징표인 것처럼 보인다."[21] 따라서 사울이 입혀준 옷을 벗고 요나단의 옷을 입은 다윗은 왕권을 사울로부터 빼앗은 것이 아니라 요나단으로부터 양도받았으며 그 결과 전쟁에서 승리함으로 승승장구하게 된 것이다.

---

20) Fokkelman, *Narrative Art and Poetry in the Books of Samuel II,* pp. 198-199.
21) Prouser, "Suited to the Throne," p. 32.

네 번째 옷 모티프는 사무엘상 24장에 나온다. 24장에서 엔게디의 들염소 바위에 다윗이 있다는 정보를 듣고 정예군 삼천 명을 뽑아 수색하러 나간 사울은 마침 용변을 보려고 굴에 들어갔다(3[4]절). 그가 웅크리고 앉아있지만, 그것이 그의 약점이 되었다. 다윗의 부하들은 이것을 '여호와의 뜻'[22]라고 규정하고 "여호와께서 복수할 기회를 주셨으므로 사울을 처치하자"고 제안하였다. 그러나 다윗은 "주께서 기름 부으신 자를 칠 수 없다"고 하여 사울의 옷자락만 베었다(4[5]절). 그는 옷자락을 베어 자신의 장래를 암시한 것이다. 이 암시는 3[4]절의 '사울이 용변을 보러 들어갔다'에 나온다. 이 구절의 맛소라 텍스트는 〈솨울 르하세크 라글라이우〉이다. 이는 문자대로 읽으면 '사울이 그의 발들을 가리었다'가 된다. 건(Gun)에 따르면, 히브리어 문법에서 쌍수 '발들'을 뜻하는 〈라글라이우〉의 단수 〈라글로〉는 음경(penis)을 가리키는 완곡어법이다. 또한 4[5]절의 '겉 옷자락'(〈케네프 하메일〉)의 〈케네프〉는 '날개,' '최극단,' 또는 '끝자락'을 의미한다. 따라서 3[4]절의 '발들'(〈라글라이우〉)을 4[5]절의 '그리고 그가 베었다'(〈와이크로트〉)와 함께 읽으면, 옷자락을 벤 다윗의 행동에 성적인 의미가 함축되어 있음을 느낄 수 있다는 것이다.[23] 이것은 상징적 차원에서 볼 때, 사울은 그의 성을 방어하지 못하였으므로 그의 후손을 빼앗겼고, 다윗은 요나단이 가지고 있던 사울의 아들 특권을 빼앗은 것이 된다. 이것은 다윗이 11[12]절에서 그가 자른 〈케네프〉를 그의 손에 가지

---

22) 브루거만은 이것을 "신의 섭리"로 본다. Walter Brueggemann, *David's Truth in Israel's Imagination and Memory,* (Philadelphia: Fortress Press, 1985), p. 36.

23) Gunn, *The Fate of King Saul,* p. 94.

고 있고,[24] 사울을 '나의 아버지'(11[12]절)라고 부른데서 증명된다. 말하자면, 〈케네프〉를 손에 가지고 있는 다윗은 사울을 아버지라고 부름으로 요나단으로부터 아들의 특권을 빼앗아 왕권 승계를 기정사실화한 것이다. 비록 다윗이 사울의 겉옷(〈메일〉)을 물려받아 입은 것은 아니지만, 겉옷자락(〈하메일 케네프〉)을 베어내 손에 들고 있는 것은 다윗이 사울의 왕권을 손에 들고 있는 것을 뜻한다.

이제 다윗의 태도는 앞의 옷 모티프에 묘사된 태도와는 다르다. 그는 사울의 옷자락을 배어 손에 쥠으로서, 마침내 사울 왕권이 자신에게 넘어왔다는 것을 확인하고 있다. 그는 단순히 요나단이 벗어준 옷을 입은 수동적인 인물이 아니다. 그는 사울의 옷자락을 과감하게 잘라내 손에 쥐는 적극적 행동을 하였다. 미갈의 도움으로 창문을 통해 탈출한 그는 더 넓은 세상에서 눈을 뜨고 자신의 미래를 적극적으로 대처하고, 제사장 아히멜렉에게 '진설병'을 먹고, 골리앗으로부터 전리품으로 수거한 칼을 찾아 유격대장의 모습을 갖추며, 놉의 학살 당시 살아남은 아비아달로부터 종교적 지지를 얻어내고, 그일라 주민을 블레셋으로부터 구출하는 등 왕국의 주인공이 된 것이다.

4. 결론

제 VI연(25b–26절)은 앞 연(24–25a절)과 대조적이다. 앞 연의 내용이 백성들에게 베풀었던 사울의 공적에 대한 다윗의 찬양이라

---

24) Gunn, *The Fate of King Saul,* p. 93.

면, 이 연은 자신에게 베풀었던 요나단의 사랑에 대한 다윗의 회상과 탄식이 그 내용이다. 이것은 다윗의 슬픔이 이 연에서 고조된 것을 뜻한다. 또한 이 연은 후렴구로 알려진 25a절의 〈키이나〉와 27a절의 〈키이나〉에 의해 둘러싸여 있다. 이것은 19절에서 시작된 다윗의 슬픔이 이 연에서 절정에 도달한 것을 의미한다.

필자는 이 연구에서 다윗의 슬픔이 절정에 이르게 된 이 연의 문학적 틀과 신학적 의미를 추적하였다. 문학적 측면에 있어서 운율은 앞의 다른 연에서처럼 이 연에서도 정형적이다. 두운은 'abcc' 이며, 자음운은 'aabb' 로 구성되어 있다. 또한 두 번째 행부터 네 번째 행에서 세 번 반복된 히브리어 일인칭 접미사를 갖춘 불변화사 〈리〉는 율동적인 운율을 더해주고 있다. 이 연의 주요 어휘는 '아름답다' 와 '사랑하다' 이다. 이 어휘들과 함께 '심히' 라는 형용사와 '~보다 더' (〈민〉)라는 비교급은 다윗에 대한 요나단의 사랑이 각별하였다는 것을 보여 준다. 이 연의 구조는 과거의 각별한 요나단의 사랑과 현재의 그의 슬픔을 극명하게 대조시켜주고 있다. 첫 번째 행은 요나단의 죽음에 대한 다윗의 선언이며, 두 번째 행은 다윗의 탄식이고, 세 번째와 네 번째 행은 다윗의 탄식에 대한 특별한 이유이다. 이러한 문학적 틀은 절정에 도달한 다윗의 슬픔을 잘 나타내고 있다.

다윗이 회상하고 있는 '요나단의 사랑' 에 대한 신학적 의미는 매우 심오하다. 다윗에 대한 요나단의 '사랑' (〈아하브〉)이 묘사된 곳은 사무엘상 18장 1-4절과 20장 17절에 나온다. 여기서 기자는 요나단이 자신의 생명처럼 다윗을 사랑하였다고 진술한다. 그리고 기자는 사무엘상 16장 21절에서 사울이 다윗을, 18장 16절에서 온 이스라엘과 유다가 다윗을, 22절에서 사울의 신하들이 다윗을, 28

절에서 사울의 딸 미갈이 다윗을 사랑하였다고 진술한다. 여기서 '사랑하다'라는 뜻의 〈아하브〉 동사가 사용된 문맥들은 한결같이 다윗을 향한 관련자들의 정치적 행위와 연결되어 있다. 이것은 요나단이 다윗을 사랑하였다고 진술한 문맥에서도 다르지 않다. 따라서 〈아하브〉 동사는 기본적으로 개인간의 감정적 의미를 뜻하지만, 다윗에 대한 요나단에게 있어서 그것은 정치적 의미를 가정한다.

이같이 정치적 행위로서 다윗에 대한 요나단의 사랑의 근거는 창세기 36장 31–39절에서 확인된다. 사울 이전의 에돔 왕의 족보가 기술된 이 본문을 분석하면 부자상속 이전의 에돔의 왕위 승계는 모계혈통에 의해서였다. 군왕 승계의 경험이 없던 사울 시대의 이스라엘 지도자들이 왕위 계승에 대한 에돔의 관습을 알고 있었다면, 부마도위로서 손색이 없는 다윗의 왕위 승계는 자연스러운 일이 된다. 그렇다면 요나단은 부자상속을 바라는 아버지 사울의 입장에 반대하고 사울과 다윗의 간격을 중재했을 수 있다. 이것은 다섯 번에 걸친 사울과 다윗의 만남 사이사이에 배열되어 있는 요나단의 장면에서 알 수 있다. 사울과 다윗의 만남은 거듭될수록 폭력이 거칠어지고 갈등이 증폭되는데, 그때 마다 요나단의 장면에서 요나단은 이들을 적극적으로 중재하고 있다. 나아가 그는 왕위가 다윗에게 승계되도록 다윗의 상승을 북돋아주는 역할을 하고 있다. 그렇다고 사울과 다윗의 갈등이 해결된 것은 아니지만, 요나단의 중재 역할이 반복되고 강조되면서 다윗의 왕위 승계는 기정사실화되고 이것이 사울의 입을 통해 고백되는 것은 분명하다. 그러므로 부마도위의 관습이 이스라엘에 알려져 있었다고 해도, 다윗의 왕위 승계는 요나단의 도움으로 주어진 것이 된다. 이것은 다윗과 관련된 옷 모티프를 통해서 확인된다. 요나단은 사울이 입혀준 갑옷을 벗은 다윗에게 자신의 옷과 갑옷을 입혀주고 칼과 활을 주었다. 여기서 특히 옷은 신분이나 권력을 상징한다. 요나단은 자신의 옷을 다윗에게 입혀줌으로 사울 가문의 권력을 양도한 것이다. 그런데 그 후 다윗은 여호와께서 함께 하시므로 모든 일이 잘되어 갔고, 온 이스라엘과 유다, 여인들, 미갈, 아히멜렉과 아비아달에 이르기까지 대중적 인기를 차지하게 된다. 그리고 마침내 다윗은 엔게데 굴에서 사울의 옷자락을 베어내 손에 쥠으로서 왕권의 소유를 기정사실화 하고 있다.

이와 같이 다윗에게 왕권을 양도한 요나단의 사랑은 미갈의 사랑과 다르다. 미갈은 자율적으로 다윗이 도망가도록 도와주지만, 다윗이 법궤와 함께 춤추는 행위를 보고서 자율적으로 비판하였다. 그러나 요나단은 아버지 사울에게 자율적으로 항변하지만, 다윗에 대해서는 자율적으로 행동하지 않는다. 그리고 그는 사울과 다윗의 이야기 가운데 다윗과 관련된 문맥에서만 나타난다. 이같이 요나단 이야기는 다윗 이야기에 종속되어 있다. 그러므로 다윗에 대한 요나단의 사랑은 증오로 바뀐 누이의 사랑을 대신한 사랑이지만, 에로스가 아니라 이른바 '남성 일체'(male bonding)로서 사랑이었다.[25] '남성 일체'로서 다윗을 사랑한 요나단은 여호와의 거절을 수용하여 갑옷과 방패와 창과 활을 다윗에게 넘겨줌으로서, 왕권이 사울로부터 다윗에게로 넘어가는 신학적 문제를 해결한 것이다.

---

25) Exum, *Tragedy of Biblical Narrative,* pp. 72-73.

X.
다윗의 조가의 의의

1. 조가의 정의

구약성경에는 고통으로부터 부르짖는 백성들의 탄식이 많이 나온다. 그 대표적인 것이 소위 이스라엘의 고대 역사신조(신 26:5b-9)이다. 이 신조에서 백성들은 자기들이 곤경에서 부르짖어 하나님의 응답을 받았다고 고백한다.

> 애굽 사람이 우리를 학대하며 우리를 괴롭히며 우리에게 중노동을 시키므로, 우리가 우리 조상 하나님 여호와께 부르짖었더니 여호와께서 우리 음성을 들으시고 우리의 고통과 신고와 압제를 보시고(신 26:6-7)

고통가운데서 부르짖었다는 탄식은 역사신조에만 있는 것이 아니다. 탄식은 출애굽기, 신명기, 시편, 이사야, 예레미야 애가, 그리고 모든 예언서에 나타난다. 특히 시편 탄원시는 개인 혹은 집단이 고통의 심연에서 부르짖는 탄식과 하나님께서 그것을 들으셨다는 찬양으로서 구성되어 있다.

이러한 애가는 역사적으로 3단계를 거쳐 형성되었다.[1] 먼저, 이스라엘의 초기에 짧은 탄식이 있다. 이는 설화 문서 가운데 전해져 내려오고 있다(창 25:22; 27:46; 삿 15:18; 21:3 등).[2] 다음에, 음악적으로 구성된 탄원시가 있다. 탄원시는 시편[3]에만 한정되지 않고 예언서와 욥기에도 나타난다(렘 14–15장, 사 63–64장의 민족 탄원시, 그리고 렘 11–20장, 욥기의 개인 탄원시). 마지막으로, 이러한 탄원시가 이스라엘의 후기에 산문체로 된 기도문으로 발전하였다(에스라 9장; 느 9장). 이것은 고통이나 재난에 직면한 개인이나 공동체가 고통과 재난으로부터 벗어나기 위하여 하나님께 드린 기도이다. 따라서 탄원시는 곤궁과 고통으로부터 하나님께 부르짖는 기도의 성격을 지니고 있다.

그러나 지금까지 이 연구에서 다룬 만가는 다르다. 만가는 다음가 같은 특징이 있다. 첫째, 탄원시의 주제가 곤궁과 고통인 점과 달리, 만가의 주제는 인간의 삶을 마감하는 죽음이다. 어떤 사람의 죽음을 슬퍼하고 애도한다는 점에서, 만가는 세속적 성격을 지닌다. 둘째, 만가의 내용은 실재로 죽은 사람과 사람이 죽은 사건을

---

1) Claus Westermann, “The Role of the Lament in the Theology of the Old Testament,” *Interpretation* 28(1974) : 20-38, pp. 23-24.

2) 예컨대, “이럴 경우에는 내가 어찌할꼬?”(창 25:22); “내가 헷 사람의 딸들로 말미암아 내 삶이 싫어졌거늘… 내 삶이 내게 무슨 재미가 있으리이까?”(창 27:46); “주께서 종의 손을 통하여 이 큰 구원을 베푸셨사오나 내가 이제 목말라 죽어서 할례 받지 못한 자들의 손에 떨어지겠나이다.”(삿 15:18); “이스라엘의 하나님 여호와여 어찌하여 이스라엘에 이런 일이 생겨서 오늘 이스라엘 중에 한 지파가 없어지게 하셨나이까?”(삿 21:3).

3) 시편의 개인 탄원시는 3-7, 13, 17, 22, 27, 28, 31, 35, 38-39, 40, 41, 42-43, 51-52, 54-56, 57, 59, 61, 63-64, 69-71, 77, 86, 88, 102, 109, 120, 130, 139, 140-143편이고, 민족 탄원시는 10, 12, 44, 58, 60, 68, 74, 79-80, 83, 85, 89, 90, 123, 126, 132, 137, 144편이다.

다루고 있으므로, 내용이 회고적 성격을 지닌다. 그래서 만가에서 수신자는 하나님이 아니라 죽은 사람이며, 2인칭으로 언급된다. 셋째, 만가의 분위기는 비탄에 잠긴 슬픔을 표현한다. 그래서 '어찌하여' 혹은 '오호라'를 뜻하는 〈에이크〉가 반복되고, '슬픈 노래' 즉 '애가'나 '비탄' 등을 뜻하는 〈키이나〉로 작성되며, 짧고 간단한 외침이 반복되어 묘사된다. 구약성경에 나오는 이런 형태의 만가는 예컨대, 다음에서 읽을 수 있다.

> 내가 애통하며 애통하고
> 벌거벗은 몸으로 행하며
> 들개같이 애곡하고
> 타조같이 애통하리라(미 1:8)
>
> 그의 시체를 자기 묘실에 두고
> '오호라 내 형제여'
> 하며 그를 위하여 슬피 우니라(왕상 13:30)

넷째, 만가는 장례식에서 가까운 친척이나(창 50:3), 친구들, 장례식에 참석한 이들(삼상 28:3), 그리고 전문적인 남녀 가수들(대하 35:25; 암 5:16)에 의해 불리어졌다.[4] 이때 애곡하는 가수들은 청중을 비탄에로 초대하고 청중과 함께 죽은 사람을 애도하는 역할을 한다. 그런데 나중에, 애곡하는 가수들처럼 예언자들도 슬퍼하는 노래를 불렀다. 그들은 국가의 멸망을 죽음으로 이해하고 만가를

---

4) R. K. Harrison, *Introduction to the Old Testament* (Grand Rapids, Michigan : William B Eerdmans Publishing Company, 1969), p. 1066.

지어 슬퍼하였다(렘 4:19; 겔 2:10; 애가). 그들에 의하여 세속적인 만가가 종교적 내용을 담은 종교적 의미의 애가로 바뀌게 된 것이다.

슬프고 아프다
내 마음 속이 아프고
내 마음이 답답하여
잠잠할 수 없으니
이는 나의 심령이 나팔 소리와
전쟁의 경보를 들음이로다(렘 4:19).

2. 다윗의 조가의 의의

(1) 다윗의 조가는 세속적이다.

앞에서 본대로 곤궁으로부터 탄식하는 애가와 달리 다윗의 조가는 사울과 요나단의 죽음을 세속적인 양식으로 표현되어 있다.[5] 먼저 표제에 의하면 "다윗이 이 '슬픈 노래'로 사울과 그의 아들 요나단을 조상하였다"고 한다. 이 조가는 개인의 죽음을 슬퍼하며 고인을 추모하는 것이므로 하나님은 언급되지도 않고 하나님과의 관계도 다루어져 있지 않다. 그래서 다윗은 그의 조가에서 고인을 위해 하나님께 탄원한다든지 구원하신 하나님을 찬양하지 않는다. 그리고 다윗은 고인들이 이미 죽었고 이 세상 사람이 아니기 때문에, 고인을 잃은 슬픔으로부터 자신이 도피하기 위하여 탄식하거나 자신이 구원받기 위하여 기원하지 않는다. 그는 사울과 세 아들의 비극

5) Westermann, "The Role of the Lament," p. 23.

적 죽음을 현실로 수용할 뿐이다. 그래서 그는 그의 조가를 '슬픈 노래' (《키이나》)로 작성하고(17절), '오호라' (《에이크》)를 연발하는 간단한 외침을 반복하여 표현하고 있다(19, 25, 27절). 고인들의 죽음을 슬퍼하는 감정을 세속적 양식으로 나타낸 것이다.

특히 이 조가의 후렴구에 나타난 "두 용사가 엎드러졌다"(19, 25, 27절)는 표현은 인간 실존의 문제 앞에서 인간의 유한성을 암시한다. 다윗은 "용사들이 쓰러졌다"라는 세속적 표현을 통하여 인간이 무한하지 않다는 것을 깨닫고 고백한 것이다. 그러므로 이 조가에서는 인간이 결코 이상화되어 있지 않다. 조가에서 다윗은 청중(독자)으로 하여금 인간의 덧없음을 경험하고 깨닫도록 하고 있다. 그렇다. 우리는 다윗이 암시하고 있는 것처럼, 누구에게나 찾아오는 죽음 앞에서 인간은 피조물이라는 것, 영원한 존재가 아니라 일시적인 존재라는 것을 고백할 수밖에 없다.

(2) 다윗의 조가는 화해적이다.

생전에 사울은 다윗을 살해하려고 창을 던지거나 군대를 동원해 수색하고 또한 추적한 바 있다. 사울은 정적인 다윗을 제거하려고 모든 수단을 동원했던 것이다.

하지만 다윗은 비극적 삶을 살다가 길보아에서 전사한 사울과 요나단을 슬퍼하며 애도하고 있다. 그는 그들을 위해 조가를 지어 부르고, 그 조가를 유다인들에게 가르치라고 명령하고 있다. 자신을 추종하던 남부 유다인들에게 이스라엘의 왕의 죽음을 슬퍼하며 애곡하도록 명령한 것이다. 여기서 우리는 두 가지를 추론할 수 있다. 하나는 다윗이 사울의 죽음을 계기로 사울을 적대시하는 유다인들에게 용서와 화해를 종용하기 위하여 조가를 가르치라고 명령했을 수 있다. 다른 하나는 당시에 유다인들에게 사울에 대한 나쁜 분위기가 없었기 때문에 다윗이 이 조가를 유다인들에게 공유하고 장려하도록 했을 수 있다. 전자는 유다인들에게 사울에 대한 좋지 않는 감정이 있었다는 것이고 후자는 없었다는 것이다. 하지만 역사적으로 유다인들과 다윗의 친밀한 관계를 생각해 볼 때(예, 삼상 30:1-30 특히 26절), 후자보다 전자의 개연성이 더 크다. 다윗이 유다인들에게 죽은 사울을 용서하고 화해하도록 하기 위하여 조가를 장려하였다고 보는 것이 자연스럽다.

뿐만 아니라 다윗은 죽은 왕에 대하여 유다인이 애도할 의무가 있다는 것을 말하고자 했을 수 있다. 다윗이 나중에 수도를 예루살렘으로 옮겨 통일 국가를 지향한 것을 보면, 유다가 이스라엘 국가에서 분리될 수 없다고 다윗은 생각했을 것이다. 무엇보다도 다윗은 유다인들에게 조가를 가르치라고 명령함으로서, "그가 사울이 죽는 날까지 그에 대하여 충성하였고, 존경과 애성으로 사울을 기억하였으며, 사울에 대하여 이기적이며 사적인 감정을 관련시키지 않고 공적인 감정을 각인하였다"[6]는 것을 보여주고자 했을 것이다.

따라서 독자는 다윗에 대한 사울의 증오와 요나단의 속임에 대한 사울의 분노를 되새기게 되지만, 죽음 앞에서 그러한 가십(gossip)적 긴장은 중요하지 않다. 죽음은 사소한 상처와 모욕을 초월하는 것이며, 슬픔은 진실과 최선만이 기억하게 하는 쌍곡선의 표현양식이기 때문이다.[7] 그래서 힘 있고 정력적이며 솔직하고 순수하게 표현된 다윗의 슬픔 가운데에 사울에 대한 다윗의 증오는

6) McCarter, *II Samuel,* p. 77.

7) Brueggemann, *First and Second Samuel Interpretation*, p. 216.

찾을 수 없다. 오히려 그는 이 슬픈 노래를 통해 용서와 화해의 몸짓을 하고 있다.

브루거만에 따르면, 다윗이 커다란 상실을 경험하였으나 결코 침묵하지 않았다. 그는 상처를 주목하고, 패배를 포용하며, 마침내 상실을 넘어 행동한다. 그는 관념적인 침묵, 기계적인 육중한 침묵이 얼마나 부질없는가를 알았다. 그는 침묵하는 것보다 더 좋은 것을 알았고, 더 좋은 것을 노래했고, 더 좋은 것을 행동하였다.[8] 따라서 다윗의 조가는 고인과의 개인적인 감정과 원한에 대하여 '모든 것이 끝난 것' 으로 묻어버리며 극복하거나, 용서와 화해를 통하여 더 고귀한 사랑으로 승화키는 역할을 하고 있는 것이다.

(3) 다윗의 조가는 회고적이다.

다윗은 사울과 요나단을 칼과 활로서 환유한다. 그는 "요나단의 활이 뒤로 물러가지 아니하였으며 사울의 칼이 헛되이 돌아오지 아니하였다"(22절)고 말한다. 또한 그는 "그들은 독수리보다 빠르고 사자보다 강하였도다"(23절)라고 말한다. 여기서 다윗은 생전에 사울과 요나단이 이스라엘의 용사였다는 것을 회고하고 있다. 또한 사울이 이스라엘의 여인들에게 화려한 옷과 장식품들을 주었다고 회고한다(25절). 왕으로서 사울의 공적을 회상하며 열거하고 있는 것이다. 그리고 요나단의 사랑을 회상함으로 독자에게 진한 감동을 안겨준다.

이같이 다윗은 그의 조가에서 고인의 업적과 숭고한 삶을 추모하며 노래한다. 덧없는 인생의 실존이 위대한 이유는 얼마 동안이

8) Brueggemann, *First and Second Samuel Interpretation*, p. 219.

라는 일정한 기간에 살았던 한 인간의 발자취 때문이다. 그 발자취는 인간이 피조물인 동시에 하나님의 형상대로 지음 받은 존재로서 창조성을 지녔다는 의미가 된다. 한 인간의 창조성은 그의 삶의 발자취에 묻어 있다. 말하자면, 유한한 기간 동안 셀 수 없이 많은 질곡의 삶을 살아온 발자취와, 그리고 선악의 갈등 속에서 투쟁하며 살아온 발자취에 창조성이 베어 있다. 그래서 눈물의 골짜기를 딛고 살아온 인간의 삶 자체는 위대한 것이다. 더군다나 자신을 위한 삶이 아닌 이웃과 나라와 민족 그리고 인류를 위해 삶을 바쳤다면, 그것은 찬양 받아 마땅한 일임에 틀림없다. 그래서 다윗은 선악의 갈등 속에서 질곡의 삶과 영욕의 삶을 살고 비극적 죽음으로 눈물의 골짜기를 마감한 사울 왕을 슬퍼하고 있다. 또한 위기 때마다 자기를 도와주었으며 생명보다 자기를 더 사랑하여 왕위 승계를 양도한 친구 요나단을 회상하고 애도한 것이다.

(4) 다윗의 조가는 전쟁송시이다.

다윗의 조가는 사울과 요나단의 죽음에 대하여 애도하는 노래이다. 하지만 이 노래는 노래의 제목과 그 출처에 의하면 전쟁 송시이다.

이 노래의 제목은 활' 이다(삼하 1:18). 왜 기자가 이 노래의 제목을 '활' (〈케세트〉)라고 했는지는 알 수 없다. 다만 '활' 이란 뜻의 〈케세트〉가 이 조가(22절)에서 언급되어 있고, 활은 그 시대의 전사들에 의해 사용되었던 기본적인 무기 가운데 하나였으며, 사울의 동족인 베냐민 지파 사람들이 활을 숙련되게 사용했기 때문으로 추측된다.[9]

9) Keil-Delitzch, *The Books of Samuel,* p. 288.

이 노래의 출처는 '야살의 책' 이다(삼하 1:18). 우리는 이 책에 관하여 알 수 있는 방법이 거의 없다. 이 책이 민수기 21장 14절에 나오는 '여호와의 전쟁기' 와 유사하지만 동일하지 않는 것 같다. 이 책의 기원이 유다인지 아니면 에브라임인지도 알 수 없다. 또한 히브리어 〈하이야솰〉에 대한 정확하게 번역하기도 어렵다. 이를 문자대로 읽는다면 '올바름(the Upright)' 이다.[10] 즉 그래서 '야살의 책' 이란 '올바른 책' 을 뜻한다. 우리는 이 책이 여호수아 10장 12-13절과 사무엘하 1장 18절을 통해 이스라엘의 영웅들의 공훈을 다루고 있는 수집물이라는 것을 짐작할 따름이다. 사울과 요나단의 공적이 묘사된 다윗의 조가가 본디 '야살의 책' 에 기록되어 있었다는 것이다.

그래서 유대교 주석가 아이자키(Isaaki)는 "다윗은 '이제 이스라엘의 능력 있는 사람이 죽었다. 유다의 어린이들이 전쟁을 배우고 활을 던지는 것이 필요하다' 라고 말하였다"고 주석하였고, 킴치(Kimch) 역시 "다윗은 유다가 활로 무장해야 한다는 것을 깨닫게 함으로 따르는 자들을 고무시켰다"고 하였다. 그리고 그리스도교 주석가인 그로티우스(Grothius)는 "이 노래는 군인들이 전쟁을 훈련하는 동안 불렀다"고 주장하였다.[11] 말하자면, 이 노래는 다윗의 전쟁을 기념하는 전쟁 송시였으며 군사들이 훈련하는 동안 불렀던 군가였다는 것이다.

---

10) Anderson, 2 *Samuel,* p. 14.

11) H. P. Smith, *A Critical and Exegetical Commentary on the Books of Samuel,* ICC (Edinburgh : T. & T. Clark, 1977), p. 259.

[참고문헌]

강사문. “구약의 헤렘 사상에 대한 연구”. 『교회와 신학』 20(1988): 7-23.

김정준. 『이스라엘의 신앙과 신학』. 서울: 성문학사, 1966.

박동현. 『구약학 개관』. 서울: 장로회신학대학교출판부, 2003.

박철희. 『입문을 위한 문학개론』. 서울: 형설출판사, 1985.

서인석. “구조분석과 성서 해석－예수와 자케오(루가19:1-10)”. 『기독교 사상』 269 (1983/2): 104-122.

_____. 『성서와 언어과학- 구조분석의 이론과 실천』. 서울: 성바오출판사, 1984.

이형원. 『구약성서 입문』. 대전: 침신대출판부, 1991.

장영일. 『이스라엘의 경건과 학문』. 서울: 장로회신학대학교 출판부, 2000.

장일선. 『구약성서의 문학』. 서울: 대한기독교출판사, 1980.

_____. 『구약성서와 설교』. 서울: 전망사, 1989.

_____. 『히브리 설화의 문학적 이해』. 서울: 대한기독교출판사, 1985.

Barthes, Roland. “천사와의 씨름－창세기 32:23-33의 본문 분석”. 『기독교사상』 269 (1980/6): 171-185.

Gunneweg, Antonius H. J. 문희석 역. 『이스라엘 역사』. 서울: 한국신학연구소, 1975.

Rad, Gerhard von. 박재순외 4인 역. 『창세기』, 국제성서주석시리즈 1. 서울: 한국신학연구소, 1981.

Hanson, Paul D. 김재원 역. 『성서의 갈등 구조』. 서울: 한국신학연구소, 1986.

Nicolson E. 장영일 역. 『신명기와 전승』. 서울: 장로회신학대학교출판부, 2003.

Scott, Jack B. “'al.” 레어드 H. R. 외 편저. 『구약원어 신학 사전(상)』. 서울: 요단출판사, 1986.

Stolz, Fritz. 박영옥 역. 『사무엘 (상 · 하)』, 국제성서주석시리즈 8. 천안: 한국신학연구소, 1991.

Zimmeri, Walther. 김정준 역. 『구약신학』. 서울: 한국신학연구소, 1976.

Ackerman James S. "Book Review. J. P. Fokkelman' s Narrative Art and Poetry in the Books of Samuel. vol. I". *Journal for the Study of the Old Testament* 25(1983) : 119-124.

Ackroyd, Peter R. "The Verb Love-??H?B in the David-Jonathan Narratives-A Footnote." *Vetus Testamentum* 25(1975): 213-214.

Anderson, A. A. *2 Samuel. Word Biblical Commentary*. vol. 11. Dallas: Word Books, Publisher, 1989.

Anderson, Bernhard W. *Understanding the Old Testament.* 3rd ed., Englewood Cliffs, New Jersey: Prentice-Hall, Inc., 1975.

Arnold, Bill T. "The Amalekite's Report of Saul' s Death: Political Intrigue or Incompatible Sources?" *Journal of the Evangelical Theological Society* 32(1989): 289-298.

Barrick, W. Boyd. "Saul' s Demise, David' s Lament, and Custer' s Last Stand." *Journal for the Study of the Old Testament* 73(1997): 25-41.

Birch, Bruce. "Choosing of Saul at Mizpah." *The Catholic Biblical Quarterly* 37(1975): 447-457.

Bright, John. *A History of Israel.* 3rd ed., Philadelphia: The Westminster Press, 1981.

Brueggemann, Walter. *First and Second Samuel Interpretation.* A Bible Commentary for Teaching and Preaching. Lousville: John Knox Press, 1990.

________. *David' s Truth in Israel' s Imagination and Memory.* Philadelphia: Fortress Press, 1985.

Cooper, Howard. "Too Tall by Half-King Saul and Tragedy in Hebrew Bible." *Journal of Progressive Judaism* 9(1997): 5-22.

Culley, Robert. "Structural Analysis : Is it Done with Mirrors?". *Interpretation* 28(1974) : 165-181.

Cupepper, R. Alan. "Narrative Criticism as a Tool for Proclamation." *Review & Expositor* 84(1987): 33-40.

Edelmann, Diana. *King Saul in the Historiography of Judah.* Journal for the Study of the Old Testament Supplement Series 121. Sheffield: Academic Press, 1991.

Eslinger, Lyle. " Viewpoints and Point of View in 1 Samuel 8-12." *Journal for the Study of the Old Testament* 26(1983): 61-76.

Exum, J. Cheryl. *Trgedy and Biblical Narrative. Arrows of the Almighty.* Cambridge: University Press, 1992.

Fewell, Danna N. & Gunn, David M. *Gender, Power, and Promise: The Subject of the Bible's First Story.* Nashivlle: Abingdon Press, 1993.

Fokkelman, Jan P. *Narrative Art and Poetry in the Books of Samuel: A Full Interpretation Based on Stylistic and Structural Analyses.* vol. II. Assen/Maastricht, The Netherlands; Dover, New Hampshire: Van Gorcum, 1986.

________. "Saul & David: Crossed Fates." *Bible Review* 5(1989) : 20-32.

Freedman, David N. "The Refrain in David's Lament over Saul and Jonathan." *Pottery, Poetry, and Prophecy: Studies in Early Hebrew Poetry.* Winona Lake, Indiana: Eisenbrauns, 1980.

Gevirtz, Stanley. *Pattern in the Early Poetry of Israel.* Studies in Ancient Oriental Civilization, No. 32. Chicago: Univ. of Chicago Press, 1963.

Glück, J. J. "Nagid-Shepherd." *Vetus Testamentum* 13(1963): 144-150.

Gunn, David M. *The Fate of King Saul. An Interpretation of a Bible Story.* Journal for the Study of the Old Testament Supplement Series 14. Sheffield: JSOT Press, 1980.

Harris, Scott. "1 Samuel 8:7-8." *Vetus Testamentum* 31(1981): 79-80.

Harrison, R. K. *Introduction to the Old Testament.* Grand Rapids, Michigan : William B Eerdmans Publishing Company, 1969.

Hertzberg, H Wilhelm. tr. by Bowden, J. S. *I & II Samuel.* A Commentary. Philadelphia: The Westminster Press, 1964.

Ho, Craig. Y. S. "Conjectures and Refutations: Is 1 Samuel XXXI 1-13 Really the Source of 1 Chronicles X 1-12?" *Vetus Testamentum* 45(1995): 82-106.

Holladay, William L. "Form and Word-Play in David' s Lament over Saul and Jonathan." *Vetus Testamentum* 20(1970): 153-189.

Hoffner, Harry A. Jr., "A Hittite Analogue to the David and Goliath Contest of Champions?" *The Catholic Biblical Quarterly* 30(1968): 220-225.

Humphreys, W. Lee. "The Tragedy of King Saul: A Study of the Structure of 1 Samuel 9-31." *Journal for the Study of the Old Testament* 6(1978): 18-27.

________. "From Tragic Hero to Villain: A Study of the Figure of Saul and the Development of 1 Samuel." *Journal for the Study of the Old Testament* 22(1982): 95-117.

Jacobson, Richard. "The Structuralists and the Bible". *Interpretation* 28(1974): 146-164.

Jobling, David. "Saul' s Fall and Jonathan' s Rise: Tradition and Redaction in I Samuel 14:1-46". *Journal of Biblical Literature* 95/3(1976): 367-376.

Keil, C. F. - Delitzsch. F. *Commentary on the old Testament: The Books of Samuel*. Grand Rapids, Michigan: W. B Eerdmans Publishing Company, 1976.

Kessler, Martin. "Shield of Abraham." *Vetus Testamentum* 14(1964): 494-491.

Klein, Ralph W. *1 Samuel.* Word Biblical Commentary, vol. 10. Waco : Word Books Publisher, 1983.

Lawton, Robert B. "Saul, Jonathan, and the 'son of Jesse'." *Journal for the Study of the Old Testament* 58(1993): 35-46.

Lipiński, Edward. "NÃGÎD, Der Kronprinz." *Vetus Testamentum* 24(1974): 497-499.

McCarthy, Dennis J. "The Inauguration of Monarchy in Israel: A Form-Critical Study of I Samuel 8-12." *Interpretation* 27(1973): 401-412.

________. "Book Review. J. P. Fokkelman' s Narrative Art and Poetry in the Books of Samuel vol. 1". *The Catholic Biblical Quarterly* 45(1983): 104-106.

McCarter, P. Kyle. *I Samuel: A New Translation with Introduction, Notes and Commentary.* The Anchor Bible. Garden City, N. Y.: Doubleday, 1984.

________. *II Samuel: A New Translation with Introduction, Notes and Commentary.* The Anchor Bible. Garden City. N. Y.: Doubleday & Company Inc., 1984.

Morgenstern, Julian. "David and Jonathan". *Journal of Biblical Literature* 78/4(1959) : 322-325.

Nissinen, Martti. *Homoeroticism in the Biblical World.* Mineapolis: Fortress Press, 1998.

O'Connor, M. *Hebrew Verse Structure.* Winona Lake, Indiana: Eisenbrauns, 1980.

Peleg, Yaron. "Love at First Sight? David, Jonathan, and the Biblical Politics of Gender." *Journal for the Study of the Old Testament* 30(2005): 171-189.

Pleins, J. David. "Son-Slayers and Theirs Sons." *The Catholic Biblical Quarterly* 54(1992): 29-38.

Preston, Thomas R. "The Heroism of Saul : Patterns of Meaning in the Narrative of the Early Kingship." *Journal for the Study of the Old Testament* 24(1982) : 27-46, 1982.

Prouser, Ora Horn. "Suited to the Throne: The Symbolic Use of Clothing in the David and Saul Narratives." *Journal for the Study of the Old Testament* 71(1996): 27-37.

Rad, Gerhard von. tr. & ed. by Dawn, Marva J. *Holy War in Ancient Israel.* Grand Rapids, Michigan : W.B. Eerdmans Publishing Company, 1991.

________. *Studies in Deuteronomy.* Studies in Biblical Theology. No. 9. London: SCM Press, 1953.

________. tr. by Stalker, D.M.G. *Old Testament Theology.* vol. I.Theology of Israel's Historical Tradition. N. Y. : Harper & Row Publishers, 1962.

Shaviv, Shemuel. "Nãbî and Nãgbîd in 1 Samuel 9,1-10,16," *Vetus Testamentum* 34(1984): 108-113.

Shea, William H. "David' s Lament." *Bulletin of American Schools of Oriental Research* 221(1976): 141-144.

________. "Chiasmus and the Structure of David' s Lament". *Journal of Biblical Literature* 105(1986): 13-25.

Smith, Henry P. *Critical and Exegetical Commentary on the Books of Samuel.* ICC. Edinburgh: T & T. Clark Ltd., 1977.

Spina, Frank A. "Eli' s Seat: The Transition from Priest to Prophet in 1 Samuel 1-4." *Journal for the Study of the Old Testament* 62(1994): 67-75.

Spivey, Robert A. "Structuralism and Biblical Studies: The Uninvited Guest". *Interpretation* 28(1974) : 133-145.

Tagger, Ada. "Political Loyalty in the Biblical Account of 1 Samuel XX-XXII in the Light of Hittite Texts." *Vetus Testamentum* 55(2005): 251-268.

Thompson, J. A. "Significance of the Verb Love in the David - Jonathan Narrative in 1 Samuel." *Vetus Testamentum* 24(1974): 334-338.

________. "Israel' s Lovers." *Vetus Testamentum* 27(1977): 475-481.

Tull, Patricia K. "Jonathan' s Gift of Friendship." *Interpretation* 58(2004): 130-143.

Watts, James W. *Psalm and Story. Inset Hymns in Hebrew Narrative.* Journal for Study of the Old Testament Supplement series 139. Sheffield : JSOT Press, 1992,

Westermann, Claus. "The Role of the Lament in the Theology of the Old Testament". *Interpretation* 28(1974) : 20-38.

Yadin, Azzan. "Goliath' s Armor and Israelite Collective Memory." *Vetus Testamentum* 54(2004): 373-395.

Yee, Gale A. "The Anatomy of Biblical Parody: The Dirge Form in 2 Samuel 1 and Isaiah 14." *Catholic Biblical Quarterly* 50(1988): 565-586.

[부록 : 히브리 성서 본문]

1:19 הַצְּבִי יִשְׂרָאֵל עַל־בָּמוֹתֶיךָ חָלָל
אֵיךְ נָפְלוּ גִבּוֹרִים

1:20 אַל־תַּגִּידוּ בְגַת
אַל־תְּבַשְּׂרוּ בְּחוּצֹת אַשְׁקְלוֹן
פֶּן־תִּשְׂמַחְנָה בְּנוֹת פְּלִשְׁתִּים
פֶּן־תַּעֲלֹזְנָה בְּנוֹת הָעֲרֵלִים

1:21 הָרֵי בַגִּלְבֹּעַ אַל־טַל וְאַל־מָטָר
עֲלֵיכֶם וּשְׂדֵי תְרוּמֹת
כִּי שָׁם נִגְעַל מָגֵן גִּבּוֹרִים
מָגֵן שָׁאוּל בְּלִי מָשִׁיחַ בַּשָּׁמֶן

1:22 מִדַּם חֲלָלִים מֵחֵלֶב גִּבּוֹרִים
קֶשֶׁת יְהוֹנָתָן לֹא נָשׂוֹג אָחוֹר
וְחֶרֶב שָׁאוּל לֹא תָשׁוּב רֵיקָם

1:23 שָׁאוּל וִיהוֹנָתָן הַנֶּאֱהָבִים וְהַנְּעִימִם
בְּחַיֵּיהֶם וּבְמוֹתָם לֹא נִפְרָדוּ
מִנְּשָׁרִים קַלּוּ מֵאֲרָיוֹת גָּבֵרוּ

1:24 בְּנוֹת יִשְׂרָאֵל אֶל־שָׁאוּל בְּכֶינָה
הַמַּלְבִּשְׁכֶם שָׁנִי עִם־עֲדָנִים
הַמַּעֲלֶה עֲדִי זָהָב עַל לְבוּשְׁכֶן

1:25 אֵיךְ נָפְלוּ גִבֹּרִים בְּתוֹךְ הַמִּלְחָמָה
יְהוֹנָתָן עַל־בָּמוֹתֶיךָ חָלָל

1:26 צַר־לִי עָלֶיךָ אָחִי יְהוֹנָתָן
נָעַמְתָּ לִּי מְאֹד

נִפְלְאַתָה אַהֲבָתְךָ לִי מֵאַהֲבַת נָשִׁים
1:27 אֵיךְ נָפְלוּ גִבּוֹרִים
וַיֹּאבְדוּ כְּלֵי מִלְחָמָה׃

다윗, 사울의 죽음을 슬퍼하다!

■
초판 1쇄 인쇄 / 2009년 2월 10일
초판 1쇄 발행 / 2009년 2월 15일

■
지은이 / 김 정 철
펴낸이 / 김 수 관
펴낸곳 / 도서출판 영문
122-070 서울시 은평구 역촌동 10-82
☏ (02)357-8585
FAX • (02)382-4411
E-mail • kskym49@yahoo.co.kr

■
출판등록번호 / 제 03-01016호
출판등록일 / 1997. 7. 24

정가 12,000원
ISBN 978-89-8487-252-3 03230
Printed in Korea